湖北经济发展报告
（2023）

Annual Report on the Economic Development
of Hubei（2023）

主　编　徐艳国

副主编　叶学平　倪　艳

武汉大学出版社

图书在版编目(CIP)数据

湖北经济发展报告.2023/徐艳国主编;叶学平,倪艳副主编.—武汉:
武汉大学出版社,2024.6
ISBN 978-7-307-24411-5

Ⅰ.湖… Ⅱ.①徐… ②叶… ③倪… Ⅲ.地区经济发展—研究
报告—湖北—2023 Ⅳ.F127.63

中国国家版本馆 CIP 数据核字(2024)第 109246 号

责任编辑:陈 帆 责任校对:鄢春梅 版式设计:马 佳

出版发行:武汉大学出版社 (430072 武昌 珞珈山)
(电子邮箱:cbs22@ whu.edu.cn 网址:www.wdp.com.cn)
印刷:湖北恒泰印务有限公司
开本:720×1000 1/16 印张:24 字数:317 千字 插页:5
版次:2024 年 6 月第 1 版 2024 年 6 月第 1 次印刷
ISBN 978-7-307-24411-5 定价:99.00 元

| 前　言 |

　　《湖北经济发展报告(2023)》由湖北省社会科学院组织专家学者编写,为关心湖北经济发展的广大读者、研究湖北经济发展的科研工作者和湖北经济社会运行实践一线从事相关管理工作的领导干部等提供及时、全面、系统和详实的信息参考资料。

　　《湖北经济发展报告(2023)》延续过去的体例,对2023年湖北经济发展进行了全景式扫描,涵盖了经济发展的各个方面,使本报告更具系统性和全面性。专题报告部分,摘取了一年来由湖北省社会科学院经济研究所科研人员承担的部分专题研究报告和研究成果,使本报告更具战略性和研究性。全书在院党组的坚强领导下,由湖北省社会科学院科研处策划,由经济研究所所长叶学平研究员负责提纲设计和内容编审,经济研究所副所长倪艳副研究员对书稿进行了统稿、编辑排版和校对,经济所研究生柳文轩参与了排版。全书由经济研究所全体科研人员共同编撰完成。

　　全书共分为四编,每章节的具体写作者如下:

　　第一编总报告,叶学平、邓沛琦、李文钰。第二编经济发展:第一章,夏梁、匡绪辉、王嘉怡;第二章,陈志、李非非、姚莉、谢青、袁莉、杨昕芳、黄泽锋、屈志斌、陈旻轩、周家宇；第三章，倪艳、叶丹、蒋俊鹏；第四章，孙红玉、杨迪菲、伍绍钦、赵博云。第三编改革开放：第五章，高慧、江奥；第六章，成丽娜。第四编专题报告：专题一，叶学平、倪艳、袁莉、夏梁、高慧、孙红玉、谢青、陈志、李非非、成丽娜；专题二，赵凌云、夏梁、管志鹏、苏娜；专题三，叶学平、夏梁、邓沛琦、李非非、张禧、刘琳、贺嘉晨、陈婷、王冰倩、杨迪菲；专题四，叶学平、谢青、张禧、贺嘉晨、李旭、杜衡、赵博云；专题五，叶学平、杨迪菲；专题六，李非非；专题七，陈志；专题八，高慧；专题九，高慧；专题十，袁莉；专题十一，邓沛琦；专题十二，倪艳、叶丹、李旭、高珂、周家宇；专题十三，邓为、谢青；专题十四，李非非、周家宇。附录，倪艳、柳文轩。

由于作者的能力有限，时间也比较仓促，呈现出来的报告还有不少需要完善的地方，有些数据没有更新到全年，有些结论和观点可能不一定准确，恳请广大读者批评指正！

对为完成本书提供材料和数据支持的省委、省政府相关部门表示衷心的感谢！特别感谢院科研处彭玮处长、傅智能副处长、陈桂萍副处长在本书编写过程中给予的大力支持！感谢武汉大学出版社的编辑老师们对本书的顺利出版付出的辛勤劳动！对在本书写作和出版过程中给予各种关注和支持的所有领导、朋友一并表示最诚挚的谢意！

编撰者

2024 年 2 月

目 录

第一编

总报告

2023 年湖北省经济发展报告

一、2023 年湖北经济工作概况

2023 年是全面贯彻党的二十大精神的开局之年，是全面落实省第十二次党代会部署的关键之年，也是三年新冠疫情防控后加快恢复发展的重要一年。一年来，面对复杂多变的外部环境，面对交织叠加的风险挑战，湖北省上下坚持以习近平新时代中国特色社会主义思想为指导，锚定建设全国构建新发展格局先行区的目标定位，栉风沐雨、砥砺奋进，胜利完成省十四届人大一次会议确定的目标任务，交出了难中求成、竞进有为的高质量发展新答卷。

(一)2023 年湖北经济工作重点

1. 稳住经济增长基本盘，发展态势向上向好

深入推进项目高质量建设年活动，77 个预增产值过 10 亿元的重大增长点实现产值 6862 亿元，拉动工业增长 3.5 个百分点。争取国家政策资金 2409 亿元，创历史最高水平。实施"扩内需、促消费"十大行动，推出 300 亿元消费贷和 14 亿元消费券，限上批发、住宿、餐饮营业额增长均在 15%以上。全年接待游客 7.6 亿人次，增长 30%。新增企业 54 万户，达到 226 万户；新增上

市企业 21 家，达到 177 家；新增营业收入过百亿的民营企业 2 家，达到 40 家，均创历史新高。

2. 打好产业转型攻坚战，加快构建现代化产业体系

光谷科创大走廊 134 个重大项目扎实推进，新组建时珍实验室，完成 18 家全国重点实验室优化重组。设立 100 亿元楚天凤鸣科创天使基金，推进 32 项"尖刀"技术集中攻关，湖北实验室取得首批 53 项重要成果。武汉排名国家创新型城市第 6 位。光电子信息产业规模在全国占比超过 40%，新能源与智能网联汽车企业矩阵加速形成。5834 个重点技改项目扎实推进，优特钢营业收入占全省钢铁行业比重超过 50%，高端化工占全省化工行业比重超过 40%。累计建成 5G 宏基站 12 万个，千兆光网实现乡镇以上全覆盖；算力与大数据产业营业收入达到 1200 亿元，45 个项目入选国家大数据产业发展示范，上云工业企业超过 5 万家。

3. 融入国内国际双循环，明显提升经济活跃度与开放度

设立首期 200 亿元的省政府投资引导基金，撬动社会资本形成 4000 亿元规模的投资基金群；面向小微企业的普惠贷款增长 21.7%，总量达到 1.76 万亿元，创历史新高；制造业中长期贷款余额超过 5000 亿元，5 年增长 6 倍。组建华纺链、长江汽车等 7 大省级供应链平台，服务链上企业 1.2 万家。在全国率先实现"铁水公空仓"五网数据融合。外贸实绩企业达到 8800 家，增长 11.3%；全省进出口增长 5.8%，高出全国 5.6 个百分点。

4. 推进城乡区域一体化，进一步优化发展空间布局

扎实推进都市圈 561 项年度重点任务，武汉新城、襄阳东津新城、宜昌东部产业新区等标志性、牵引性工程加快建设，武汉至阳新、襄阳绕城等 7

条高速公路建成通车，34 条瓶颈路打通，汉孝随襄十汽车产业走廊、宜荆荆绿色化工产业集群加速迈向万亿级。GDP 过 500 亿的县市区增至 37 个，规模过百亿的县域产业集群增至 40 个，31 个重点县工业产值占全省比重达到 33%。十大重点农业产业链加快发展，产值突破 7000 亿元；新增国家级农业龙头企业 16 家。新改建农村公路 1 万公里、农村户厕所 18.1 万户。19.6 万人消除返贫致贫风险。

5. 塑造绿色崛起新优势，互相促进高水平保护和高质量发展

全面实施流域综合治理和统筹发展规划，率先开展省域总磷排放总量控制，推进十堰茅塔河、恩施带水河等 5 个小流域综合治理试点，新增植树造林 295.7 万亩。湖北在全国率先打通"电—碳—金融"三大市场，落地于湖北的"中碳登"注册登记结算系统管理企业有 2533 家，全球规模最大。23 个产业园区纳入国家级循环化改造试点，新增国家级绿色工业园区 2 家、绿色工厂 77 家；清洁能源装机占比提高到 65%；建成公共充电桩 17 万个，排名全国第 5 位；湖北碳市场累计成交量 3.9 亿吨，占全国 42.7%。城镇生活污水直排口实现动态清零，国控断面水质优良比例保持在 90% 以上。

6. 织密民生幸福保障网，不断提升人民生活品质

实施政府补贴性技能培训 86 万人次，"零工驿站"促进 791 万人次灵活就业，新增创业担保贷款 404 亿元，增长 62%。建成 1425 个义务教育教联体，对 75 所薄弱县域高中实行托管帮扶。34 家三甲医院对口帮扶 72 家县级医院。建设筹集保障性住房 10.4 万套，改造老旧小区 4296 个、棚户区住房 6.5 万套，完成特殊困难家庭适老化、适残化改造 3.6 万户。

(二)2023 年湖北经济工作成就

一年来，我省坚决贯彻落实党中央、国务院决策部署，坚持稳中求进工

作总基调，完整、准确、全面贯彻新发展理念，扎实做好强信心、稳增长、防风险、推改革、惠民生各项工作，湖北主要经济指标高于全国、领先中部，多项发展指标居全国前列和中部地区第一——地区生产总值增速在经济大省中排名第一；固定资产投资增长率、社会消费品零售总额增长率和一般公共预算收入增长率均为中部第一；国家级专精特新企业数量达到 678 家，中部第一；新增国家技术创新示范企业 7 家，全国第一……回顾过去一年的工作，我省经济工作取得以下六个方面的显著成就。

一是扩内需稳增长，经济运行持续向好。地区生产总值连续四年增长，2023 年末达到 55803 亿元，增长率为 6%（见图 0-1），高出全国 0.8 个百分点，在经济大省中增速第一，在中部地区增速第一；固定资产投资增长 5%、社会消费品零售总额增长 8.5%、一般公共预算收入增长 12.5%，分别高出全国 2、1.3、4 个百分点，均为中部第一；规上工业增加值增长 5.6%，高出全国 1 个百分点，居中部第二位。粮食产量达到 555.4 亿斤，实现面积、单产、总产"三增"。

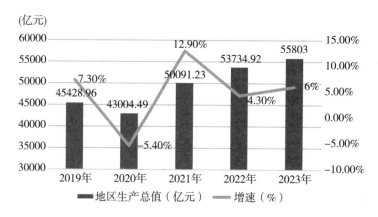

图 0-1　2019—2023 年湖北省地区生产总值和增速

（数据来源：湖北省 2023 年国民经济和社会发展统计公报）

二是调结构提效能，动能转换持续加快。"51020"（5 个万亿级支柱产业、10 个五千亿级优势产业、20 个千亿级特色产业集群）现代产业集群加速崛起，营业收入过千亿的产业达到 17 个，"光芯屏端网"达到 8470 亿元，汽车制造与服务达到 8520 亿元，大健康达到 8810 亿元。工业技改投资增长 7.6%，高出全国 2.9 个百分点，化工、有色、电气等行业增加值增长均超过 20%。新兴产业加速壮大，五大优势产业突破性发展，数字经济增加值占 GDP 的比重提高到 47%（见图 0-2），软件产业占中部六省的 44%。国家创新型产业集群达到 16 家，为全国第三位；国家级专精特新企业达到 678 家，居中部第一位；5 家企业入选国家工业母机链主企业，居全国第二位；30 家企业入选国家级 5G 工厂，居全国第三位。

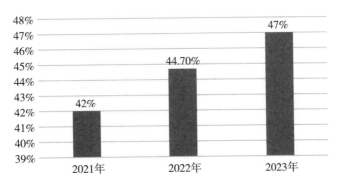

图 0-2 2021—2023 年湖北省数字经济增加值占 GDP 比重

（数据来源：《湖北日报》）

三是抓创新重应用，科创优势持续提升。武汉具有全国影响力的科技创新中心加快建设，以汉江国家实验室为龙头的战略科技力量矩阵基本形成，全国首个国家级光电子产业知识产权运营中心落户湖北，全球首个人体肺部气体多核磁共振成像系统获批上市，全球首颗智能遥感科学实验卫星成功发射。两院院士总数达 81 位，居全国第四位；4 名个人、2 个团队获得国家卓越工程师奖，数量居全国第五位；已建在建国家重大科技基础设施达到 8 个，居全国第五位；国家级创新平台达到 163 家，居全国第四位。新型研发机构达到 477 家，居全国第二位；国家级科技企业孵化器达到 84 家，居全国第五位；高新技术企业达到 2.5 万家，增长 24%；科技型中小企业达到 3.5 万家，增长 47%；新增国家技术创新示范企业 7 家，居全国第一位。全省技术合同成交额达到 4860 亿元，增长 59.8%（见图 0-3），科技成果省内转化率提高到 65.2%。

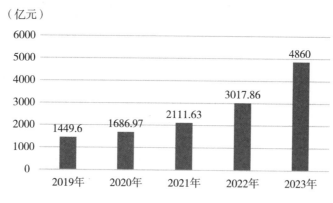

（亿元）

图 0-3　2019—2023 年湖北省技术合同成交额

（数据来源：湖北省 2019—2023 年国民经济和社会发展统计公报）

四是重投资强建设，基础支撑持续增强。区域发展整体跃升，三大都市圈竞相发展，武汉总量迈上 2 万亿台阶，襄阳、宜昌分别位居中部非省会城市第一、二位，8 个全国百强县位次普遍前移。实施亿元以上项目 1.51 万个，其中十亿级项目 1207 个、百亿级项目 136 个，均创历史新高（见图 0-4）；民间投资增长 3%，高出全国 3.4 个百分点；工业投资增长 10%，对全省投资增长贡献率达到 66.5%。亚洲最大的专业货运机场花湖机场全面运行；超米字形高速铁路网加快形成，拟建在建里程数和投资额均居全国第一位；中欧班列(武汉)开行突破 1000 列；万吨巨轮直达武汉，武汉港集装箱吞吐量居长江中上游第一位。

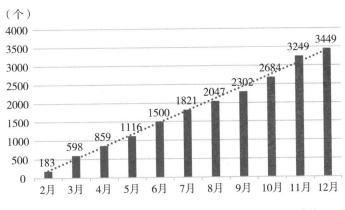

图 0-4　2023 年湖北亿元以上固定资产新开工项目累计数

（数据来源：湖北省统计局）

五是推改革促开放，市场活力持续迸发。新增经营主体 161 万户，连续三年增长超过百万户；新增"四上"企业 14996 家，为历年最多；新设外资企业 648 家，增长 35.6%，实际使用外资居中部第一位（见图 0-5）。全年为企业降成本超过 1300 亿元，为中小微企业应急转贷续贷超过 450 亿元，全国工商联"万家民企评营商环境"我省排名连续三年进位，进入前十。省属国企加快由平台向实体转型，营业收入增长 41.7%，增幅居全国第二位。全省贷款余额超过 8 万亿元，社会融资规模突破 12 万亿元。新能源汽车出口额增长 117%，规模居全国第五位。

六是惠民生重保障，人民福祉持续增进。新增城镇就业 92.8 万人，吸引高校毕业生就业创业 44.1 万人，就业工作连续两年获国务院通报表扬。居民人均可支配收入连续四年增长，2023 年增长率为 6.8%（见图 0-6），最低工资标准排全国第七位。免费开展重大疾病筛查 4965 万人次，72% 的县有了三级医院，66%的中小学纳入教联体，寄递物流实现行政村全覆盖。投入 1030 亿元解决群众急难愁盼问题，年初承诺的十大类 46 项民生实事全面完成。

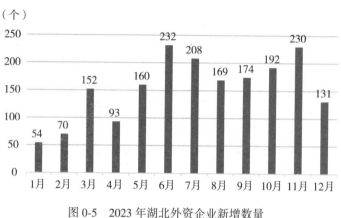

图 0-5　2023 年湖北外资企业新增数量

（数据来源：Wind 数据库）

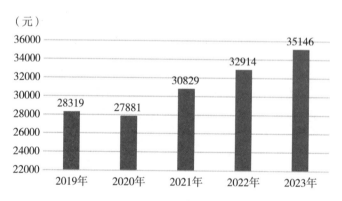

图 0-6　2019—2023 年湖北居民人均可支配收入

（数据来源：湖北省 2019—2023 年国民经济和社会发展统计公报）

在看到成绩的同时，也要清醒地认识到，我省当前发展中还面临不少困难与挑战：外部环境的不稳定、不确定性因素仍然较多，投资和消费需求不足的矛盾仍然突出，部分中小微企业经营困难，惠企政策落实力度和效果有待进一步加强，保持经济稳定向好需要付出更大的努力。制约高质量发展的深层次结构性问题仍然较多，汽车、钢铁、化工等传统产业转型任务紧迫，一些关键领域"卡脖子"问题亟待解决，影响产业链、供应链安全稳定的风险不容忽视，营商环境与市场主体的期盼还有差距。民生领域还有不少短板，稳就业增收入面临新的挑战，教育、医疗、养老、生育等公共服务优质资源不足、分布不均衡，生态环境治理薄弱环节仍然不少，一些市县财力比较紧张。形式主义、官僚主义现象仍然存在，一些干部能力作风跟不上高质量发展的要求。对于这些问题，一定要采取有效措施认真加以解决，绝不辜负人民的期待。

二、2023 年湖北主要经济指标完成情况

2023 年，湖北省经济运行持续回升向好，转型升级加快推进，就业物价总体稳定，民生保障有力有效，高质量发展扎实推进，建设全国构建新发展格局先行区迈出坚实步伐。根据地区生产总值统一核算结果，2023 年全省地区生产总值 55803.63 亿元，按不变价格计算，比上年增长 6.0%。分产业看，第一产业增加值 5073.38 亿元，增长 4.1%；第二产业增加值 20215.50 亿元，增长 4.9%；第三产业增加值 30514.74 亿元，增长 7.0%。过去五年，我省三大产业增加值占比如图 0-7 所示。

（一）农业生产稳中有增，粮食畜牧业稳步增长

全年全省农林牧渔业增加值 5447.91 亿元，比上年增长 4.3%（见图 0-8）。粮食总产量 2777.04 万吨，增长 1.3%，连续 11 年稳定在 500 亿斤以上。其中，夏粮产量 488.63 万吨，增长 1.3%；早稻产量 77.77 万吨，增长 2.7%；秋粮产量 2210.64 万吨，增长 1.3%。猪牛羊禽肉产量 457.12 万吨，增长 3.8%。其中，猪肉产量 347.25 万吨，增长 4.7%；牛肉产量 17.19 万吨，增

长 5.7%；羊肉产量 10.52 万吨，下降 0.1%；禽肉产量 82.17 万吨，增长 0.1%。禽蛋产量 216.25 万吨，增长 4.0%。全年生猪出栏 4438.53 万头，增长 3.6%；年末生猪存栏 2595.30 万头，增长 1.7%。

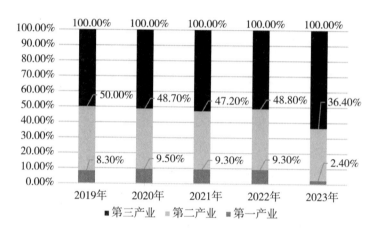

图 0-7　2019—2023 年三大产业增加值占比图

（数据来源：湖北省 2019—2023 年国民经济和社会发展统计公报）

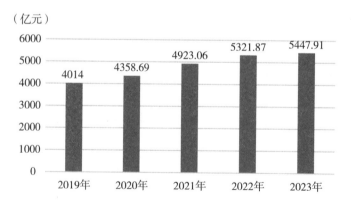

图 0-8　2019—2023 年湖北省农林牧渔业增加值

（数据来源：湖北省 2019—2023 年国民经济和社会发展统计公报）

(二)工业生产稳步回升，制造业增长较快

全年全省规模以上工业增加值比上年增长 5.6%，增速有所放缓(见图 0-9)。从三大门类看，采矿业增加值增长 4.4%，制造业增长 6.4%，电力、热力、燃气及水生产和供应业下降 0.8%。从主要行业看，汽车行业持续回升，增长 4.8%；计算机通信电子行业增长 5.1%；原材料行业增长 13.3%。其中，化工、石油加工、有色金属等行业分别增长 20.7%、22.3%、34.5%；钢铁行业增长 4.3%；电气行业增长 20.0%。高技术制造业增长 5.7%，占规上工业比重为 12.8%，较上年提高 0.7 个百分点。

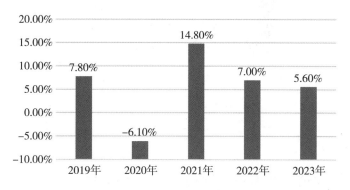

图 0-9　2019—2023 年湖北省规模以上工业增加值增速

(数据来源：湖北省 2019—2023 年国民经济和社会发展统计公报)

(三)服务业增长较快，金融市场平稳运行

全年全省服务业增加值比上年增长 7.0%。其中，交通运输、仓储和邮政业，批发和零售业，其他服务业增加值分别增长 17.3%、9.8%、7.8%(见图 0-10)。1—11 月，规上服务业实现营业收入 9627.57 亿元，增长 12.8%。

其中，多式联运和运输代理业，装卸搬运和仓储业，租赁和商务服务业，科学研究和技术服务业，文化、体育和娱乐业分别增长38.4%、27.2%、18.4%、16.0%、21.5%。截至12月末，全省金融机构本外币各项存款余额为87127.22亿元，增长9.5%，比年初增加7563.55亿元。各项贷款余额为81368.01亿元，增长9.7%，比年初增加7195.01亿元。

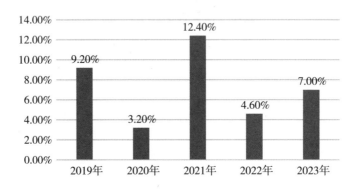

图0-10　2019—2023年湖北省其他服务业增加值增速

（数据来源：湖北省2019—2023年国民经济和社会发展统计公报）

（四）固定资产投资稳步增长，交通基础设施增长较快

全年全省固定资产投资(不含农户)比上年增长5.0%(见图0-11)。分产业看，第一产业投资增长3.0%，第二产业投资增长9.9%，第三产业投资增长2.6%。分领域看，基础设施投资增长6.4%，其中交通运输业投资增长13.4%；制造业投资增长6.7%，其中化学原料及化学制品制造业投资增长29.5%，铁路、船舶、航空航天和其他运输设备制造业投资增长28.9%，通用设备制造业投资增长25.9%，专用设备制造业投资增长16.1%。民间投资增长3.0%，占全部投资的比重为56.3%。

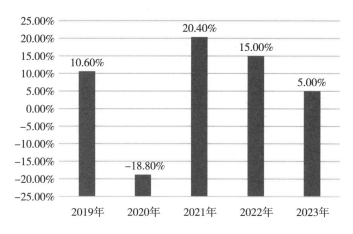

图 0-11　2019—2023 年湖北省固定资产投资额增速

（数据来源：湖北省统计局）

（五）消费市场保持活跃，出行类和基本生活类商品销售较快

全年全省社会消费品零售总额 24041.89 亿元，比上年增长 8.5%，连续五年实现正增长（见图 0-12）。分行业看，全口径批发业、零售业、住宿业、餐饮业销售额（营业额）分别增长 15.5%、8.0%、10.9%、14.0%。限上汽车类、石油及制品类等出行商品零售额分别增长 10.8%、8.5%。限上粮油食品类、饮料类、烟酒类、服装鞋帽针纺织品类等基本生活用品零售额分别增长 11.1%、8.4%、9.1%、10.0%。

（六）进出口平稳增长，贸易结构继续优化

全年全省进出口总值 6449.7 亿元，比上年增长 5.8%。其中，出口 4333.3 亿元，增长 4.7%；进口 2116.4 亿元，增长 7.9%。如图 0-13 所示，近五年来我省进出口总额均稳步提升。一般贸易进出口 4970.5 亿元，增长 7.6%，占全省进出口总值的 77.1%，比上年提升 1.3 个百分点。民营企业进

出口 4428.7 亿元，增长 15.3%，占全省进出口总值的 68.7%，比上年提升 5.7 个百分点。

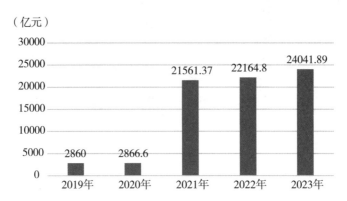

图 0-12　2019—2023 年湖北省社会消费品零售总额

（数据来源：湖北省 2019—2023 年国民经济和社会发展统计公报）

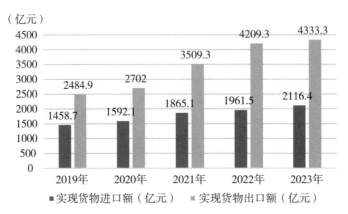

图 0-13　2019—2023 年湖北省进口和出口总值

（数据来源：湖北省 2019—2023 年国民经济和社会发展统计公报）

（七）居民消费价格保持平稳，工业生产者价格降幅收窄

全年全省居民消费价格比上年上涨 0.1%，增速明显下滑（见图 0-14）。分

类别看，食品烟酒价格下降 0.1%，衣着价格上涨 1.3%，居住价格上涨 0.4%，生活用品及服务价格上涨 0.2%，交通通信价格下降 2.5%，教育、文化、娱乐价格上涨 1.8%，医疗保健价格上涨 0.5%，其他用品及服务价格上涨 2.9%。在食品烟酒价格中，猪肉价格下降 16.4%，鲜菜价格下降 2.6%，粮食价格上涨 1.2%，鲜果价格上涨 4.1%。扣除食品和能源价格后的核心 CPI 上涨 0.6%。全年全省工业生产者出厂价格比上年下降 2.6%；工业生产者购进价格比上年下降 4.1%。

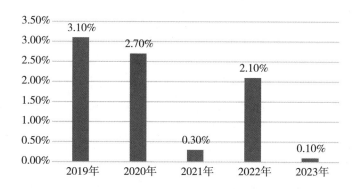

图 0-14　2019—2023 年湖北省居民消费价格增长

（数据来源：湖北省统计局）

（八）就业形势总体稳定，城镇调查失业率下降

全年全省城镇新增就业 92.88 万人，比上年度增长 1.3%（见图 0-15）。全省城镇调查失业率平均值为 5.4%，比上年下降 0.2 个百分点。全年农民工总量 1559.8 万人，比上年增加 5.5 万人，增长 0.4%。其中，本地农民工 489.1 万人，下降 3.1%；外出农民工 1070.6 万人，增长 2.0%。农民工月均收入水平 5446 元，比上年增长 3.7%。

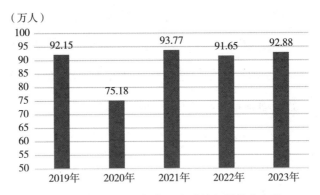

图 0-15　2019—2023 年湖北省城镇新增就业人数

（数据来源：湖北省 2019—2023 年国民经济和社会发展统计公报）

（九）居民收入持续增加，城乡居民收入差距缩小

全年全省全体居民人均可支配收入 35146 元，比上年增长 6.8%。从收入来源看，工资性收入、经营净收入、财产净收入和转移净收入分别增长 6.7%、7.7%、3.3% 和 7.2%。按常住地分，城镇居民人均可支配收入 44990 元，增长 5.5%；农村居民人均可支配收入 21293 元，增长 8.0%（见图 0-16）。城乡居民人均可支配收入比为 2.11，比上年缩小 0.05。

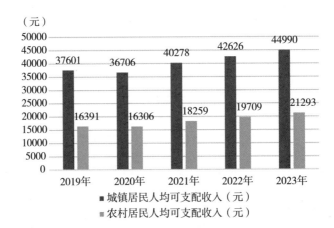

图 0-16　2019—2023 年湖北省城镇和农村人均可支配收入

（数据来源：湖北省 2019—2023 年国民经济和社会发展统计公报）

总的来看，2023 年全省经济运行稳步回升，好于全国平均水平。当前我省外在机遇叠加，内生条件向好，经济回升向好的态势更加稳固。

三、2023 年湖北省经济整体运行特点

2023 年，湖北省充分发挥政策优势，推进现代化产业体系建设，促进城乡融合和区域协调发展，经济回升向好态势更加巩固，在经济大省和中部六省中保持领先位置。一年来，湖北主要经济指标呈现"一季度开局良好，二季度继续恢复，三季度稳定增长，四季度延续回升向上"的特征，湖北经济承压而上，展现出强大的韧性和定力。总体来看，湖北经济运行表现呈现出"稳字当头""稳中求进""稳中有活"和"稳中向好"四个方面的特点。

（一）"稳字当头"——经济发展有支撑，回升向好韧性足

经济总量稳步扩大。全年地区生产总值 55803.63 亿元，居全国第七。经济增速逐季回升。一季度、上半年、前三季度 GDP 分别增长 5.1%、5.6%、6.0%，全年增速保持在 6.0%，呈稳步回升、逐季向好态势。增速高出全国 0.8 个百分点，在经济大省和中部六省中领先。主要经济指标表现良好。农林牧渔业增加值、规上工业增加值、固定资产投资、社会消费品零售总额、进出口总额、规上服务业营业收入分别增长 4.3%、5.6%、5.0%、8.5%、5.8%、12.8%，均高于全国，中部靠前。供给需求稳步恢复。工业 41 个行业大类中有 25 个实现正增长。服务业十大门类行业中 9 个实现正增长。批、零、住、餐四大行业销售额（营业额）分别增长 15.5%、8.0%、10.9%、14.0%。10 亿元以上的重大项目达 1207 个。进出口总额达 6449.7 亿元，创历史新高。

(二)"稳中求进"——转型升级合力大，创新驱动朝气足

科创势能加速集聚。以大科学装置、湖北实验室、国家级科创平台、新型研发机构为主体的科技创新矩阵成势见效。综合科技创新水平排名居全国第七，为近5年来新高。高新技术企业超过2.5万家，实现两年翻番。国家级专精特新企业总数达678家，居中部第一。转型升级加快推进。工业技改投资增长7.6%，连续8个月增长加快。汽车行业加速向新能源、智能化转型，增加值由上半年负增长回升至全年增长4.8%，新能源汽车产量增长30.6%。化工行业稳步迈向绿色化、高端化、精细化，全年增加值增长20.7%。光电子信息等五大优势产业突破性发展，新兴特色产业持续壮大，未来产业前瞻布局。新产品产销两旺。笔记本电脑、液晶显示模组、3D打印设备、印制电路板产量分别增长183.1%、109.4%、83.7%、78.2%。限上新能源汽车、智能手机、计算机及其配套产品零售额分别增长94.3%、41.6%、29.6%。电动载人汽车、锂离子蓄电池和太阳能电池"新三样"产品出口额增长91%。

(三)"稳中有活"——多管齐下增活力，政策叠加动力强

降本增效激活主体。我省入选万家民企评营商环境调查全国前十，全年累计为各类经营主体降低成本1300亿元以上。新增市场主体160.63万家，其中新增企业53.9万户，增长46.2%。新增规上工业企业2436家，为近五年新高。新增规上服务业单位2539家，增长34.7%。新增限上批零住餐企业8803家，增长约一倍。制造业民间投资增长9.6%，高出全省投资4.6个百分点。加强联通畅通循环。聚焦大宗商品、汽车、磷化工等基础性领域，组建国控、楚象、华纺链、长江汽车、九州医药等重点产业供应链平台，打通循环堵点，"链"接全球资源。交通运输业投资增长13.4%，其中铁路运输业投

资和道路运输业投资分别增长 27.5%、16.9%。长江黄金水道通江达海，亚洲最大的专业货运机场花湖机场全面投运，航空客货"双枢纽"格局打开空中"出海口"。市场回暖活力涌动。货物周转量、旅客周转量分别增长 13.9%、90.9%。全省累计接待游客 7.6 亿人次，增长 30%。武汉地铁日均客流量 367.6 万人次，增长 51.9%，创历年新高。人流带旺消费，实现社会消费品零售总额超 2.4 万亿元，银联消费支付金额增长 16%。区域经济竞相发展。三大都市圈产业协同带动市州整体跃进。武汉经济总量突破 2 万亿元，GDP、工业、投资、消费增速高于或与全省持平的市州分别有 12 个、11 个、14 个和 8 个。县域经济实力进一步提升，6 县市入选 2023 年中国工业百强县(市)，入选数量居中部第一。

(四)"稳中向好"——民生改善效力显，民生保障见实效

就业形势持续向好。全年城镇新增就业 92.88 万人，超额完成年度目标。城镇调查失业率平均值为 5.4%，比上年下降 0.2 个百分点。居民收入稳步增长。全省居民人均可支配收入增长 6.8%，其中城镇、农村居民人均可支配收入分别增长 5.5%、8.0%，均高于全国平均水平。基本保供稳固有力。粮食总产量 2777.04 万吨，增长 1.3%，连续 11 年保持在 500 亿斤以上。猪牛羊禽肉、禽蛋、水产品总产量分别增长 3.8%、4.0%、4.5%。粮油食品类、饮料类、烟酒类、服装鞋帽针纺织品类限上零售额分别增长 11.1%、8.4%、9.1%、10.0%。居民消费价格温和上涨 0.1%。民生实事落实落地。交通运输、仓储和邮政业，教育投资分别增长 14.7%、9.6%。持续推进十大类民生实事，调查显示，95.0%的受访者对政府在民生实事方面的工作表示满意。

总的来看，2023 年全省经济持续回升，发展恢复向好，为全国稳住经济大盘作出了湖北贡献，交出了一份弥足珍贵的"年终答卷"。这些成绩的取得，

根本在于习近平总书记的领航掌舵，根本在于习近平新时代中国特色社会主义思想的科学指引，是省委、省政府带领全省广大干部群众共同努力、拼搏奋进的结果，成绩殊为不易，值得充分肯定。

四、2024 年湖北经济发展展望

2024 年是新中国成立 75 周年，是实现"十四五"规划目标任务的关键一年。当前，和平发展仍然是时代主题，合作共赢始终是大势所向，中国的发展离不开世界，世界的发展也需要中国，我国发展面临的外部环境仍然是战略机遇和风险挑战并存，但有利条件强于不利因素。从全国经济看，我国经济回升向好、长期向好的基本趋势没有改变，支撑高质量发展的有利条件持续集聚，韧性强、潜力大、活力足的优势更加凸显。从我省看，经过这些年的固本培元、锻长补短，我省经济发展迈上更高能级，产业基础夯得更加坚实，创新优势得到更好发挥，枢纽地位实现更大提升，干事创业激情更加昂扬，进入了聚势提升的关键时期。

2024 年我省经济社会发展的主要预期目标是：地区生产总值增长 6%；城镇新增就业 70 万人以上，城镇调查失业率 5.5% 左右；居民消费价格涨幅 3% 左右；居民收入增长和经济增长同步；粮食产量 500 亿斤以上；单位 GDP 能耗降低 2.5% 左右。具体而言，2024 年我省要重点抓好以下八个方面的工作。

（一）塑造发展新动能新优势，做强科技创新硬核支撑

更大力度聚合创新资源。做强高能级科创平台，争创东湖综合性国家科学中心，支持汉江国家实验室高质量运行，推动 10 个湖北实验室多出成果、创建国家实验室，加快 8 个国家重大科技基础设施、163 个国家级创新平台建

设发展,打造集聚人才、集聚产业、集聚资本、集聚技术的创新高地。更大力度增强创新动能。着力构建数字经济、人工智能、绿色发展等优势领域"核心技术池",集中力量突破高端 AI 芯片、智能数控机床、高端医疗装备等"卡脖子"技术,前瞻谋划生物合成、空天技术等千亿级规模的科创"核爆点",构筑创新赛道的"卡位"优势。更大力度优化创新生态。完善多元化科创投入机制,用好政府主导的 4000 亿元投资基金群,推行科创众包、揭榜挂帅等新模式,引进培育更多风投基金、耐心资本,投早、投小、投未来,全社会研发投入增长 14%以上。

(二)培育壮大新质生产力,加快推进新型工业化

加快传统产业转型升级。深入实施技改焕新行动,鼓励企业产品换代、生产换线、设备换芯,打好汽车、钢铁、化工产业转型三大战役,推动传统行业高端化、智能化、绿色化升级,技改投资增长 10%以上。加快新兴产业发展壮大。实施战略性新兴产业倍增计划,推动光电子信息、高端装备制造等 5 大优势产业突破性发展,支持算力与大数据、量子科技等新兴特色产业发展,"光芯屏端网"、汽车制造与服务、大健康三大产业达到万亿级规模。加快未来产业前瞻布局。推进未来产业发展行动计划,实施 6G 创新工程、人形机器人突破工程,加快生命科学、AI 大模型、前沿材料、未来能源等领域产业布局,建设一批概念验证中心、中小试基地、众创空间,推动形成"新技术突破—新场景应用—新物种涌现—新赛道爆发"的正反馈循环。加快数字经济创新提质。实施"数化湖北"行动,推进算力存力运力倍增,加快"5G+工业互联网"规模化应用,拓展应用场景 100 个以上,建设细分行业"产业大脑",培育数字经济标杆园区 10 个以上,新建无人工厂、数字孪生工厂等 200 家以上,数字经济增加值增长 15%以上。

(三)坚持供需协同发力,促进消费投资良性循环

着力扩大有效益的投资。开展重大项目攻坚突破年活动,强力推进"十百千万"工程,加快建设三峡水运新通道、集度汽车等 10 个五百亿级项目、100 个百亿级项目、1000 个十亿级项目、10000 个亿元级项目,全年实施亿元以上项目 1.52 万个,投资增长 8% 以上。着力激发有潜能的消费。实施消费保稳提质工程,稳定和扩大传统消费;实施消费潜能挖掘工程,有效提振住房、新能源汽车、电子产品等大宗消费;实施消费供给优化工程,大力促进数字消费、绿色消费、健康消费等新型消费;积极发展首店首发经济、时尚休闲消费等新业态新模式;实施消费环境提升工程,支持武汉打造国际消费中心城市,支持襄阳、宜昌等地打造区域消费中心城市,加快商业"圈街楼店网"系统改造提升,社会消费品零售总额增长 9% 以上。着力促进投资和消费有效协同。找准投资和消费同向发力的结合点,着眼解决青年人、老年人、老旧小区和危旧房居民等群体住房需求,积极探索房地产发展新模式。

(四)激发发展动力活力,不断深化高水平改革开放

持续打造一流营商环境。深入实施市场化改革示范、法治化建设升级等五大行动,推进"双千"企业振兴工程,完善政企常态对接沟通、惠企政策直达快享等机制,为企业降低成本 1000 亿元以上,新增"四上"企业 1 万家以上、上市公司 20 家以上。持续推进重点领域改革。深化财政体制改革,全面推行投资项目绩效综合评价,不断提高资金、资产、资源效益;深化国资国企改革,实施省属国企高质量发展十大行动;深化要素市场化配置改革,加快数据要素市场发展,健全煤电容量电价、工商业分时电价机制;深化金融供给侧结构性改革,更好地服务实体经济,全年新增贷款 8000 亿元以上。持续扩大高水平对外开放。深度融入共建"一带一路",推动天河机场、花湖机

场客货运"双枢纽"联动发展，依托花湖机场谋划打造国际自由贸易航空港、货邮吞吐量达到 120 万吨，依托黄金水道加快建设长江中游航运中心，争创中欧班列中部集结中心。扩大新能源汽车、光电子信息等优势产品出口，大力发展海外仓、跨境电商等外贸新业态，进出口增长 8% 以上。高水平办好世界 500 强对话湖北、中法城市可持续发展论坛、华创会等重大活动，引进外资企业 500 家以上。

（五）强化区域协同融通，促进城市和产业集中高质量发展

全面提升三大都市圈发展能级。加快建设武汉新城、襄阳东津中央商务区、宜荆荆世界级磷化工产业集群等 10 大标志性工程，打造武鄂黄黄快速通道、宜昌融入西部陆海新通道、鄂州花湖机场多式联运体系等 10 大功能性工程，增强都市圈核心竞争力和辐射带动力。全面提升城市和产业发展集中度。坚持人口集中、产业集聚、功能集成、要素集约，支持襄阳小河临港经济区、孝感首衡城、随州国家应急产业示范基地等 20 个特色产业集聚区加快发展，做强 109 家国家级省级高新区。深入实施城市更新行动、城市生命线工程，加快城市数字公共基础设施布局，着力建设宜居韧性智慧城市。全面提升县域发展竞争力。纵深推进强县工程，加快千亿县扩容、百强县进位，重点支持 40 个县域特色产业集群建设，推动县域经济突破性发展。着力强化县城就业、教育、养老、医疗、住房等公共服务供给，提高城市功能品质和综合承载能力。全面提升区域合作水平。支持革命老区、民族地区加快发展，做好援藏援疆工作。加强与京津冀、长三角、粤港澳大湾区、成渝等地区发展协作，深化鄂港交流，加强湘鄂赣三省合作，促进长江中游城市群联动发展。

（六）聚焦推进乡村全面振兴，加快农业农村现代化

强化粮食和重要农产品稳产保供。守牢耕地保护红线和粮食安全防线，

新建高标准农田 150 万亩以上，实施新一轮粮食产能提升行动，支持公安、沙洋等县市创建国家超级产粮大县，增强生猪、油料、淡水产品等基础生产能力。强化农业产业化发展和品牌化培育。坚持粮经饲统筹、种养加一体、一二三产业融合，大力推进十大重点农业产业链延链补链强链，加快 7 个国家级优势特色农业产业集群建设，新增省级以上农业产业化龙头企业 50 家，农产品加工业产值增长 10% 以上。走好品牌强农之路，用好中国粮食交易大会、湖北优质农产品展销中心等平台，持续擦亮"荆楚优品"金字招牌。强化农业科技和农村改革双轮驱动。深入推进农业科技服务"五五工程"，加快"武汉·中国种都"建设。深化农村土地制度改革，发展新型农村集体经济，培育更多新型农业经营主体、农业产业化联合体，完善联农带农机制，持续促进农业增效、农民增收。强化乡村建设和乡村治理协同推进。巩固拓展脱贫攻坚成果，健全防止返贫动态监测和帮扶机制。持续整治提升农村人居环境，加快农村公路、饮水、供电等基础设施提档升级，深化拓展寄递物流、冷链物流体系，实现 5G 网络行政村全覆盖。

（七）聚焦全面绿色低碳转型，走好生态优先绿色发展之路

切实推动绿色产业发展。紧扣绿色制造方向，加快钢铁、石化、建材等 9 个重点行业节能降碳改造，实施节能环保产业高质量发展五大行动，围绕绿色建材、风电装备、绿色智能船舶等优势领域，重点培育 6 家省级产业园区，打造城市矿产、秸秆利用、废旧电池回收利用等 10 条循环经济产业链，推动产业生态化、生态产业化协同发展。切实推进全面绿色转型。着眼优化产业、能源、交通运输、用地四大结构，加快构建清洁能源、低碳交通等 10 大体系，扎实推进华中氢能产业基地、大幕山抽水蓄能电站等 76 个重点能源项目，实施低碳城市、"气化长江"等重点工程，完善绿色金融、生态补偿、生态价值实现等机制，促进生产生活方式绿色化低碳化。切实筑牢生态安全屏

障。深入实施长江高水平保护提质增效十大行动，深化洪湖、梁子湖、斧头湖治理攻坚，扎实推进小流域综合治理、沿江化工企业关改搬转、废弃矿山生态修复，加快建设三峡坝区绿色低碳发展示范区、丹江口库区绿色可持续发展先行区。

（八）聚焦保障改善民生，推动发展成果更好惠及人民群众

促进高质量充分就业。深入实施"才聚荆楚"工程、"百县进百校"行动，做好高校毕业生、退役军人等重点群体就业工作，新增高校毕业生就业创业40 万人以上。加强劳动者技能培训，强化困难群体就业帮扶，深化根治欠薪专项行动。加强社会保障服务。强化"一老一小"服务保障，新增养老床位 1万张、婴幼儿托位 4.5 万个，完成家庭适老化改造 2.5 万户以上。加强农村留守儿童、留守妇女、留守老人和城乡低保户、特困人员、残疾人等群体关心帮扶。办好人民满意教育。推进义务教育优质均衡发展，加强农村薄弱学校改造提升，以数字化赋能教联体扩面提质。推进高校双一流建设和职业院校提质行动，探索组建现代产业学院、未来技术学院，促进 100 个产教联合体加快发展。守护群众生命健康。加快建设国家区域医疗中心、重大传染病防治基地、医疗健康大数据中心，积极争创国家医学中心。支持建设 100 个国家级省级临床重点专科，大力推进国家中医药传承创新发展示范试点建设。优化医疗资源均衡布局，加快县域三级医院建设，开展数智化病理服务体系建设试点。丰富群众文体生活。推进文艺精品创优、文化场馆升级，加快长江博物馆、石家河国家考古遗址公园等重点项目建设，加强非物质文化遗产保护传承，打造 15 分钟文化体育圈。实施 10 大类涵盖就业、教育、医疗、养老、育幼等领域的民生实事，努力让人民群众收获更多实实在在、可感可及的幸福。

总而言之，2024 年，湖北省应坚持稳中求进、以进促稳、先立后破，抢

抓一切有利时机，利用一切有利条件，在高质量发展上奋楫前行、提速竞进，继续巩固和增强经济回升向好态势，加快建设全国构建新发展格局先行区，加快建成中部地区崛起重要战略支点，奋力推进中国式现代化湖北实践，不断推动湖北发展迈上新台阶、开辟新境界。

第二编
经济发展

第一章 宏观经济发展报告

一年来，面对复杂多变的外部环境和交织叠加的风险挑战，在省委的坚强领导下，全省砥砺前行、接续奋斗，交出了难中求成、竞进有为的高质量发展新答卷。统计数据显示，湖北主要经济指标高于全国，领先中部，地区生产总值达到55803亿元，增长6%，高出全国0.8个百分点，在经济大省中增速第一，在中部地区增速第一。固定资产投资增长5%，社会消费品零售总额增长8.5%，一般公共预算收入增长12.5%，分别高出全国2、1.3、6.1个百分点，均为中部第一。规上工业增加值增长5.6%，高出全国1个百分点，中部第二。总体来看，湖北省经济加速修复、整体回升，开始加入全国经济大省的主赛道，为加快建设全国构建新发展格局先行区、奋力推进中国式现代化湖北实践奠定了坚实的经济基础。

一、2023 年湖北宏观经济发展环境

（一）国际环境

1. 全球经济复苏和稳定，为湖北经济发展提供了较好的外部环境

尽管俄乌冲突、巴以冲突等事件仍在继续，但全球经济形势仍较 2022 年

有明显改善。2024 年 2 月初，根据经济合作与发展组织（经合组织）发布的经济展望报告，2023 年全球经济增速为 3.1%，通胀下降速度快于预期。许多新兴市场经济体和美国的增长较为强劲，欧洲国家经济则相对疲软，大多数其他主要经济体温和增长的迹象仍在继续。国际贸易逐渐恢复，出口需求增加，未来经济进一步复苏将为湖北企业提供更多国际发展机会。

2.“一带一路”高质量发展深入推进，为湖北融入世界市场提供了新机遇

2023 年 10 月，习近平总书记宣布中国支持高质量共建“一带一路”的八项行动，中方将加快推进中欧班列高质量发展，加快陆海新通道、空中丝绸之路建设，创建“丝路电商”合作先行区。同更多国家商签自由贸易协定、投资保护协定，全面取消制造业领域外资准入限制措施，扩大数字产品等市场准入，深化国有企业、数字经济、知识产权、政府采购等领域改革。统筹推进标志性工程和“小而美”民生项目，通过鲁班工坊等推进中外职业教育合作，中方将持续深化绿色基建、绿色能源、绿色交通等领域合作。这些重大举措，为湖北对外工程承包、产能合作、数字经济发展、引进制造业投资、对外出口等提供广阔的政策空间、市场空间、贸易空间、合作交流空间。

3. 世界革命性技术探索加速，为湖北发挥科教资源优势提供了有利条件

近三年来，世界各国在人工智能、航空航天、新材料、生命科学、信息技术、能源技术等科技领域的革命性技术探索明显加速。面对汹涌而来的新一轮科技革命浪潮，全球各国的科技研发、教育人才、产业变革及社会发展战略均面临机遇与挑战，各国力争在科技领域形成技术壁垒，以便开辟发展新领域新赛道，形成发展新动能新优势，率先享受以科技创新驱动的产业变革的红利。据世界知识产权组织中国办事处官微最新数据，武汉在全球创新指数的科技集群排名中连续 6 年上升，2023 年首次进入全球 15 大科技集群，排在第十三位。科技创新国际竞争力的提高，为湖北抢占世界级产业发展新赛道提供了有力支撑。

4. 国际产业链供应链深度重塑，为湖北产业融入世界提供了新路径

近年来，世界逐渐进入一个全球产业链、供应链重塑的时代，在国家安全置于优先地位的情况下，产业链、供应链"本土化""近端化/区域化"以及向友好国家延伸的趋势较为明显。这种产业链、供应链重塑，既带来了风险与挑战，同时也为湖北树立供应链思维、充分利用产业链供应链调整带来的发展机遇提供了契机，湖北有可能在充分利用国内国外两个市场、两种资源方面进一步发挥优势，赢得属于自己的机遇。

(二)国内环境

1. 国家坚定实施扩大内需战略，湖北面临更加广阔的内需市场

2022 年 12 月，中共中央、国务院印发《扩大内需战略规划纲要（2022—2035 年)》，坚定实施扩大内需战略、培育完整内需体系，并要求各地区各部门结合实际认真贯彻落实。我国拥有 14 亿多人口、4 亿多中等收入群体，是全球超大规模且最有增长潜力的市场。随着优化疫情防控措施成效显现，消费需求将逐步恢复，消费升级的步伐也会加快。公共服务、基础设施等领域投资需求旺盛，蕴含巨大市场空间。传统产业转型升级、战略性新兴产业发展壮大、补短板投资力度加大，都会促进有效投资持续较快增长。用足用好超大规模市场优势，促进形成需求和供给的良性互动循环，我国经济增长的潜力必将不断释放。湖北正加快构建内陆开放新高地，努力打造国内大循环的重要节点和国内国际双循环的战略链接，在国家坚定实施扩大内需战略的引领下，也必将为湖北产品和服务提供更加广阔的内需市场空间。

2. 以科技创新引领现代化产业体系建设深入推进，湖北科技创新优势更加凸显

中央经济工作会议提出，要以科技创新推动产业创新，特别是以颠覆性技术和前沿技术催生新产业、新模式、新动能，发展新质生产力。完善新型举国体制，实施制造业重点产业链高质量发展行动，加强质量支撑和标准引领，提升产业链供应链韧性和安全水平。要大力推进新型工业化，发展数字经济，加快推动人工智能发展。打造生物制造、商业航天、低空经济等若干战略性新兴产业，开辟量子、生命科学等未来产业新赛道，广泛应用数智技术、绿色技术，加快传统产业转型升级。加强应用基础研究和前沿研究，强化企业科技创新主体地位。鼓励发展创业投资、股权投资。湖北在全国既有科技创新优势，也有高新技术产业优势，两者结合增强了以科技创新引领现代化产业体系建设的动力和能力。

3. 新质生产力成为新的增长点，湖北要素资源向新质生产力集聚

2023 年 9 月，习近平总书记在黑龙江考察调研期间首次提到"新质生产力"，他指出要整合科技创新资源，引领发展战略性新兴产业和未来产业，加快形成新质生产力。2023 年中央经济工作会议强调，要以科技创新推动产业创新，特别是以颠覆性技术和前沿技术催生新产业、新模式、新动能，发展新质生产力。新质生产力的提出，是我国推进高质量发展，实现中国式现代化的重要理论和实践成果，迅速成为全国各地推进经济发展的行动指南。湖北积极推动人才、技术、数据、资本等要素资源向新质生产力主战场集聚，加快培育以"51020"产业体系为代表的新质生产力。

二、2023 年湖北宏观经济发展政策重点

2023 年 1 月，湖北省政府工作报告提出了接下来五年的目标任务。其中，经济方面的主要目标任务是地区生产总值突破 7 万亿元，高新技术产业增加值占比达到 30%，全社会研发投入强度进入全国第一方阵，科技创新策源功能显著增强，产业基础高级化和产业链现代化水平显著提升，全国科技创新高地、制造强国高地、数字经济发展高地、现代农业基地和现代服务业基地基本建成。以武鄂黄黄为核心的武汉都市圈一体化发展格局全面形成，成为引领湖北、支撑中部、影响全国、辐射全球的重要增长极，三大都市圈协同发展水平明显提高，强县工程取得显著进展，乡村振兴全面推进，常住人口城镇化率力争达到 70%，努力探索中国式现代化的湖北路径。统一开放的高标准市场体系加快构建，市场化法治化国际化营商环境水平显著提升，花湖机场内陆自由贸易港加快建设，对内对外双向开放的"大通道—大枢纽—大网络—大平台"体系基本建成，把"九省通衢"的区位优势转化为"九州通衢"的发展胜势。2023 年，经济社会发展主要预期目标是地区生产总值增长 6.5% 左右，城镇新增就业 70 万人以上，城镇调查失业率控制在 5.5% 左右；居民消费价格涨幅 3% 左右；居民收入增长与经济增长基本同步。

(一)湖北经济增长动力不断增强

2023 年，全国 GDP 增速为 5.2%，湖北 GDP 增速为 6%，高出全国增速 0.8 个百分点。并且，湖北一、二、三季度单季分别增长 5.1%、6%、7%，一个季度快于一个季度，而不是波动不定，可见湖北经济增长的势头持续向好。从拉动经济增长的"三驾马车"来看，经济增长动力主要来源于投资与消费。一是全年全省完成固定资产投资(不含农户)比上年增长 5.0%，按产业划

分，一、二、三次产业投资分别增长 3.0%、9.9%、2.6%。二是 2023 年，全省实现社会消费品零售总额 24041.89 亿元，比上年增长 8.5%，高出全国 1.3 个百分点，增速居中部六省第一，消费市场的加速恢复有利于有效需求的持续改善。

（二）湖北经济循环更加通畅

湖北省第十二次党代会报告提出，"加快建设全国构建新发展格局先行区"，要求积极融入全国统一大市场，打造国内大循环的重要节点和国内国际双循环的重要枢纽。近年来，湖北省花湖机场建成投运，将其打造为亚洲最大的专业货运机场，不断加大高铁建设投入，中欧班列开行数量 854 列，排名全国第三位，中部第一位，在国内率先建成"铁水公空仓"五网融合的供应链物流信息平台，先后搭建了国控、楚象、华纺链、长江汽车链和供销系统供应链等平台，立足供应链、重构产业链、提升价值链，经济循环更加畅通，利用国际、国内两种资源、两个市场的能力明显增强，为建设全国构建新发展格局先行区增添了优势条件。

（三）湖北经济增长新动能支撑点日益增加

湖北全方位打造全国科技创新高地，加快推进武汉具有全国影响力的科技创新中心建设，加快建设以东湖科学城为核心区域的光谷科技创新大走廊，推动襄阳、宜昌区域科技创新中心建设，科教优势的潜力逐渐发挥。全省技术合同成交额 1552.6 亿元，增长 33.8%，其中省内转化率超过 60%；科研技术服务业营收同比增长 13.8%，科技创新对经济增长贡献率达到 65%。2023 年上半年，湖北省规上高新技术产业增加值 5098.57 亿元，同比增长 6.2%；高新技术企业注册申报数 8170 家，同比增长 46.4%，评审通过企业数量 1531 家，同比增长 56.1%；入库科技型中小企业 26427 家，同比增长 75%；技术合同成交额 1919.86 亿元，同比增长 20.02%；全省 12 家国家高新区实现规上工业总产值 11157.63 亿元，同比增长 6.27%。在此基础上，湖北电子信息产业高速增长，带动上下游化工、电器机械、有色金属等新产业保持较高增长态势，2023 年规上工业增加值同比增长 5.6%，高出全国 1 个百分点，居中部第二位。41 个大类行业中有 25 个实现正增长，增长面达 61%。全年全省高技术制造业增加值同比增长 5.7%，高出全部规上工业增加值 0.1 个百分点，占规上工业比重达 12.8%，较去年提高了 0.7 个百分点，为近年来最高水平。全省规上工业企业总量达 19240 家，较去年新增 2436 家，净增 1715 家，实有数量、新增数量和净增数量均创近年来历史新高。

（四）湖北重点行业拉升明显

湖北省汽车、电气、化工、有色金属、新能源等行业在全国呈现出独立上行的良好势头。9 月份汽车行业增长 11.7%，比 8 月提高 4.5 个百分点，新能源汽车 9 月当月销售增长 78.5%。电气、化工、有色等支柱行业保持两位数增长，9 月当月增长均在 20% 以上，分别为 20.4%、23.9%、39.7%。钢铁行业逆势增长 5.7%，电力行业 9 月当月增长 9.8%，比上月回升 14.8 个百分点。规上服务业营收增长 10.6%，对经济增长贡献率达到 64%，除了软件和信息技术服务业增长-0.1%外，10 大门类中 9 个门类正增长。农业增加值增长 4.1%。

（五）市场主体特别是民营企业信心显著增强

2023 年以来，为企业降成本 809 亿。市场主体进一步扩量提质，2023 年全省报装接电容量同比增长 11.2%；新登记市场主体 122.3 万户，总量突破 800 万户，预期目标是冲 1000 万户。新增"四上"企业 3744 家，增长 27.9%。企业生产经营持续改善，批零住餐全面回升，营收分别增长 13.3%、8.5%、

17.6%、14.5%；文旅行业旅游火爆，共接待游客超过 7 亿人次，实现旅游综合收入超过 7000 亿元。湖北全省三星级以上旅游饭店客房出租率达到 53.24%，同比增长 11%；旅行社签订电子合同 31.9 万份，合同金额 33.09 亿元，团队游客 4011 万人次，分别同比增长 149%、254%、208%。全省公路总里程达 307263 公里，比上年末增长 1.7%；高速公路里程达 7849 公里，增长 3.3%。全年完成货物周转量 8594.24 亿吨公里，增长 13.9%；旅客周转量 1027.84 亿人公里，增长 90.9%；港口完成货物吞吐量 6.9 亿吨，增长 22.8%。港口集装箱吞吐量 329.8 万标准箱，增长 5.5%。

三、2023 年湖北经济增长动力分析

2023 年，湖北省主要经济指标高于全国，领先中部，焕发出蓬勃生机活力，增长动力主要来源于投资、消费、出口增速总体较快增长，以及结构不断优化。

（一）投资

1. 投资总额

2023 年湖北省的投资情况呈现良好态势，促进了经济的稳定增长，为未来的发展奠定了坚实的基础。湖北省的投资政策主要集中在扩大有效投资、提高投资质量和效率、保持政府投资强度、鼓励中小企业增加投资等方面。这些政策通过争取中央预算内资金、增发政府专项债券、引导社会资本投入、优化项目落地等措施，有效促进了省内固定资产投资增长、工业投资扩产、基础设施和战略性新兴产业发展。政策实施取得显著成效，为湖北省经济稳定增长提供了有力支撑。

2023 年，湖北省级重点项目共 555 个，其中新开工和续建项目 461 个，总投资 18405.1 亿元，年度计划投资 3247.2 亿元。省级重点项目投资一般不低于 5 亿元（基础设施项目不低于 10 亿元），主要分为重大产业发展、重大基础设施、生态文明建设、社会民生保障四大类。近年来，省级重点项目提质扩容，充分发挥了强预期、促投资、稳增长的作用。2023 年以来，在省级重点项目"加速快跑"的带动下，我省投资逆势上扬，1—12 月投资增速居中部第一，位于经济大省前列。

2023 年，湖北把更大力度吸引和利用外资摆在重要位置，以服务外企为抓手，深化对欧招商，优化外资招引体系，优化实际利用外资考核，实施超常规外资招引举措，出台更大力度吸引和利用外资系列政策，加速打造高质量外资集聚地，实现外资稳中有进、进中提质。2023 年，全省新设外商投资企业 648 家，同比增长 35.56%；按人民币计算，全年实际使用外资 190.43 亿元，增长 11.39%，高出全国平均增速 19.4 个百分点，规模升至中部第一，占全国比重较去年提升 0.3 个百分点。具体来看，来源地方面，能带来高新技术溢出效应的发达国家地区外资增长明显，韩国、新加坡、德国、美国利用外资分别增长 255.38%、110.15%、40.4%、11.96%；行业方面，高新技术领域引资加快，信息传输、软件和信息技术服务业增长 45.66%，高技术制造业增长 76.35%。

2023 年全省固定资产投资增速的波动范围为 4%~8.8%（见图 1-1），虽有起伏但波动幅度相对温和，这表明固定资产投资增长相对稳定。这种稳定性是经济健康发展的重要标志，能够为企业和投资者提供一个可预测的投资环境，有利于增强市场信心。固定资产投资的平稳增长和投资结构的大幅改善，有助于平衡经济结构，增强经济的内在抵抗力，适应和应对外部经济环境的变化和挑战。固定资产投资结构的持续优化，特别是高新技术和新兴行业投资增速的明显加快，标志着湖北省正积极向技术密集型和高增值产业转型。

这种转型有助于提高整个省的产业竞争力，促进可持续发展，同时也能为就业创造更多高质量的岗位。

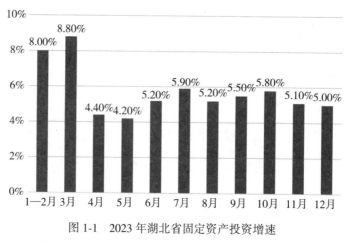

图 1-1　2023 年湖北省固定资产投资增速

（数据来源：湖北省统计局）

2. 投资结构

（1）分产业看，第三产业投资增速低于第一、二产业

2023 年全年湖北省一二三产业投资增速为正，说明我省三个产业投资力度均逐渐加大，第一产业投资全年增长 7.0%，第二产业投资全年增长 4.9%，第三产业投资全年增长 4.1%。其中第三产业投资增速高于第一产业和第二产业。第三产业的投资增长率与去年同期相比有所增加，说明经济情况较好，现代服务业平稳发展。第一产业和第二产业投资增速均有所放缓，见图 1-2。

（2）分领域看，重点行业投资保持较快增长

2023 年，以制造业、住宿和餐饮业、房地产业为代表的重点行业全年投资增长基本保持正增长，批发和零售业 2023 年存在负增长情况。分领域具体来看，基础设施投资增长 6.4%，其中交通运输业投资增长 13.4%；制造业投资增长 6.7%，其中化学原料及化学制品制造业投资增长 29.5%，铁路、船

舶、航空航天和其他运输设备制造业投资增长 28.9%，通用设备制造业投资增长 25.9%，专用设备制造业投资增长 16.1%；房地产开发投资下降 3.5%。民间投资增长 3.0%，占全部投资的比重为 56.3%，见图 1-3。

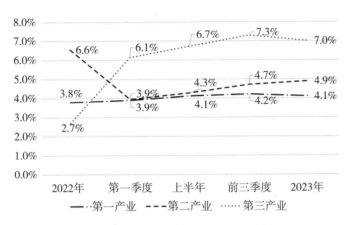

图 1-2　2022—2023 年湖北省各产业投资增速

（数据来源：湖北省统计局）

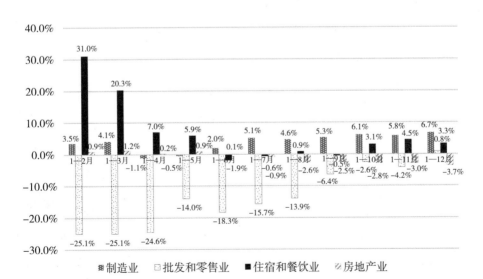

图 1-3　2023 年湖北省各行业投资增速

（数据来源：湖北省统计局）

2023 年湖北省批发和零售业出现负增长的情况可能受到多方面因素的影响。尽管制造业、住宿和餐饮业、房地产业等重点行业保持了正增长，批发和零售业的下滑可能与消费需求减弱、线上购物的竞争加剧以及宏观经济环境的不确定性有关。此外，房地产业的投资下降也可能影响了消费者信心和可支配收入，进而影响到批发和零售业的表现。需要进一步分析具体数据和市场动态，才能全面了解批发和零售业负增长的具体原因。

3. 投资特征

（1）固定资产投资增速基本保持高出全国态势

2023 年湖北省固定资产投资同比增长 5%，高出全国 3% 的增速（见图 1-4）。这表明湖北省在推动经济增长、扩大投资方面取得了显著成效，尤其在固定资产投资领域表现出较强的增长动力。这样的增长态势可能得益于湖北省在优化投资结构、加强重点领域和关键行业投资等方面的有效政策措施，为省内经济稳定增长提供了坚实基础。

（2）"稳预期、扩内需、促消费"政策提升投资效率和质量

湖北省采取的措施主要聚焦于"稳预期、扩内需、促消费"提升投资效率和质量，优化投资结构。首先，通过一系列政策措施稳定市场预期，营造良好的投资环境，增强企业和消费者信心。其次，扩大内需，通过加大基础设施和关键领域的投资，促进经济稳定增长。最后，通过促进消费政策，如优化消费环境、增加消费者购买力等措施，激发市场活力，推动经济发展。这些措施共同作用，形成了湖北省投资增长的良好态势。通过吸引高新技术产业和鼓励民间投资，湖北在稳定经济增长预期中发挥了关键作用。通过政策引导和优惠，扩大了内需，特别是在促进消费方面采取了多项措施以提高居民消费能力和意愿，推动了服务业和相关消费领域的发展，促进了湖北省经济的稳健增长和结构调整。

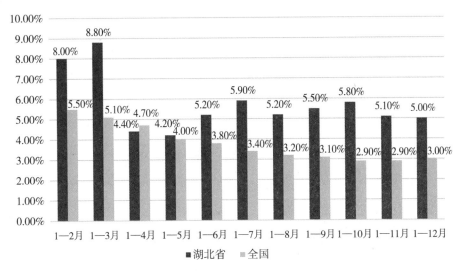

图1-4 2023年全国和湖北省固定资产投资增速

（数据来源：湖北省统计局）

（3）民间投资信心明显增强

2023年湖北民间投资增速达3%，这显示出民间投资信心明显增强，全年民间投资增速呈现波动起伏的态势，4月至6月出现负增长，随后继续保持3%左右的正增长，总体呈现良好态势（见图1-5）。这种波动起伏的增长模式反映出民间投资在面对不确定因素时的适应性和恢复力，同时也显示出湖北省在优化投资环境、增强投资信心方面采取措施的成效。

（二）消费

2023年，湖北省实施了一系列消费政策，有效促进了消费增长。通过发放消费券、组织促销活动、优化消费环境等措施，直接拉动了大量消费，特别是在旅游、家电、汽车等领域的消费显著提升。政策不仅增强了民间消费信心，还促进了消费结构的优化和升级，对稳定经济增长和促进消费升级发挥了积极作用。

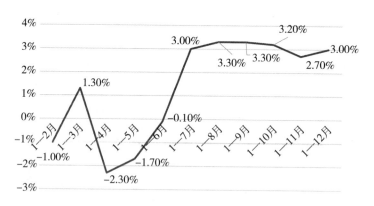

图 1-5　2023 年湖北省民间投资增速

（数据来源：湖北省统计局）

以消费券激活市场消费氛围。通过持续发放"惠购湖北"消费券，2023 年 3—4 月发放了 5 亿元消费券，6—7 月又发放了 3 亿元家电消费券，直接拉动消费近 60 亿元。这些消费券的发放有效地促进了零售、餐饮、家电等行业的快速恢复，直接拉动了大量的消费增长。

大力促进文旅消费，精心组织中国（武汉）文化旅游博览会、世界华人炎帝故里寻根节、世界武当太极大会、中国长江三峡国际旅游节等重大活动，全年接待游客 7.6 亿人次，增长 30%。湖北省文化和旅游厅赴北京、上海、广州、深圳等 11 个重点城市开展营销活动，举办"相约春天赏樱花"、荆楚乡村文化旅游节等节会活动，持续搅热旅游市场。

开展多领域、多层次、多元化消费促进活动。全省集中开展近 6000 场促消费活动，如"6·16 三好节"活动等，形成了波浪式促销热潮，有效提升了消费者的购物热情和消费信心。通过寄递物流体系建设和邮路通畅，使农村群众也能享受到城市生活里的模式业态，有效释放了农村消费需求，推动了农村消费增长。

1. 消费总体情况

2023 年，湖北省社会消费品零售总额达到 24041.89 亿元，同比增长 8.5%，显示出消费市场的持续恢复和增长态势（见图 1-6）。全口径批发业、零售业、住宿业、餐饮业销售额的增长分别为 15.5%、8.0%、10.9%、14.0%，反映了不同行业消费恢复的差异性。汽车、石油及制品等出行商品零售额的增长表明出行需求的增加，而粮油食品、饮料、烟酒、服装等基本生活用品零售额的增长则突显了居民基本消费需求的稳健。这些数据共同描绘了湖北省消费市场的积极发展图景。

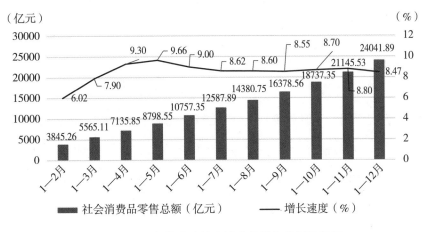

图 1-6　2023 年湖北省社会消费品零售总额及增幅

（数据来源：湖北省统计局）

2023 年我省市场物价基本稳定，居民消费价格总指数呈现下降趋势，8 月至 12 月有所波动，全年居民消费价格总指数比上年下降 0.2%。其中，城市居民消费价格指数与上年持平，农村居民消费价格指数比上年下降 1%。与上年同期相比,全省 CPI 涨幅前稳后低,第一、二季度各月基本稳定,涨幅维持在 1% 左右。第三季度开始下降,其中,9 月居民消费价格同比下降 0.8%,下降幅度较为明显(见图 1-7)。

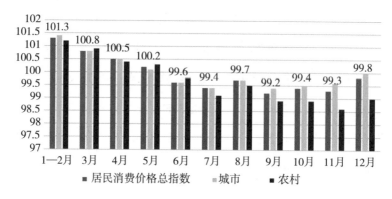

图 1-7 2023 年湖北省居民消费价格指数

(数据来源:湖北省统计局)

分类别看,食品烟酒价格下降 0.1%,衣着价格上涨 1.3%,居住价格上涨 0.4%,生活用品及服务价格上涨 0.2%,交通通信价格下降 2.5%,教育、文化、娱乐价格上涨 1.8%,医疗保健价格上涨 0.5%,其他用品及服务价格上涨 2.9%。在食品烟酒价格中,粮食价格上涨 1.2%。全年全省工业生产者出厂价格(PPI)比上年下降 2.6%;工业生产者购进价格(IPI)下降 4.1%。

2. 消费结构

2023 年我省居民生活消费支出中,粮油食品类、书报杂志类、汽车类支出增幅均超过 10%,各类消费增长均衡。国家统计局数据显示:2023 年全省消费服务在第一季度实现了较高的销售额,第二、三、四季度保持了稳步上升的发展态势。其中,限额以上的批发和零售业共实现销售额 28873.18 亿元，比上年增加 8.5%（见图 1-8）；限额以上住宿和餐饮业共实现营业额922.71 亿元，比上年增长 13.1%（见图 1-9）。服务型消费稳健发展并且持续发力，从而拉动全省的消费增长。与去年同期相比，我省服务消费基本保持正增长，限额以上批发零售业和住宿餐饮业在第一季度和第三季度增速较快，这种稳定而均衡的消费增长表明，湖北省在促进消费多样化和提升消费质量方面取得了明显成效。尤其是服务型消费的稳健增长，不仅提高了居民的生活质量，也为湖北省的经济增长贡献了重要力量。限额以上批发零售业和住宿餐饮业的快速增长，进一步说明了消费市场的活跃度和居民消费信心的增强。

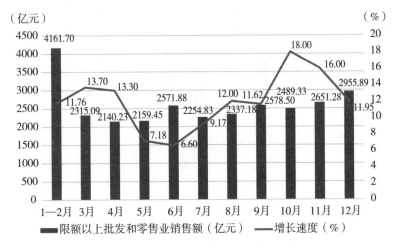

图 1-8 2023 年湖北省限额以上批发和零售业销售额及增幅

（数据来源：湖北省统计局）

3. 消费特征

（1）消费市场加速恢复

2023 年，全省上下统筹疫情防控和经济社会发展，积极贯彻《2023 年全省"稳预期、扩内需、促消费"工作方案》等相关要求，消费市场经受住疫情冲击，呈现加快恢复态势，全年全省社会消费品零售总额 24041.89 亿元，比上年增长 8.5%。湖北省的全社会零售商品销售额的增长幅度，每个季度、每个月度都是领先全国和中部增长水平的；基础设施的建设，如武汉地区新开的一系列重要的大型综合性商超，都为推动国内需求增长奠定了基础。

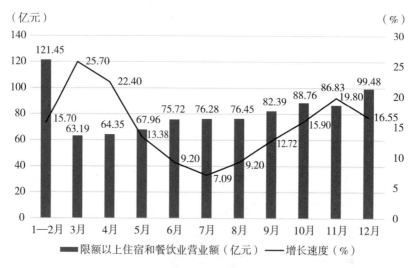

图 1-9　2023 年湖北省限额以上住宿和餐饮业营业额及增幅

（数据来源：湖北省统计局）

（2）居民收入对消费恢复起到支撑作用

根据国家统计局数据显示：全年全省全体居民人均可支配收入 35146 元，比上年增长 6.8%。从收入来源看，工资性收入、经营净收入、财产净收入和转移净收入分别增长 6.7%、7.7%、3.3% 和 7.2%。按常住地分，城镇居民人均可支配收入 44990 元，增长 5.5%（见图 1-10）；农村居民人均可支配收入 21293 元，增长 8.0%（见图 1-11）。城乡居民人均可支配收入比为 2.11，比上年缩小 0.05。随着人均收入的稳步增加，人均支出也在提升，城乡居民收入增速跑赢 GDP 增速，城乡差距进一步缩小，且均高于全国平均水平。

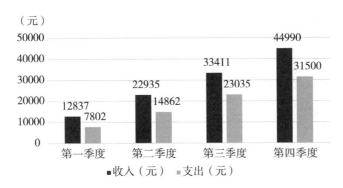

图 1-10 2023 年湖北省城镇居民累计人均可支配收入和人均消费支出

（数据来源：国家统计局）

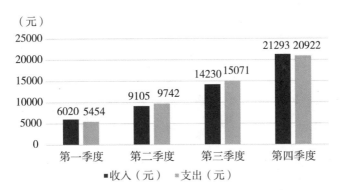

图 1-11 2023 年湖北省农村居民累计人均可支配收入和人均消费支出

（数据来源：国家统计局）

（3）新型消费蓬勃发展

2023 年全国范围内疫情结束，居民消费能力和消费意愿逐渐复苏，同时随着各地消费券政策和基建项目的开展，消费内需获得有效拉动，推动以网络零售等为代表的新型消费蓬勃发展，使之成为消费增长新引擎，升级类商品需求旺盛。限额以上新能源汽车、计算机及其配套产品、智能手机零售额分别增长 61.4%、30.8%、23.8%。限额以上通过公共网络实现的商品零售额增长 12.3%。2023 年互联网销售总额突破 9800 亿元，全年相较于去年同月份平均增速达 10% 以上（见图 1-12）。线上消费直接拉动快递业务量增长。湖北邮政行业寄递业务量累计完成约 50.054 亿件，首次突破 50 亿件，同比增长 14.28%。全省快递业务量增速较大，一方面由于去年仍然受疫情影响，基数较低，另一方面得益于快递企业深入实施"快递进村""快递进厂""快递出海"等举措，不断融入全省汽车、消费品、电子信息、生物医药等先进制造领域，为"鄂货"走向全国、走出海外提供了坚实保障。

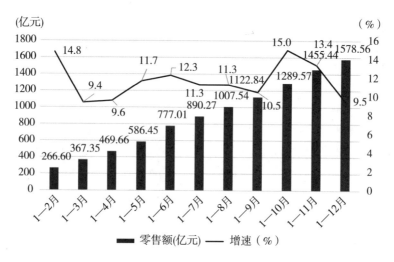

图 1-12　2023 年湖北省互联网销售总额

（数据来源：湖北省统计局）

（4）多种方式助力消费恢复

2023 年 1 月，我省印发《2023 年全省"稳预期、扩内需、促消费"工作方案》，内容坚持稳字当头、稳中求进，更好统筹供给侧结构性改革和扩大内需，以强信心、稳预期为切入点，以消费恢复扩大为着力点，以房地产稳定和扩大有效投资为支撑点，更好发挥外贸对稳增长的促进作用。3月16日晚8时，湖北省发放了首轮首批2023年"惠购湖北"消费券，引发一波抢券热潮。数据显示，3月、4月两个月，我省发放三批次的"惠购湖北"消费券，对商超便利餐饮、生活消费品起到了积极促进作用。

以展促销，展销联动。"2023武汉国际消费季"围绕"潮涌江湖·乐购武汉"主题，聚焦大宗消费、数智消费、假日消费、文旅消费、夜间消费五大消费板块，按照"1+8+15+N"模式，带动全市各大商圈商街、重点商贸企业、头部电商平台、行业协会的2000多家企业共同参与，多商圈联动、多点位布局、多元化主体、多频次开展，2023年6—8月持续开展千场全域联动的惠民促销活动，为武汉的不夜盛夏点燃了消费促进的第一把火。

专项补贴，促消升级。在鼓励汽车消费方面，我省已出台刺激汽车消费政策，活动期间，在湖北省内参加活动的汽车销售企业购置乘用车新车并已在省内上牌的个人消费者，可按购车价格区间申领金额不等的电子消费券。购车发票金额在6万元以上但不足10万元的每辆车可申领2000元消费券；10万元以上但不足20万元的每辆车可申领3000元消费券；20万元以上的每辆车可申领5000元消费券。

发展夜经济，释放新活力。我省提出，到2025年，在全省建设100家夜间省级消费集聚区，目前已打造60家。在省预算内固定资产投资中安排了1700万元，对部分湖北省夜间消费集聚区配套设施项目予以支持，陆续开展特色促消费活动1000余场，政商企合计让利超10亿元，撬动消费超30亿元。出台允许部分道路临时开展夜间经营、免收占道费等政策措施，优化全省夜经济发展环境，创新夜经济产品供给，活跃夜间商业和市场。

（三）进出口

2023年，湖北省全面统筹经济社会发展各方因素，克服全球经济增长放缓、通胀压力加大等不利因素影响，以高水平开放推动高质量发展，外贸进出口保持快速增长，规模再创新高，质量稳步提升。

1. 出口总体情况

据海关统计，2023 年，湖北省进出口总值 6449.7 亿元人民币，同比增长 5.8%。其中，出口 4333.3 亿元，增长 4.7%；进口 2116.4 亿元，增长 7.9%。2016—2023 年湖北省进出口贸易差值总体呈现贸易顺差状态。湖北民营企业进出口 4428.7 亿元，增长 15.3%，占全省进出口总值的 68.7%，比重较 2022年提升了 5.7 个百分点，拉动湖北进出口总体增长 9.6 个百分点（见图1-13）。

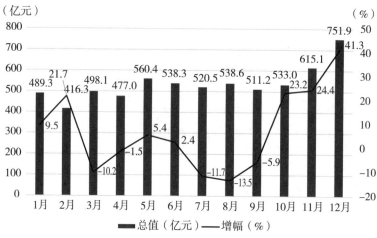

图 1-13　2023 年湖北省进出口月度总值及增幅

（数据来源：中华人民共和国武汉海关）

2. 进出口结构

（1）外贸市场结构

2023 年，湖北省前三大贸易伙伴依次为美国、中国香港特别行政区、日本，对上述贸易伙伴进出口分别为 300 亿元、250 亿元和 200 亿元，其中，对美国、中国香港特别行政区进出口增长 5%、4.8%。同期，湖北省对"一带一路"沿线市场加速开拓，进出口值达 3090.2 亿元，增长 12.3%，占 47.9%，规模和占比均为"一带一路"倡议提出以来的最高水平。2023 年湖北对包括美国、欧盟、日本、英国以及中国香港特别行政区在内的传统市场累计进出口 2277.7 亿元，增长 2.4%，占湖北省进出口总值的 35.3%。同期，对非洲、印度和墨西哥等新兴市场分别进出口 404.9 亿元、271.7 亿元和 130.9 亿元，增速均超过 10%（见图 1-14）。

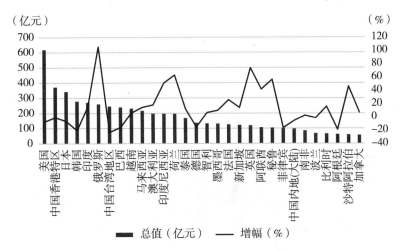

图 1-14　2023 年湖北省进出口商品部分国别(或地区)总值及增幅

（数据来源：中华人民共和国武汉海关）

（2）外贸经营主体结构

2023 年，湖北有进出口实绩的外贸企业突破 8000 家，比上年净增 895 家。其中，民营企业进出口 4428.7 亿元，占湖北进出口总值的 68.7%，比重较上年提升了 5.7 个百分点，拉动进出口总体增长 9.6 个百分点。同期，国有企业、外商投资企业分别进出口 833.8 亿元、665.9 亿元，分别占 18.2%、14.6%。外贸经营主体活力有效激发，民营企业进出口更加活跃。

（3）进出口商品结构改善升级

湖北出口机电产品 2215.9 亿元，占全省出口总值超五成。电动载人汽车、锂离子蓄电池和太阳能电池等"新三样"产品合计出口 160.8 亿元，增长逾九成。2022 年、2023 年，湖北汽车出口值连续跨越 100 亿元、200 亿元台阶。汽车零配件、家用电器分别增长 21%、65.7%。手机、集成电路出口均呈回暖态势，第四季度分别增长 25.8%、4.9%。同期，附加值更高的高新技术产品出口 1035.7 亿元（见图 1-15）。此外，金属砂及矿砂进口 468.9 亿元，增长 59.8%，原油进口 92.1 亿元，两者合计占湖北省进口总值的 21.8%（见图 1-16）。

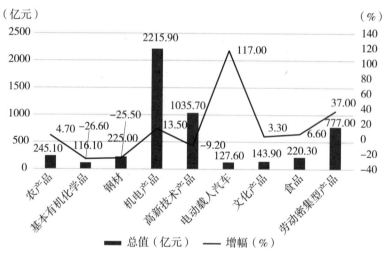

图 1-15　2023 年湖北省出口主要商品总值及增幅

（数据来源：中华人民共和国武汉海关）

3. 进出口特征

（1）年度进出口规模再上新台阶

2023 年，湖北进出口总值 6449.7 亿元，同比增长 5.8%，创历史新高。

其中，出口 4333.3 亿元，增长 4.7%；进口 2116.4 亿元，增长 7.9%。从整体规模看，2023 年湖北进出口总值在全国省区市中排名第 15 位，比上年提升两位。进出口总体增速、出口增速、进口增速均高于全国平均水平。

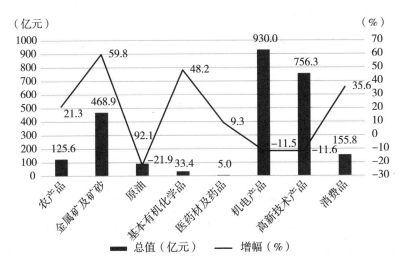

图 1-16　2023 年湖北省进口主要商品总值及增幅

（数据来源：中华人民共和国武汉海关）

（2）贸易结构进一步优化

2023 年，一般贸易方式进出口 4970.5 亿元，增长 6.03%，占湖北省进出口总值的 77.06%，较去年同期提升 1.06 个百分点。以加工贸易方式进出口 657.4 亿元，占 10.19%。以保税物流方式进出口 533.2 亿元，占 8.3%。

（3）区域发展平衡性不断增强

武汉市进出口在结构性调整中承压上行，进出口 3606.2 亿元，增长 2.9%。除武汉市外，其他 16 个市州合计进出口增长 9.6%，占比提升至 44.1%。黄石进出口增长超两成，外贸规模连续 7 年居全省第二；宜昌进出口增长 12.1%。

四、宏观经济运行存在的风险与问题

(一)对外贸易萎缩,进出口额保持增长的压力大

就湖北省前三个季度的进出口情况而言,全省进出口总额 4575.1 亿元,同比下降 1.5%。其中,出口 3082.3 亿元,下降 2.1%;进口 1492.8 亿元,下降 0.4%。进出口额均呈现下降的趋势,说明 2023 年的对外贸易形式并不乐观,并且这种局势仍将持续,对 2024 年的进出口额将产生一定的影响。从进出口的交易对象来看,对共建"一带一路"国家和第一大贸易伙伴东盟进出口额分别增长 7.6%、6.5%。在进出口总量均下降的情况下,对共建"一带一路"国家和第一大贸易伙伴东盟的进出口额有大幅的增长,说明中美关系陷入"死胡同"之后,我国减少了与北美洲和欧洲的进出口贸易往来,同时及时调整了外贸结构。2023 年我国的国际订单大多来源于东亚国家,贸易往来愈加频繁,对"一带一路"沿线国家的外贸依赖度增加,但总体而言,进出口额保持增长的压力较大。

(二)人口增长率连续两年负增长,人口形势需引起重视

湖北省继 2021 年人口自然增长率首次转负后,2022 年的人口自然增长率仍在持续降低,达到了-2.01‰。从年龄上看,2023 年湖北省的人口年龄分布呈现收缩型结构,老年人口比例大,儿童人口比例低,老龄化成为必然趋势。从教育结构上看,全省人口的教育水平有了较大提升,文盲率由 5.32%下降为 2.32%,降低了 3 个百分点,人口素质逐步提高。从性别上看,我省 65 岁以下人口中各个阶段男性人口都多于女性人口,性别结构不平衡。人口是发展的基础,合理的人口规划和管理至关重要。面对长期的低生育率水平、

逐渐提高的人口质量和不平衡的性别结构，如何实现人口高质量发展是重中之重。

(三)传统产业转型任务艰巨，高科技产业发展动力不足

湖北省在推进传统产业转型的过程中已经取得了重要进展，通过引进新技术、新工艺、新设备等方式，推动钢铁、石化、建材等传统产业加速转型升级，但仍然面临许多挑战。一方面，随着国家对环保要求的日益严格，以及产业政策的调整，一些传统产业存在产能过剩和环境污染等严重问题，严重降低了经济效益，不利于湖北省经济的长期发展，需要进行治理和调整。另一方面，传统产业转型需要高素质人才、技术和资金等多种要素协同发挥作用，然而生产要素配置效率较低，还需要政府提供更好的政策支持和公共服务。在推动传统产业转型的同时，湖北省也在大力发展新兴产业，目前已在高精尖方面有所突破，但产业体系还未完全建立，新兴产业的产业链有待完善和升级，未形成强势的带动作用。

(四)劳动力供给与需求结构不匹配，就业形势冲击大

湖北省正处在转型关键期，但随着产业升级和经济结构调整，湖北省的就业形势出现了劳动力供给与需求结构不匹配的问题，主要体现在：一是产业结构调整与劳动力供给不匹配。湖北省人口众多，拥有丰富的劳动力资源，但产业转型与升级需要大量与产业适配的高科技人才，这就导致湖北省的劳动力市场面临着传统产业劳动力供给过剩、新兴产业劳动力短缺的问题。二是劳动力地理分布上的不匹配。武汉、鄂州、黄石等发达城市对劳动力的需求量较大，但当地的劳动力资源有限，需要从别的地区招引人才，而恩施、宜昌、仙桃等欠发达城市对劳动力的需求量较小，人才供给过剩，需要配置到其他城市，从而实现资源的合理利用和充分就业。

五、2024 年宏观经济运行政策展望

(一)从经济大省目标着眼规划经济发展目标和政策

2024 年的奋斗目标是湖北省进入经济大省新赛道之后的合理规划。湖北今后的目标,不仅仅是和中部省份比,还要把自己放在全国经济大省的赛道中去比较。2024 年湖北省地区生产总值增长 6%,是省委、省政府综合考虑发展支撑、潜在增长率等各方面因素提出的目标。从全国经济大省来看,6% 的增长目标在经济大省中也是靠前的,这是湖北重回主赛道后,争取在新的赛道获得更好成绩的可行性目标。因此,全省各地各部门的经济发展举措要对照这一新的定位来合理谋划。

(二)坚定不移地把扩大内需作为战略基点

2024 年湖北省政府工作报告突出了中央"稳中求进、以进促稳、先立后破"的决策部署。湖北省按照中央要求,不断强化"进"的意识,振奋"进"的精神,展现"进"的作为。2024 年,湖北省坚定不移地把扩大内需作为战略基点,推动形成消费和投资相互促进的良性循环。着眼于扩大有效益的投资,激发有潜能的消费,促进投资和消费有效协同。坚定不移地把改革开放作为根本动力,持续激发和增强经济社会发展活力,纵深推进重点领域改革,强化区域协同融通,统筹推进新型城镇化和乡村全面振兴,深入推进美丽湖北建设,倾情倾力保障和改善民生。

(三)全力推动新质生产力这一"新引擎"

2024 年湖北省奋斗目标的实现,必须抓住壮大新质生产力这一"新引

擎"。新质生产力是 2023 年 9 月习近平总书记在黑龙江考察调研期间首次提出的新词汇，强调整合科技创新资源，引领发展战略性新兴产业和未来产业，加快形成新质生产力，为新时代新征程加快科技创新、推动高质量发展提供了科学指引。湖北省要更大力度聚合创新资源，更大力度抢占创新赛道，更大力度激发创新活力，坚定不移地把新型工业化作为主攻方向，着力培育新质生产力，不断提高新质生产力的内生增长动力，提升新质生产力在经济增长中的边际贡献。

(四) 以陆海空"三大丝绸之路交汇点"建设为核心实现高水平开放

2024 年，湖北要以高水平对外开放为着力点，加快融入新发展格局，加速推进先行区建设的步伐。2023 年，湖北进出口总额达 6449.7 亿元，创历史新高。推动更高水平的对外开放，湖北有了新的条件。随着花湖机场、中欧班列(武汉)、长江黄金水道等对外开放大通道、大枢纽的建设取得阶段性成效，湖北加快从"九省通衢"向"九州通衢"迈进，陆上、海上、空中"三大丝绸之路交汇点"优势逐步显现，对外开放枢纽功能进一步增强，加快融入新发展格局，加速推进先行区建设有望在 2024 年取得新的突破。

第二章 产业经济发展报告

一、农 业 农 村

(一)2023年农业农村发展状况

党的二十大和二十届二中全会在擘画全面建设社会主义现代化强国伟大蓝图时，对农业农村工作进行了总体部署，明确提出要全面推进乡村振兴。2023年底的中央农村工作会议同时强调，要把乡村全面振兴作为新时代新征程"三农"工作的总抓手，学习运用"千万工程"经验，坚持农业农村优先发展，保障粮食产量再创新高。2023年以来，全省农业农村工作坚持贯彻党的二十大、二十届二中全会精神，中央农村工作会议精神，省委农村工作会议精神，响应习近平总书记"坚持走乡村振兴之路，加快农业农村现代化"的号召，取得了良好的工作成果。

1. 农业农村基础工作扎实推进

(1)巩固脱贫攻坚成果，全面推进乡村振兴

一是巩固拓展脱贫攻坚成果同乡村振兴有效衔接。全省认真贯彻落实习近平总书记关于"三农"工作的重要论述和党中央决策部署，开展巩固拓展脱

贫攻坚成果同乡村振兴有效衔接考核评估。以考核评估为契机，扎实推进巩固拓展脱贫攻坚成果同乡村振兴有效衔接，着力夯实农业基础、建设美好农村人居环境、促进农民增收，加快农业农村现代化。在人才、资金、土地、项目等方面持续向乡村振兴重点帮扶县和易地扶贫搬迁集中安置区倾斜。持续做好区域协作和省直单位定点帮扶，深入推进"万企兴万村"行动，形成防止返贫工作合力。2023年脱贫攻坚成果持续巩固拓展，19.6万人消除返贫致贫风险。

二是纵深推进强县工程，加快乡村全面振兴。湖北将强县工程作为全面推进乡村振兴的重要抓手，通过深入推进以县城为重要载体的就地城镇化和以县域为单元的城乡统筹发展，促进农民增收、补齐农业现代化短板，扎实推进乡村振兴。乡村振兴扎实推进。2023年新建高标准农田350万亩，总面积达到4612万亩，占耕地比重提高到64.8%；全省粮食综合生产能力持续提高，产量达到555.4亿斤；十大重点农业产业链加快发展，产值突破7000亿元；创建国家级美丽宜居村庄13个，新建和美乡村200个，新改建农村公路1万公里、农村户厕18.1万户，农村面貌发生明显变化。

（2）加速科技服务和成果转化应用，实现农业科技现代化

为实现湖北农业农村高质量发展，全省以"515"行动、"五五"工程等专项行动为抓手，推动科技创新赋能农业产业链建设。2023年1—8月，共研发动植物新品种、新产品63个，种源关键核心技术攻关取得突破性进展；集成示范农业科技成果402项，累计示范推广4200万亩；推广农业可持续发展模式54项，惠及全省70%的县市区；助力56个乡村振兴农业科技引领示范村（镇）建设，增加社会经济效益1.29亿元；与90家龙头企业开展深度合作，解决关键性技术难题157项，培训近7000人次。2023年以来，"五五"工程围绕现代农业绿色高质高效的发展要求，共推广优质高效型、环境友好型、资源节约型农业可持续发展模式54项，建立核心示范基地153个，示范推广面

积 400 万亩，新增社会经济效益 1.7 亿元，持续提升全省农业农村高质量发展成色。省农科院畜牧所推广 "553" 规模化生态养鸡新模式，既能保证土鸡品质，又能控制养殖成本和污染问题，实现养殖生态标准化、降本增收，累计节本增收 2.59 亿元。

(3)大力开展数字化农业建设，守好百姓"米袋子"

湖北省各地各部门采取了一系列有力措施，推动数字乡村建设取得积极成效，为全面推进乡村振兴、加快农业农村现代化提供了有力支撑。湖北省行政村通光率和 4G 网络覆盖率达到 100%；20 户及以上自然村通光率和 4G 网络覆盖率达 96% 以上，农村平均宽带速率达 100M，与城市宽带速率相当，为农村智慧农业、电子商务、远程医疗、教育、基层治理等各类信息化应用提供了网络基础条件，一批批终端应用陆续在试点乡村落地并发挥作用。目前，湖北省大田种植、设施栽培、畜禽养殖、水产养殖信息化水平分别达 50.35%、40.5%、58.06%、32.62%。湖北在全国率先实施北斗导航行业应用示范项目，全省累计安装北斗终端 3.9 万台套，装机量领跑全国，全省北斗农业数字经济规模超 50 多亿元，居全国第三，中部第一。

(4)实施"品牌强省"战略，打造优势品牌

2023 年以来，全省深入贯彻落实习近平总书记关于"三农"工作的重要论述，深入实施品牌强省战略，按照"打造一个品牌、创造一方市场、带活一个产业、富裕一方农民"的总体理念，围绕品种培优、品质提升、品牌打造和标准化生产的要求，品牌意识明显增强、品牌数量快速增长、品牌效益显著提升，形成了一批富有竞争力、知名度的农业品牌，其中大别山黑山羊、武当山茶、随州香菇等 11 个品牌入选中国农业品牌目录；恩施玉露、恩施土豆等 9 个品牌被纳入农业农村部农业品牌精品培育计划，逐步形成了湖北农业品牌体系。在第 20 届中国国际农产品交易会中，湖北省农业农村厅组织 11 个市州参加了"水润荆楚 好味湖北"2023 年湖北优质农产品区域公用品牌宣传推

介活动。其中，省级综合展有 155 家企业参展，展销 500 多个湖北优质农产品；地标农品展区和农垦展区有 35 家企业参展，展销 29 个地标产品，引得采购商、渠道商竞相购买。

（5）推进"信用惠农"，优化农村金融服务

全省进一步加强涉农信息归集共享工作力度，以湖北省征信平台为枢纽、湖北省征信公司大数据中心为后盾、各市州征信平台为补充，打造全省"1+1+17"的"涉农数据共享节点"。纵向对上承接国家信用信息中心反馈的"信用信息共享清单"各项政务数据，对下联合调用 17 家市州征信平台的公共服务及地方特色数据；横向共享省农业农村厅等 7 家省直单位涉农政务数据，与国内领先的征信机构开展数据业务合作。截至 2023 年 9 月底，全省收录新型农业经营主体信用信息超过 1000 万条，覆盖 18.8 万个农民专业合作社、16.8 万个家庭农场、近 10 万家涉农企业；收录农村集体经济组织信用信息 50 万条，覆盖近千家乡、村、组集体经济组织。以各部门信息共享为基础，湖北省征信平台"鄂融通"、省农业部门"楚农直通车"、中国人民银行湖北省分行"楚天贷款码"等线上融资服务平台（渠道）加强合作，初步实现金融领域、政务领域、农业农村业务领域涉农信息的交互应用；入驻各平台的涉农银行、农担机构、农险机构积极参与平台共建和业务系统对接，联合创新一系列"线上服务、当日办结"的快贷产品，畅通农村经济主体的"银农直连"渠道。

2. 农业生产保持稳定

（1）粮食播种面积及产量稳中有增

2023 年，湖北省持续加大对粮食生产的支持力度，部分品种农作物单产提升行动成效初显，粮食播种面积、单产、总产量均实现一定增长，全年粮食喜获丰收。湖北粮食播种面积 4706.97 千公顷，比 2022 年增加 18.01 千公

顷，增长 0.4%。其中，夏粮、早稻、秋粮播种面积分别为 1301.07 千公顷、128.58 千公顷、3277.32 千公顷，较上年同期分别增长 0.6%、1.8%、0.2%。2023 年，湖北粮食总产量 555.4 亿斤，同比增长 7.17 亿斤，增幅 1.3%，创历史新高，连续 11 年稳定在 500 亿斤以上；播种面积同比增长 27.07 万亩，增幅 0.4%；湖北粮食单产达到 5899.85 公斤/公顷，比 2022 年增加 53.89 公斤/公顷，增长 0.9%。湖北粮食总产量 2777.04 万吨，比 2022 年增加 35.90 万吨，增长 1.3%。其中，夏粮、早稻、秋粮总产量分别为 488.63 万吨、77.77 万吨、2210.64 万吨，比上年分别增长 1.3%、2.7%、1.3%。截至 2023 年 10 月底，全省已累计建成高标准农田 4600 余万亩，占现有 7112 万亩耕地的 64.8%，占 5950 万亩永久基本农田的 77.5%，为保障国家粮食安全、实现农业现代化强国提供了有效保障。

（2）生猪产量保持稳定

2023 年，湖北发布《生猪等稳增长促增收十条》，加速实施规模猪场贷款贴息、肉牛肉羊增量提质等项目。同时，遴选 20 家重点企业，聚焦自主育种联合攻关，全力端稳老百姓的肉盘子。2023 年湖北生猪出栏 4438.53 万头，同比增长 3.6%，增幅比全国高 0.3 个百分点。年末，生猪存栏 2595.30 万头，同比增长 1.7%。采用"猪脸识别"技术帮农户抗风险，中国人寿财险与科技公司合作开发了养殖险自主承保理赔系统，采用牲畜 AI 智能识别技术，理赔效率大大提高。在服务生猪养殖户的过程中，还与期货公司等合作，加强人工智能、云计算技术应用，创新开展了生猪期货价格保险和生猪饲料期货价格保险，免除了养殖户对生猪养殖所面临的成本上涨和猪价下跌的后顾之忧。截至 2023 年底，该公司在宜昌、荆州、襄阳、潜江等地承保的保险覆盖生猪 24.51 万头，为 831 户养殖户及农业规模经营主体提供风险保障 3.28 亿元，共支付赔款 1282 万元。计划推广猪肉质检电子证，提高了屠宰企业肉品品质检验合格证出证效率，减少人力成本，促进生猪行业发展。

（3）畜禽业保持稳定增长

为实现全省畜牧业高质量发展，各部门深入开展畜产品质量安全专项整治行动，全面加强饲料、兽药、生鲜乳质量安全风险监测和"双随机、一公开"检查，强力构建畜产品质量安全屏障。2023年，牛肉产量17.19万吨，增长5.7%；羊肉产量10.52万吨，下降0.1%；禽肉产量82.17万吨，增长0.1%。2023年前三季度，湖北省牛出栏72.4万头，同比增长5.6%，较2023年上半年高出0.2个百分点；羊出栏423.7万只，同比下降0.1%。截至第三季度末，牛存栏221.6万头，同比下降2.5%；羊存栏538.7万只，同比下降0.1%。整体而言，牛出栏增长较快，羊出栏保持稳定增长。2023年，湖北禽蛋产量216.25万吨，同比增长4.0%，增幅比全国高出2.8个百分点；家禽出栏39673.1万只，较上年下降0.5%；截至第三季度末，家禽存栏25789.9万只，同比增长0.2%。

（4）蔬菜水产稳中有进

2023年，湖北省启动设施蔬菜"千万行动"，保障蔬菜周年均衡供给，缓解"春淡""秋淡"蔬菜供应问题，"千万行动"紧盯关键环节、关键主体、关键技术，为优质蔬菜稳定均衡供给提供支撑与保障。湖北全年产出蔬菜及食用菌4500万吨，同时，加强"田头冰箱"建设，在46个县建设农产品产地冷藏保鲜设施超过1200个，新增30万吨农产品产地冷藏保鲜设施，让蔬菜新鲜上桌；建立23个农业国际贸易高质量发展基地，让荆楚土特产远销海外，全年农产品总出口额超过200亿元。2023年前三季度，湖北蔬菜及食用菌产量3418.18万吨，增长3.8%；全省大力推广绿色生态健康养殖模式，让淡水渔业发展增添"绿"动能。2023年前三季度，水产品产量393.39万吨，增长6.1%。小龙虾、黄鳝等8类优质水产品总产量保持增长，达102.43万吨，占水产品总产量的39.5%。2023年，湖北全年水产品总量继续突破500万吨，其中小龙虾、黄鳝、黄颡鱼的产量分别占全国产量的40%、40%、20%以上，水产品结构持续优化，淡水养殖产业连续 27 年位居全国第一。

3. 优质农产品品牌建设势头良好

全省大力实施荆楚品牌培育工程，建设湖北地理标志运营中心，开展国家地理标志产品保护示范区建设和地理标志专用标志使用核准改革试点，及时总结工作经验，推广典型案例，合理利用地理标志资源助推地方特色产业、乡村振兴发展。截至 2023 年 11 月，全省有地理标志商标 528 件，地理标志产品 165 个，地理标志专用标志合法使用人超过 2000 家，地理标志产值超过 400 亿元。涌现出蕲艾、潜江龙虾、赤壁青砖茶等一批产业发展势头好、带动作用强的地理标志品牌。在国家知识产权局开展的第一批地理标志助力乡村振兴典型案例评选中，湖北省麻城福白菊、秭归脐橙、嘉鱼珍湖莲藕、孝昌血桃四个项目入选。

4. 农产品价格总体平稳

(1)粮油价格全年变动不大，食用油价格同比小幅上涨

由图 2-1、图 2-2 可以看出，湖北省 2023 年 1—12 月主要粮油产品的市场价格波动较小，虽总体有所下降，但保持了基本稳定的态势。监测数据显示：2023 年，全省主要粮食标准粉、早籼米、中晚籼米、粳米每 500 克均价分别为 2.38 元、2.31 元、2.45 元、2.53 元；食用花生油、菜籽油、大豆油、大豆调和油均价(每桶 5 升)分别为 154.04 元、86.86 元、63.99 元、72.3 元。与上年相比，标准粉、早籼米、食用花生油、菜籽油、大豆油、大豆调和油价格分别上涨 4.39%、1.76%、4.12%、7.43%、3.66%、6.07%；粳米价格下跌 0.4%；中晚籼米价格基本保持不变。

(2)猪肉价格小幅回落

2023 年，为进一步保障生猪等重要农产品稳定安全供给，全面提升畜牧

产业发展质效，促进农业经济增长和农民增收，湖北省将生猪稳产保供目标分解到市县，并纳入乡村振兴战略年度考核范围。全省推进规模猪场转型升级，健全分段饲养、精准饲喂、环境控制、生物安全等标准和养殖技术规范，支持改善基础设施装备条件，提升养殖场(户)生物安全水平。发挥生猪调出大县奖励政策资金作用，支持种猪场和规模猪场恢复产能。支持大型龙头企业"以大带小"，促进中小养殖场(户)发展标准化规模养殖。

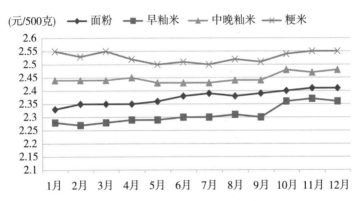

图 2-1　2023 年湖北省主要粮食市场价格变化趋势(单位：元/500 克)

(数据来源：湖北省发改委价格监测中心)

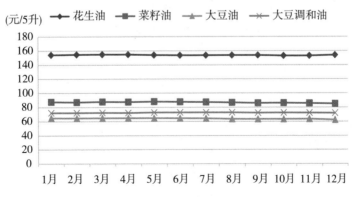

图 2-2　2023 年湖北省各类食用油市场价格变化趋势(单位：元/5 升)

(数据来源：湖北省发改委价格监测中心)

　　湖北省猪肉价格1—7月以及10—12月受供需关系和政府宏观调控等多重因素的影响，猪肉价格有所回落。7—10月处于上涨态势。如图2-3所示，湖北省2023年猪肉价格变化趋势为全省精瘦肉、腿夹肉、肋排价格水平均在1—7月小幅下降，7—10月小幅上涨，10—12月猪肉价格较前半年小幅回落。

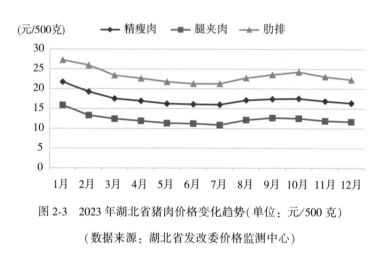

图2-3　2023年湖北省猪肉价格变化趋势（单位：元/500克）

（数据来源：湖北省发改委价格监测中心）

　　（3）牛、羊肉价格小幅回落

　　2023年1—12月的监测数据显示（见图2-4），全省牛、羊价格总体平稳，波动幅度较小。另据监测发现，2023年全省每500克牛肉价格为44.33元，较上年价格下降2.03%；羊肉年均价为36.7元，较上年价格下降4.87%。牛、羊肉价格小幅回落，价格波动较为平缓，较上年变化总体稳定，说明在政府的积极调控下，牛、羊肉市场基本摆脱了疫情的影响，恢复到原有的正常状态。

　　（4）蛋禽价格总体稳定

　　2023年蛋禽价格一直处于合理区间，总体波动不大。据监测（如图2-5所示）：鸡肉价格和鸭肉价格全年走势相对稳定；鸡蛋价格年内经历了多轮涨跌，总体趋势较为平缓，全年均价为6.13元/500克，同比上涨0.66%，涨幅较小。

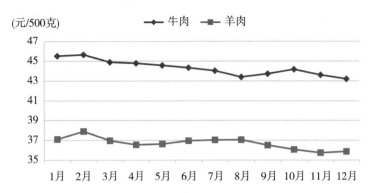

图 2-4　2023 年湖北省主要肉类价格变化趋势（单位：元/500 克）

（数据来源：湖北省发改委价格监测中心）

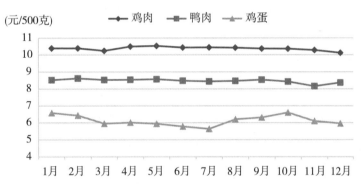

图 2-5　2023 年湖北省蛋禽类价格变化趋势（单位：元/500 克）

（数据来源：湖北省发改委价格监测中心）

（5）淡水鱼价格同比下降

鱼类受市场供应的影响，如图 2-6 所示的趋势：2023 年，全省三种主要淡水鱼中，鲫鱼和胖头鱼价格呈现先涨后降的态势，草鱼价格小幅下降。据监测：草鱼、胖头鱼、鲫鱼价格每 500 克分别为 8.01 元、10.38 元、11.32 元，与 2022 年相比，草鱼、胖头鱼和鲫鱼价格分别下降 6.86%、4.51% 和

6.68%，降幅较为明显。鲫鱼价格在 9 月达到了 12 个月的最高点，然后呈缓慢下降趋势；胖头鱼价格全年都处于平稳态势。

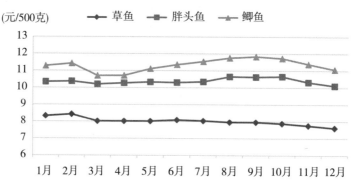

图 2-6　2023 年湖北省主要淡水鱼价格变化趋势（单位：元/500 克）

（数据来源：湖北省发改委价格监测中心）

（6）蔬菜价格波动较大

如图 2-7 所示，2023 年全省 13 种蔬菜市场价格总体呈下降趋势，3—6 月呈现断崖式下跌。菜价受气候影响较大，1—2 月受假期和冷空气的影响，蔬菜价格有所上涨，并达到全年最高点 3.83 元/斤；2—8 月天气回暖，蔬菜价格总体呈下降趋势，在 8 月达到全年最低点 2.61 元/斤；8—10 月又有所上涨；10—12 月，蔬菜价格整体波动不大；但总体上，全年蔬菜价格呈下降趋势。

5. 绿色发展成效明显

近年来，在习近平生态文明思想指引下，湖北三农人在保证粮食安全的基础上坚持"像保护眼睛一样保护生态环境，像对待生命一样对待生态环境"，全面推进农业面源污染有效治理和农村人居环境整治，农业生产布局不断优化，健康养殖水平持续提高，农业投入品使用量持续下降。

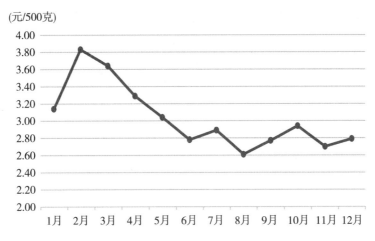

图 2-7　2023 年湖北省 13 种蔬菜均价变化趋势(单位：元/500 克)

(数据来源：湖北省发改委价格监测中心)

2023 年，湖北省深入贯彻习近平生态文明思想，提高政治站位，以更大力度、更实举措打好污染防治攻坚战。坚持问题导向，列出清单、细化措施，坚决抓好问题整改、补齐短板弱项，多措并举提升污染防治能力和水平，深入打好蓝天、碧水、净土保卫战，推进生产方式和生活方式绿色低碳转型，切实走好生态优先、绿色发展之路。层层压实责任，加强执法监管，强化考核督办，严肃追责问责，确保污染防治各项工作落地见效。

(二)农业农村工作存在的问题与不足

1. 农业产业化程度有待提高

农业产业化程度不高，已经成为制约湖北省农业现代化和全域高质量发展的突出问题。具体表现在：

一是龙头企业规模整体较小。目前，湖北省农业龙头企业总体经营规模较小，与其他省市相比竞争力较弱。根据最新发布的《2023 中国农业企业百强》，湖北全省仅有 4 家农业企业上榜，落后于山东、河南、安徽等省份。在同时发布的《2023 中国农民合作社 500 强》中，全省只有 58 家农民合作社在列。由于缺乏品牌影响力大的龙头企业，全省企业抗风险能力和带动农民增收的能力明显不足，且规模和发展普遍偏小偏弱。

二是农产品品牌影响力较低。打造特色优势的农产品品牌是加快推进农业产业化的关键举措。湖北省农产品资源优势明显，品种多样且质量优良。近几年在对农产品品牌的高度重视和培育下，湖北省在品牌建设上取得了良好的成绩，但仍面临着农业品牌多而不精、大而不响、竞争力不强的问题。此外，农产品品牌影响力度较小、二次销售难以形成、农产品认证难度大、品牌效应弱、销售渠道单一、资金扶持不足且融资难、融资贵现象凸显等问题也层出不穷。究其原因，可以发现制约品牌发展壮大的根本原因在于农产品品牌建设主体力量整体偏弱，全省小农户占农业总经营户的比重很大，销售模式主要以自产自销为主，参与农产品品牌建设的程度较低。同时，新型农业主体自身经营水平不高，带动小农户参与农产品品牌化建设的能力不强。此外，还存在农产品精深加工不足、多以初级加工为主、副产物综合利用程度低、农产品加工转化率较低等问题。因此需进一步立足省内农业资源禀赋，打造特色品牌，壮大农产品品牌建设主体，提高农产品品牌质量，并不断实现农产品品牌营销推介手段和模式的创新。

三是农业产业链延伸不足。目前由于全省一方面缺乏带动能力强的龙头企业，另一方面广大农户融入全产业链动力不足、能力不强、深度不够，因此深度影响了湖北农业产业链和价值链的延伸延长。同时，全省农产品加工业带动能力不突出，多以初加工为主，高技术、高附加值的产品较少；农业多功能拓展有限，缺乏差异性竞争和创新性开发，市场吸引力有限；农产品市场营销和品牌建设滞后，规模小且均发展不成熟；农业产业融合主体带动能力弱，新型农业经营主体数量多但并未形成规模优势和集聚带动效应，产业融合带动能力弱；农业专业技术人才缺乏，先进生产技术创新能力弱，产业融合发展项目同质化竞争严重。上述因素均制约了湖北省农业产业链的延长和发展。持续补链强链，产业链建设克难奋进仍是下一阶段农业农村工作需要重点承担的任务和目标。2023年，湖北省重点推进油菜籽加工补贴政策的落实实施，优化产业链专项资金安排，聚力支持11个龙头、1个公用品牌和3个联合体建设，重点领域实现重点突破。

四是利益联结机制发挥作用不够。要想进一步提高全省农业产业化水平，不仅要继续加大对省内龙头企业的培育，促进农业产业链和价值链的完善以提升农业总体利益，促进农户增收，还需要完善企业与农户的利益联结机制，引导农户参与农业产业化进程。但是目前省内龙头企业和农户的利益联结机制依然面临如下问题：一方面是龙头企业与农户利益调节机制不完善，联结方式比较松散。作为一个完全的利益共同体，必须是收益共享、风险共担。当前农民往往缺乏风险共担的市场意识，与企业共担风险的意愿不强。而企业在没有相应的激励作用下，也很难有动力让利于农民，而这导致利益联结机制较为松散。另一方面是利益保障机制建设滞后，契约关系稳定性不强。龙头企业与农民签订的契约稳定性不强、约束力不足是一个较为普遍的现象。因此，有必要进一步优化创新经营模式，鼓励发展土地股份合作，通过鼓励支持龙头企业运用保护价收购、利益兜底、二次结算等方式或推进农民财产权利入股的方式与农户形成紧密的利益联结机制。

2. 粮食购销监管亟待加强

2023年，全省共作出针对涉粮违法违规行为警告以上行政处罚345例。湖北省需要探索穿透式精准监管，规划建立建成地方储备粮交易监管系统。目前，湖北省规划对134个中心库点进行信息化系统改造，实现省市县三级储备粮信息化监管全覆盖，推动全链条综合监管。2023 年，湖北省牵头有关部门印发实施《加强粮食购销跨部门综合监管的意见》，组织开展粮食收购跨部门综合监管，先后组织 4 次季度巡查，并动员全社会参与监管。

目前，湖北省农业农村厅印发《湖北省政策性粮食购销违法违规行为举报奖励办法(试行)》，有利于加强对粮食购销全过程全范围监管，组织全覆盖监督检查。开展新一轮入秋粮交叉检查，组织省级储备粮管理"首考"，探索信用分级分类监管，保护上下游购销流程的合规透明，保障农业从业人员的利益。

3. 农业稳产高产基础仍需夯实

作为全国粮食主产省之一，湖北省高度重视高标准农田建设，并将其列入疫后重振补短板强功能"十大行动"之一，连续三年建设任务超 400 万亩。2023 年，湖北粮食播种面积 4706.97 千公顷，比 2022 年增加 18.01 千公顷，增长 0.4%。其中，夏粮、早稻、秋粮播种面积分别为 1301.07 千公顷、128.58 千公顷、3277.32 千公顷，较上年同期分别增长 0.6%、1.8%、0.2%。2023 年光温条件适宜、降水丰沛，未发生大范围干旱、低温和洪涝灾害，农业气象条件总体有利，好于上年。湖北粮食单产达到 5899.85 公斤/公顷，比 2022 年增加 53.89 公斤/公顷，增长 0.9%。湖北粮食总产量 2777.04 万吨，比 2022 年增加 35.90 万吨，增长 1.3%。其中，夏粮、早稻、秋粮总产量分别为 488.63 万吨、77.77 万吨、2210.64 万吨，比上年分别增长 1.3%、27%、1.3%。但是新时期下，可以看出湖北在未来高标准农田建设上仍面临着不小的挑战。总体来看，全省高标准农田占耕地总面积仅有六成，有效灌溉面积占耕地总面积比例不大，防御重大自然灾害、旱涝保收能力整体较弱。据《湖北省高标准农田建设规划(2022—2023)》给出的数据和内容来看：一是农田建设条件受限，建设任务艰巨。"十二五"以来，湖北省已建成高标准农田 3570

万亩，约占全省耕地面积的50%，剩余耕地存在田块细碎化、基础设施薄弱、耕地质量不高等问题，加剧了高标准农田建设的难度。二是物料成本上升，资金压力增大。近年来，高标准农田建设物料、人工等成本上升趋势明显，现有高标准农田亩均投入难以满足建设要求。平原区高标准农田建设亩均需投入2000~3500元，丘陵区达3500~5000元，山区达5000元以上，大部分地方的财政投入与高标准农田建设的实际需求存在较大差距。三是建设标准不高，工程亟待完善。当前，省内部分已建高标准农田建设标准偏低，受自然灾害破坏等因素影响，不同程度存在工程设施损毁的现象，渠系水利用率偏低。大部分山区丘陵已建高标准农田难以满足农业宜机化需要，不适应农业现代化及高质量发展的要求，改造提升任务艰巨。四是专业力量不足，技术支撑薄弱。机构改革前，湖北省高标准农田建设由相关部门分头实施，在资金使用、投入标准、建设内容、组织实施等方面形成了独自的管理模式，相关业务整合的难度大。机构改革后，农业农村部门从事农田建设管理的人员不足，农田建设系统技术支撑亟待加强。五是管护机制不全，数字监管滞后。农田建设"重建设、轻管护"的现象一定程度存在，建后管护责任和措施不到位、管护资金未落实、监管手段落后等问题较为明显，亟需健全高标准农田建后长效管护机制。

4. 农业数字化发展面临挑战

农业数字化是稳步推进农业农村实现高质量发展的主要动力，更是全面实施乡村振兴战略的重点任务与重要保障。湖北省大田种植、畜禽养殖信息化水平分别达到36%和42%，北斗技术广泛应用于现代农机，网络直播带货打开了农产品销售新渠道，户厕改造App经验在全国推广。农业农村的信息化、数字化建设为"三农"事业发展注入强劲动力。但是，总体来看，湖北省农业数字化发展仍面临一系列挑战。一是数字农业技术应用比例较低。一方面，缺乏核心技术研发，科教大省资源优势潜能释放不足，农业科研和农业推广存在"两张皮"现象，并且由于技术应用条件不足，导致农业生产经营技术在研发和应用条件上存在约束。另一方面，由于数字农业拥有知识密集的特点，并且农业行业整体生产周期长、经营风险大、投资回报慢、比较效益偏低，都在客观层面限制了数字农业的技术应用。二是数字农业相关数据获取、共享范围不广。一方面，大多数数字农业项目主要聚焦于生产环节，没有形成对全产业链各个环节的统一收集和处理，缺乏相关数据之间的融合，未形成全流程数字化能力。另一方面，各级各部门基本建立了相关应用平台和数据系统，但难以做到互联互通，数据资源共享难度大、利用率低。三是数字化人才缺乏。数字农业化需要农业和数字化相关复合型人才，人才缺乏直接制约了数字农业技术的推广应用。

5. 农业绿色发展挑战仍在

农业绿色发展是农业发展观的一场深刻革命，也是农业供给侧结构性改革的主攻方向，与人民福祉紧紧相连。农业快速发展的同时，生态环境和资源承载力亮起"红灯"。一是污染来源众多。化肥、农药和农膜的使用，使耕地和地下水受到了大面积污染，农药残留、重金属超标会制约农产品质量的提高；60%以上的农作物秸秆未被有效利用，成为污染农村生态环境的重要因素；集约化养殖场污染更加严重，畜禽粪便对地表水造成有机污染和富营养化污染，对大气造成恶臭污染，甚至对地下水造成污染。二是农村废弃物开发利用效率不高。当前，随着畜禽养殖业的快速发展，改变传统的能源生产和消费方式，利用畜禽粪污开发利用沼气清洁能源是实现农村经济发展和环境保护最好的选择之一。目前在农业废弃物资源化利用方面，依靠行政命令，重堵轻疏现象较为普遍。沼气利用与秸秆利用等新型能源技术在回收有机肥资源、用来治理污染、净化环境、回收能源、有机农业、改善生态环境方面发挥了重要的作用。但是，在利用农业废弃物生产生物质能源和生物肥料等方面，迫切需要发展禽畜粪便厌氧消化、农作物秸秆热解气化、生物质转换等新能源技术与之相配套，促进农业废弃物的高效循环利用。三是绿色农业发展成本较高。由于长期对农药及化肥的使用，加之工业企业的迅猛发展，满足绿色农产品所要求的无污染的清新空气、肥沃的土壤、高有机质含量、酸碱度适中的土壤等诸多条件的生态环境极少。另外，在绿色农产品的生产过程中，必须保持产品的自然成熟，因此产品的生命周期长，这反过来又增加了产品的管理成本。同时由于绿色农产品进入市场的时间较使用化学催熟剂的普通农产品来说晚一些，在市场上也失去了价格方面的优势。

未来，湖北省应狠抓粮库能力提升，加快仓储物流设施建设，强化科技人才支撑，真正守住管好"荆楚粮仓"，提升粮食行业职业技能能力素质稳步提升。扎实开展重大安全隐患整治专项行动，常态化开展储粮安全、安全生产排查整治。学习应用绿色储粮技术降低储粮损耗，鼓励引导适度加工增加成品产出，通过揭榜制项目支持智能化生产线和节粮减损技术成果转化，发挥粮食产后服务中心作用，减少产后损失，实现节粮减损。

6. 产业融合发展仍有较大提升空间

全面推进乡村振兴，需要将农业与现代加工业、休闲旅游、健康养生等产业融合，推动农村一二三产业融合发展，不断推出农村新产业、新业态、新模式。农村产业融合发展是一项系统的工程。制约产业融合发展的因素主要表现在以下几点：一是农业产业体系不完善，产加销发展不够协调。农业产业融合需要依靠农村之间的互联互通，然而，由于农业生产主体多为农户，缺乏足够的市场竞争力，在产业链中往往处于弱势地位。而且，农业市场化发育程度还处于初级阶段，农业的产前、产中和产后环节被人为地分割在城乡工农之间不同的领域、地域，导致农业成本高、效益低。二是政策支持不到位。现有的补贴政策大多集中在产业链前端，且多以产量定补贴，重生产轻销售、重产量轻质量，补贴的不平衡不利于产业链条的延伸与服务行业的兴起，必将导致农村区域内二三产业的发展滞后，难以带动与提升一产。此外，在大力发展农村一二三产业融合的同时，需要严格保障农民收入，控制工商资本在农业领域内的生产行为，防止农民的利益被边缘化。通过政策保障，有力推动打通一二三产业的整个产业链，并不断促进产业链条纵向延伸发展及横向效率提高，这是产业融合的重要保障。三是农村公共服务相对落后。我国长期的城乡二元体制造成农村公共服务匮乏，农村基础设施薄弱，服务体系不健全，交通落后，阻碍产业渗透与关联，不能为农村一二三产业融合发展提供配套服务。例如，延长产业链，农产品的储藏、加工、运输对仓储、交通、物流等都有大规模需求；促进一产与三产融合，需要利用电商平台采用线上营销的形式进行管理、推介，拓宽销售渠道、降低交易成本，但是农村区域网络通信设施不到位，电商人才匮乏，不能利用信息科技发展新型农业，提供综合性服务。

（三）提升农业农村工作成效的建议

1. 学习运用"千万工程"经验，引领乡村全面振兴

学习运用"千万工程"经验，要深刻把握蕴含其中的习近平新时代中国特色社会主义思想的世界观和方法论。必须坚持以人民为中心的发展思想，把实现人民对美好生活的向往作为出发点和落脚点；必须坚持以新发展理念为统领，全面推进乡村振兴；必须强化系统观念，着力推动城乡融合发展；必须大兴调查研究，从实际出发想问题、做决策、办事情；必须突出抓基层、强基础、固基本的工作导向，健全党组织领导的治理体系；必须锚定目标真抓实干，一张蓝图绘到底。要牢牢把握"千万工程"经验的精髓要义和理念方

法，结合实际学好学透，不断转化为全面推进乡村振兴、加快建设农业强国的思路办法和具体成效。要充分借鉴运用"千万工程"经验，突出农民需要，始终坚持农民主体的基本立场，"群众要什么，我们干什么"，实现政府、市场、集体和农民等多方力量的最佳组合、最佳配置；突出软硬结合，坚持统筹推进的科学方法，物质文明和精神文明一起抓，"五大振兴"一起推，确保取得由外而内、形神兼备、可感可知可考核的成效；突出稳扎稳打，把握好循序渐进的节奏力度，树立问题导向，聚焦总目标，分阶段解决好突出问题，久久为功求实效。

2. 全面落实粮食安全党政同责，坚持稳面积、增单产两手发力

稳定粮食播种面积。全面落实粮食安全党政同责，稳定并完善种粮农民补贴，继续扩大完全成本保险和种植收入保险政策实施范围，探索建立粮食产销区省际横向利益补偿机制，深化多渠道产销协作，更好地调动农民种粮、地方抓粮的积极性。主攻大面积单产提升。要把粮食增产的重心放到大面积提高单产上，集成推广良田良种良机良法，推动粮食单产和产能迈上新台阶。加强耕地保护和建设。这是确保粮食安全的命根子，要在健全耕地数量、质量、生态"三位一体"的保护制度体系上狠下功夫。坚决整治乱占、破坏耕地违法行为，改革完善耕地占补平衡制度，牢牢守住耕地红线。优先把具备水利灌溉条件地区的耕地建成高标准农田，加大建设投入和管护力度，适当提高县级投资补助水平，确保建一块成一块。构建现代农业经营体系。适应现代农业发展趋势，立足大国小农的基本国情农情，支持发展新型农业经营主体，加强农业社会化服务体系建设，把分散小农户与统一大市场联结起来，在农村人口老龄化背景下解决好"谁来种地"的问题。树立大农业观、大食物观。除了用好传统耕地资源外，还要拓展利用森林、草原、江河湖海等资源，农林牧渔并举，多途径开发食物来源，构建多元化食物供给体系，让全省人

民吃得饱、吃得好、吃得健康。

3. 提升乡村产业发展水平，提升乡村治理水平

（1）提升乡村产业发展水平

产业振兴是乡村振兴的重中之重。这些年，各地在发展乡村产业方面下了很大功夫，已经有了一定基础，但规模小、主体弱、链条短、同质化等问题仍然较为突出。抓好乡村产业，关键是把"土特产"三个字琢磨透，坚持产业兴农、质量兴农、绿色兴农，把农业建成现代化大产业。

促进产业融合。充分挖掘农业多种功能、乡村多元价值，推动农产品加工业优化升级，高质量发展农村流通，大力培育新产业新业态，加快构建粮经饲统筹、农林牧渔并举、产加销贯通、农文旅融合的现代乡村产业体系，打造乡村经济新的增长极。

建好平台载体。统筹抓好现代农业产业园、优势特色产业集群、农业产业强镇等各类平台载体建设，集成政策、集合要素、集中服务，充分发挥其辐射带动作用，着重提高区域内产业集聚发展能力，通过平台载体提档升级，促进产业提质增效。

完善利益联结。发展乡村产业根本要让农民增收致富，不能富了老板、穷了老乡。要强化产业发展联农带农，促进企业和农户在产业链上优势互补、分工合作，把新型农业经营主体和涉农企业扶持政策与带动农户增收挂钩，让广大农民更多地参与产业发展，分享增值收益。加强资本下乡全过程监管，有效防范和纠正投资经营中的不当行为。

（2）提升乡村治理水平

治理有效是乡村振兴的重要保障。必须坚持党建引领，大抓基层鲜明导向，深入推进抓党建促乡村振兴，加强和改进乡村治理，不断提高乡村善治水平。

强支部。强化县级党委抓乡促村责任，建好建强农村基层党组织，健全村党组织领导的村级组织体系。加强村干部队伍建设，健全选育管用机制，优化驻村第一书记和工作队选派管理。健全基层职责清单和事务清单，持续为基层减负赋能，推动解决"小马拉大车"等基层治理问题。只有农村基层党组织的组织力、引领力、凝聚力提高了，我们党的群众基础和执政根基才能更加坚实，农村改革发展稳定才更有保证。

抓治理。健全党组织领导下自治、法治、德治相结合的乡村治理体系，强化县乡村三级治理体系功能，推动治理重心下移、资源下沉。围绕提升治理效能，进一步完善推广积分制、清单制、数字化、接诉即办等务实管用的治理方式。坚持和发展新时代"枫桥经验"，完善矛盾纠纷源头预防、排查预警、多元化解机制，把矛盾纠纷尽可能化解在基层，化解在萌芽状态。

树新风。改进创新农村精神文明建设，推动城市优质文化向乡村延伸覆盖，加强乡村优秀传统文化保护传承和创新发展，增加有效服务供给。坚持疏堵结合、标本兼治，创新移风易俗抓手载体，发挥村民自治作用，强化村规民约激励约束功能，持续推进高额彩礼、大操大办、散埋乱葬等突出问题综合治理。

4. 强化科技和改革双轮驱动，加大核心技术攻关力度

乡村振兴归根结底要靠创新驱动。要协同推进科技创新和制度创新，激发农村各类要素潜能和主体活力，为推进乡村全面振兴注入强劲动力。

强化农业科技支撑。加大核心技术攻关力度，完善联合研发和应用协作机制，加快推进种业振兴行动，提高农机装备研发制造推广应用水平。围绕提升农业科技创新体系整体效能，优化农业科技创新战略布局，支持重大创新平台建设，解决各自为战、低水平重复、转化率不高等突出问题。加强基层农技推广体系条件建设，强化公益性服务功能，打通科技进村入户"最后一

公里"。

强化农村改革创新。稳慎推进农村宅基地制度改革，深化农村集体产权制度改革，促进新型农村集体经济健康发展。持续深化集体林权制度改革、农业水价综合改革、农垦改革和供销合作社综合改革等。在坚守底线的前提下，鼓励各地实践探索和制度创新，强化改革举措集成增效，激发乡村振兴动力活力。

强化农民增收举措。近年来，农民收入总体上保持持续较快增长，城乡居民收入比逐步缩小。但要看到，支撑农民增收的工资性收入和家庭经营性收入"两大动力"同步减弱，农民增收面临不少挑战。必须紧紧围绕增加农民收入这个"三农"工作的中心任务，拓宽农民增收渠道，让农民的腰包越来越鼓。

稳定农民外出务工收入。工资性收入是农民收入的大头，确保工资性收入的稳定十分重要。要加强农民工职业技能培训，健全跨区域信息共享和有组织劳务输出机制，培育壮大劳务品牌，在重点工程项目和农业农村基础设施建设领域积极推广以工代赈方式，促进农村劳动力就业增收。

挖掘产业经营增收潜力。家庭经营净收入占农民收入的 34.63%，其中超过 60% 来自农业经营收入。要实施农民增收促进行动，支持农户发展特色种养、手工作坊、林下经济等家庭经营项目，持续壮大乡村富民产业，促进产业经营增收。

拓展转移性收入。转移性收入占农民收入的 20.88%。要持续加大惠农富农政策力度，聚焦农村低收入人口，进一步加大帮扶支持力度，逐步提高农村社会保障水平。

赋予农民更加充分的财产权益。财产净收入仅占农民收入的 2.53%，这方面增长空间还比较大。要鼓励通过出租、合作开发、入股经营等方式，进一步盘活利用农村资源资产，多措并举增加农民财产性收入。

5. 落实好防止返贫监测帮扶机制，提高产业和就业帮扶实效

湖北省巩固拓展脱贫攻坚成果总体形势是好的，没有出现整村整乡返贫现象，脱贫地区农民收入保持较快增长。但返贫致贫风险始终客观存在，必须坚决守住不发生规模性返贫的底线，持续增强脱贫地区和脱贫群众内生发展动力。

强化监测帮扶。继续压紧压实防止返贫工作责任，进一步提升防止返贫监测精准性、帮扶实效性，早发现、早干预、早帮扶。对存在高额医疗费用负担的，及时落实医疗保障和救助政策；对存在因灾返贫风险的，可先行落实帮扶措施，及时消除返贫风险。抓紧研究推动防止返贫帮扶政策和农村低收入人口常态化帮扶政策衔接并轨。

强化产业帮扶。做好帮扶产业分类指导，加快补上技术、设施、营销等短板，强化产业帮扶资金项目绩效管理，推动产业提质增效、可持续发展，让留在当地的脱贫人口有稳定的产业支撑。

强化就业帮扶。实施防止返贫就业攻坚行动，发挥好东西部劳务协作、就业帮扶车间、公益岗位等作用，稳定脱贫劳动力就业规模，让有劳动能力的脱贫人口有稳定的就业岗位。

强化内生动力。帮扶脱贫地区和脱贫群众不能光靠"输血"，重在增强"造血"能力，更多依靠自己努力富裕起来。要落实对乡村振兴重点帮扶县、易地搬迁集中安置区等重点地区的财政、金融、土地、人才等支持政策，努力在改善发展条件、提升发展能力上下功夫，推动建立欠发达县域常态化帮扶机制。

6. 确保党中央关于"三农"工作的决策部署落地见效

在2023年12月召开的中央经济工作会议上，习近平总书记专门强调了抓落实问题，提出要不折不扣抓落实、雷厉风行抓落实、求真务实抓落实、

敢作善为抓落实。党中央关于 2024 年"三农"工作的部署要求已经明确，关键是铆足干劲、真抓实干，以钉钉子精神狠抓各项任务落实落地，确保推进乡村全面振兴见行动、见实效。

全面落实乡村振兴责任制。乡村振兴是一项历史性任务和系统性工程，必须动员更多力量、用更大的力度来推进。《乡村振兴责任制实施办法》细化明确了乡村振兴的部门责任和地方责任，要以责任落实推动工作落实、政策落实。要落实五级书记抓乡村振兴责任，推动各级党政"一把手"把责任真正扛在肩上、抓在手上，特别是发挥县委书记"一线总指挥"作用，明确主攻方向，扎实组织推动。落实部门推进乡村振兴责任，推动各有关部门结合部门职责任务，加大对"三农"工作支持力度，强化部门协同配合，形成强大工作合力。发挥督查考核"指挥棒"作用，既要突出实绩实效，减轻基层迎检迎考负担，又要通过督查考核推动真抓实干、补齐短板，及时纠正工作偏差。

坚持因地制宜、分类施策。湖北省农村情况千差万别，往往十里不同风、百里不同俗，自然条件、风土人情、发展水平、工作基础各不相同。推进乡村全面振兴，不可能一把尺子量到底、一个模式包打天下，必须坚持从各地实际出发，"一把钥匙开一把锁"，充分尊重地域差异性，确保各项工作同农村经济发展水平相适应，同当地文化和风土人情相协调。多给基层一些自主权，多提定性要求，少提定量指标，鼓励基层把中央精神和地方实际结合起来，创造性贯彻落实，不能搞"一刀切"，不能层层加码压指标。

把握好工作的时度效。一年有四季，务农讲农时。做好"三农"工作需要顺应自然规律、经济规律、社会发展规律，循序渐进、久久为功。要树立正确的政绩观，坚持数量服从质量、进度服从实效，不能急功近利、刮风搞运动。统筹考虑财力可持续、农民可接受，尽力而为、量力而行，不能超越发展阶段、盲目举债大拆大建。方向一经明确，蓝图一经绘就，就要锚定目标，锲而不舍、久久为功，一件接着一件抓，一年接着一年干。只要坚持不懈抓下去，乡村面貌就一定会有一个大变化。

尊重农民意愿，保护农民利益。农民是最实际的，"三农"工作做得好不好，关键要看农民高兴不高兴、满意不满意。推进乡村全面振兴，必须坚持实事求是，办实事、讲实效，真正惠民生、暖民心，坚决反对搞形象工程、做表面文章。要尊重农民意愿，保护农民利益，不能大包大揽、代替农民选择，更不能搞强迫命令，干任何工作都不能劳民伤财甚至侵害农民利益。多做看得见实惠的工作，调动农民参与乡村振兴的积极性、主动性、创造性，避免出现"政府干、农民看"的"两张皮"现象，让广大农民真正成为乡村振兴的参与者和受益者。

二、工　　业

（一）2023 年湖北工业运行总体概况

2023 年是全面贯彻党的二十大精神的开局之年，是三年新冠疫情防控后经济恢复发展的一年。面临需求收缩、供给冲击、预期转弱的多重压力，湖北工业经济运行整体呈现顶压前行、稳中有进态势，科技创新优势突出，制造业转型顺畅，降本增效成效明显，数字经济发展持续升温。

1. 工业生产稳步回升，制造业较快增长

2023 年，面对复杂严峻的国内外环境和多重超预期因素的严重冲击，全省顶压前行，工业增长整体稳固。全年全省规模以上工业增加值比上年增长 5.6%，高出全国平均水平（4.6%）1.0 个百分点，位列中部第二。规上工业总产值超过 5 万亿。全国和我省规模以上工业增加值增速情况如图 2-8 所示。从三大门类看，采矿业增加值增长 4.4%，制造业增长 6.4%，电力、热力、燃

气及水生产和供应业下降 0.8%。从主要行业看，汽车行业持续回升，增长 4.8%；计算机通信电子行业增长 5.1%；原材料行业增长 13.3%，其中，化工、石油加工、有色等行业分别增长 20.7%、22.3%、34.5%；钢铁行业增长 4.3%；电气行业增长 20.0%。高技术制造业增长 5.7%，占规上工业比重为 12.8%，较上年提高了 0.7 个百分点。

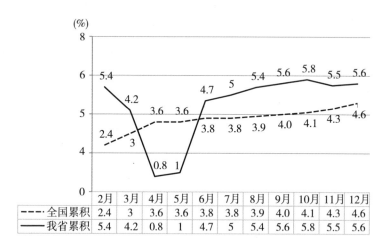

图 2-8　全国和湖北省规上工业增加值增速

（数据来源：湖北省经济和信息化厅）

2023 年 1—11 月，全省高技术制造业增加值同比增长 4.6%，高于全省平均水平 2.3 个百分点，占全省规上工业比重提升至 12.5%，增速、占比分别较 1—10 月提升 0.6、0.2 个百分点。

2. 科技创新推动产业转型

科创势能加速集聚。以大科学装置、湖北实验室、国家级科创平台、新型研发机构为主体的科技创新矩阵成势见效。综合科技创新水平排名居全国第七，创近 5 年新高。高新技术企业超过 2.5 万家，实现两年翻番。国家级专精特新企业总数达 678 家，居中部第一。转型升级加快推进。工业技改投资增长 7.6%，连续 8 个月增长加快。汽车行业加速向新能源、智能化转型，增加值由上半年负增长回升至全年增长 4.8%，新能源汽车产量增长 30.6%。化工行业稳步迈向绿色化、高端化、精细化，全年增加值增长 20.7%。光电子信息等五大优势产业突破性发展，新兴特色产业持续壮大，未来产业前瞻布局。新产品产销两旺。笔记本电脑、液晶显示模组、3D 打印设备、印制电路板产量分别增长 183.1%、109.4%、83.7%、78.2%。限上新能源汽车、智能手机、计算机及其配套产品零售额分别增长 94.3%、41.6%、29.6%。电动载人汽车、锂离子蓄电池和太阳能电池等"新三样"产品出口额增长 91%。

3. 制造业持续"上新"

制造业转型成果显著。2023 年 1—11 月，全省工业技改投资增长 6.4%，高出全国 2 个百分点。制造业跃向高端。聚焦汽车新能源化发展，钢铁中高端优化升级，石化油转特及炼化一体化等精细化。我省出台汽车、冶金、化工等传统产业转型升级方案，支持企业生产换线、机器换人、设备换芯。1—11 月，全省汽车行业承压前行，增加值增长 3.3%；钢铁行业在产量压减的情况下，增加值反而增长 5.3%；化工行业以 19.7% 的增速遥遥领先。绿色转型加快推进。加快绿色化升级，省经信厅牵头推进磷石膏综合治理整改，2023 年综合利用率为 65.1%，全省磷石膏综合治理和长江高水平保护取得阶段性成效；持续推进绿色制造体系建设，着力打造一批绿色制造先进典型示范，入围绿色工厂 121 家、绿色工业园区 6 个。

4. 降本增效激活主体

企业进规再创新高。在助力企业纾困解难、优化营商环境方面，湖北制定出台了中小企业降成本"33 条"等政策"升级包"，全年累计降低企业成本

1300 亿元以上。在深化企业服务方面，湖北开展"双联双百""破难解惑"服务企业工作，建立民营企业定期沟通及问题解决机制，全年规上工业企业新增 2436 家，净增 1715 家。其中，荆州新增规上工业企业 226 家，总量突破 1600 家，现代化产业集群加快崛起。截至 2023 年年底，全省企业数量达到 226.4 万户，新登记经营主体 160.63 万户，均创历史新高。数量增长的同时，经营主体结构有所优化，企业占比和"四新经济"企业占比均大幅提升。新上市 8 家 A 股企业中，开特股份、逸飞激光和武汉蓝电来自武汉，航天南湖、江瀚新材来自荆州，一致魔芋、宏裕包材来自宜昌，宏源药业来自黄冈。截至 2023 年底，A 股中共有 146 家湖北上市公司，武汉占据 79 席，占比超五成。

民营经济持续恢复，稳中有升。2023 年的四个季度，湖北民营经济景气指数分别为 50.5%、50.7%、51%、51.3%，呈逐季上升态势，已连续 14 个季度处于景气区间。2023 年 1—11 月，全省新登记民营经营主体 146.44 万户。截至 2023 年 11 月末，全省实有民营经营主体 817.52 万户，其中，私营企业 213.49 万户、个体工商户 592.1 万户、农民专业合作社 11.93 万户。湖北省民营企业的数量在增加，质量也在提升。在"2023 中国民营企业 500 强"榜单中，湖北 16 家民营企业上榜，湖北入围企业营收总和超过 8679.95 亿元，资产总额达 7902.97 亿元，上榜企业数量继续保持中部第一。2023 年，湖北有 217 家企业入围第五批国家级专精特新"小巨人"名单，占全国总数的 5.92%，排名全国第六位、中部第一位。专精特新"小巨人"企业总数达到 680 家，两年时间实现由中部第四到中部第一，在全国排名从第 13 位上升到第 7 位，如表 2-1 所示。同时，湖北百强民企及其下属公司中，共有 159 家高新技术企业、70 家科技型中小企业、22 家国家专精特新"小巨人"企业以及 55 家省级专精特新企业。2023 年第四季度，湖北省"互联网+"产业景气指数为 53%，比上季度上升 0.3 个百分点，表明新兴产业投资继续发挥经济推动作用。此外，全省上云工业企业达到 4.8 万家，覆盖率超过 48%，企业关键工序数控化率达到 61.1%。

表 2-1　　　　重点省（市）国家级专精特新"小巨人"企业入围数量

地区	前五批累计	第五批 （2023 年）	第四批 （2022 年）	第三批 （2021 年）	第二批 （2020 年）	第一批 （2019 年）
广东	1535	658	448	288	119	22
江苏	1505	795	425	172	95	18
浙江	1457	384	603	308	143	19
山东	1064	300	402	221	118	23
北京	834	243	334	167	85	5
上海	713	206	245	182	63	17
湖北	695	217	306	121	42	9
安徽	617	129	259	149	61	19
湖南	522	116	174	162	60	10
四川	454	109	138	133	60	14
河南	426	52	167	115	87	5
河北	402	63	137	102	91	9
福建	399	45	133	104	107	10
辽宁	328	41	76	137	65	9

（数据来源：课题组根据公开信息整理）

5. 数字经济发展持续升温

在数字经济发展方面，数字产业发展更加强劲，湖北数字经济增加值占 GDP 比重提高至 47%，算力与大数据产业营收达到 1200 亿元。湖北数字 5G 宏基站达 12.04 万个，国家级"双跨"平台增至 2 家，在用数据中心 144 个，算力稳居中部第一。在数字场景应用方面，湖北在建 5G 全连接工厂 238 家，

30 个项目入选国家 5G 工厂目录,发布首批数字经济典型应用场景 100 个。提速"智改数转网联",推动占比 78% 的传统产业加快数字化、网络化、智能化步伐,深度挖掘工业互联网融合应用场景,深入推进数字技术与实体经济融合发展,培育 62 个省级工业互联网平台,4 个平台获评国家级特色专业型工业互联网平台,湖北格创东智、大唐互联 2 个平台获评国家级双跨互联网平台;全省在建 5G 全连接工厂 238 家;工业企业上云超 5 万家,上云覆盖率为 49%。

(二)湖北省工业重点产业发展情况

1. 高技术制造业

2023 年,全省新兴产业发力提速,9 个新兴特色产业发展提速,进一步实现高质量发展。全省高技术制造业同比增长 5.7%,占规上工业比重为 12.8%,较上年(12.1%)提高 0.7 个百分点。湖北高新技术企业超过 2.5 万家,实现两年翻番;科技型中小企业突破 3 万家,创近五年新高。在第五批国家级专精特新"小巨人"企业名单中,湖北省入围企业数量达 217 家,占全国总数的 5.92%,排名全国第六位、中部第一位。我省国家级专精特新"小巨人"企业总数达到 680 家,两年时间实现由中部第四到中部第一,在全国排名从第十三位上升到第七位,相较于 2022 年上升 1 位。其中新增"小巨人"企业所属行业主要涉及新一代信息技术、化工原料及新材料、高档数控装备和机器人、轨道交通装备等重点领域(见图 2-9)。

2. 汽车产业

汽车产业是我省优势支柱产业,发挥着工业经济"压舱石"的作用,推动汽车产业转型发展和能级提升是打破堵点的关键。2023 年,我省汽车行业加速向新能源、智能化转型，稳中有进。2023 年，全省汽车产业工业增加值增速 4.8%，全省汽车总产量 179 万辆(占全国 5.9%)。其中，新能源汽车总产量 38.8 万辆，同比增速 30.6%(占全国 4%)；商用车总产量 32.9 万辆，同比增速 13%。我省整车、关键零部件(动力电池、车规级芯片、自主控制器、智能驾驶等)整体实力位居全国第一方阵。整车、新能源零部件企业规模持续扩大。截至 2023 年，我省整车企业达 25 家(其中新能源汽车 19 家)，规模以上零部件企业有 1653 家，较上年新增 100 家。我省立足供应链、重构产业链、提升价值链，以"一谷"(中国车谷)为核心，"一廊"(汉孝随襄十汽车走廊)为支撑和"多点"(宜荆黄黄)协同，并依托"车谷、光谷"优势，新能源、智能网联与新兴领域跨界融合进一步夯实。坚持"链长+链主+链创"三链协同，扎实推动优势产业和新兴特色产业发展，以东风、上汽通用、吉利路特斯、小鹏、长城等为骨干的新能源与智能网联汽车企业矩阵加速形成。

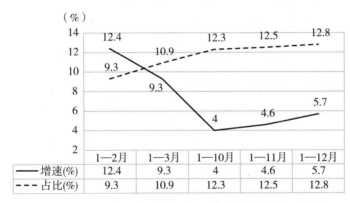

图 2-9　2023 年全省高技术制造业增加值增速和占比情况

(数据来源：湖北省经济和信息化厅)

3. 生命健康产业

生命健康产业是我省突破性发展的五大优势产业之一，2023 年全省生命健康产业产值突破 8800 亿元。根据中国生物技术发展中心发布的《2023 中国生物医药产业园区竞争力评价及分析报告》，武汉东湖新技术开发区在国家生物医药产业园区中位列第五名，多年来稳居第一方阵。我省就投入 2.4 亿元专项资金，支持全省 69 家医药和医疗器械类企业技改，重点支持了武汉生物所、远大医药等 14 家全省重点医疗物资生产企业技改项目，实现了 F61 鼻用喷雾剂、抗原试剂、布洛芬片等重点急缺防疫物资的扩产扩能，为全国疫情"乙类乙管"平稳转段提供有力医疗物资保障。目前，武鄂黄黄生物医药产业在区域基础设施一体化、产业链协作分工等方面达成基本共识，但在通力协作、共同谋划、打造世界级生物医药产业集群方面还需要实实在在推进。

4. 传统行业

2023 年，全省传统产业加速转型，工业技改投资增长 7.6%。全年来看，化工、有色、石油加工行业产业转型升级成效显著，分别增长 20.7%、34.5%、22.3%；电气行业积极培育竞争新优势，增长 20.0%，比上年提高 10.6 个百分点；高耗能产业以及装备制造业增加值较上年分别增长 9.5%、6.3%，平稳增长。烟草行业保持稳定，增加值累计增长 5.2%。汽车制造业，计算机、通信和其他电子设备制造业，通用设备制造业，黑色金属冶炼和压延工业分别增长 4.8%、5.1%、3.6%、4.3%，均低于全省整体工业增速。电力、热力生产和供应业，农副食品加工业，非金属矿物制品业，铁路、船舶、航空航天和其他运输设备制造业受到冲击，增速下降，分别是 -0.5%、-5.2%、-2.2%、-10.8%。其中，虽然全省汽车制造业和计算机、通信和其他电子设备制造业规上工业增加值增速呈现上升趋势，但行业内企业利润增速呈现下降趋势，尤其是计算机、通信和其他电子设备制造业利润亏损面较上年(-49.7 亿元)大幅扩大。各行业、各地区的增长情况如表 2-2、表 2-3、表 2-4 所示。

表 2-2　　　　2023 年规模以上工业重点行业增加值增速及占比

行　　业	1—12 月增加值增速(%)	1—12 月增加值占规上工业比重(%)
总计	5.6	
汽车制造业	4.80	11.63
电力、热力生产和供应业	−0.50	9.04
烟草制品业	5.20	6.83
农副食品加工业	−5.20	4.45
计算机、通信和其他电子设备制造业	5.10	5.98
通用设备制造业	3.60	2.59
非金属矿物制品业	−2.20	6.54
黑色金属冶炼和压延工业	4.30	3.05
铁路、船舶、航空航天和其他运输设备制造业	−10.80	0.42
化学原料和化学制品制造业	20.70	8.48
电气机械和器材制造业	20.00	4.80
纺织业	−7.10	2.94
高耗能产业	9.50	33.60
装备制造业	6.30	31.90

(数据来源：Wind 数据库)

表 2-3　　　　2023 年规模以上工业重点行业利润

指　　标	1—11 月	
	绝对量(亿元)	增速(%)
高耗能产业	618.84	−16.43
装备制造业	416.08	−29.67

续表

指 标	1—11 月	
	绝对量(亿元)	增速(%)
重点产业		
汽车制造业	149.39	-58.40
烟草制品业	122.41	19.00
纺织业	47.96	-16.20
农副食品加工业	87.66	-8.30
非金属矿采选业	161.49	-12.90
通用设备制造业	74.92	38.40
电力、热力的生产和供应业	229.66	12.70
电气机械及器材制造业	170.74	40.70
化学原料及化学制品制造业	181.54	-42.50
黑色金属冶炼及压延加工业	24.81	27.80
计算机、通信和其他电子设备制造业	-142.56	-187.30
铁路、船舶、航空航天和其他运输设备制造业	13.90	9.60

(数据来源:Wind 数据库)

表 2-4　　　**2023 年 1—12 月湖北省规模以上工业生产完成情况**

分 组	12 月增加值增速(%)	1—12 月增加值增速累计(%)
总计	5.6	5.6
轻工业	-5.50	1.40
重工业	10.70	7.60
国有企业	-1.30	3.60
集体企业	-8.50	3.20
股份制合作企业	4.40	105.30

续表

分　　　组	12 月增加值 增速(%)	1—12 月增加值增速 累计(%)
股份制企业	43.20	6.00
外商及港澳台商投资企业	12.50	2.60
其他经济类型企业	43.50	28.80

（数据来源：Wind 数据库）

（三）2023 年湖北工业发展遇到的问题

总的来看，2023 年全省工业经济保持平稳增长，圆满实现了年度增长目标。同时也要看到，现阶段，国际形势依然复杂多变，国内也面临着需求收缩、供给冲击、预期转弱三重压力，经济恢复基础仍不牢固，经济运行中存在的困难挑战依然不少，省内也存在着工业发展受限的问题。

1. 中小企业经营压力持续增加

市场主体对于稳住经济基本盘与民生就业有着至关重要的作用。2023 年以来，经济下行压力较大，一些市场主体受到冲击严重，经营面临的困难加大，特别是中小型企业、个体工商户领域面临较多的困难。一方面，在需求不振的背景下，制造业企业新订单指数持续下降，对制造业经济与企业生产预期产生较大影响。分规模来看，中小企业由于市场竞争力较弱的原因，订单量相较于大型企业出现更加明显的下降，小型企业 PMI 新订单指标跌幅进一步加深，2023 年以来持续低于临界点水平。与此同时，2023 年以来部分能源价格的走高持续抬升企业的生产成本，叠加劳动力成本上升等问题，全产业链企业成本压力均有所上行，中小企业资金周转压力加大，盈利空间进一步被侵蚀，产业链、供应链的稳定运行受到影响。在"高成本、低需求"的供需两端压力挤压下，企业增收不增利问题凸显，经营压力持续加大。

2. 内外部双向需求拉动均显乏力

从内需看，一是有效投资扩大仍存在难点、堵点，企业生产经营放缓制约制造业投资需求，房地产投资持续下行加大钢铁、建材、家具等行业投资增长压力，基建投资 2023 年以来靠前发力新增专项债额度即将用尽，面临减速风险，对工业领域的支撑力度将有所下行；二是消费预期下调，恢复动力不足。2020 年以来，受疫情暴发影响，我国社会消费品零售总额同比增速波动剧烈，面对居民收入不振、资产负债表受损和消费场景受限等因素影响，我国社会消费品零售总额同比增速 2022 年以来一度出现负增长态势，即使 2023 年疫情结束，依然增长乏力。从外需看，出口动力减缓。随着当前外部环境更趋复杂严峻，在海外经济体经济衰退风险加大、全球通货膨胀高企、货币政策收紧、地缘政治因素发酵等因素的影响下，未来我国对欧美等发达国家的出口贸易仍具有较大的不确定性，叠加部分海外订单向发展中国家的转移趋势，下阶段出口贸易风险加大，出口对工业经济增长的提振动能将有所趋缓。整个 2023 年，我国外贸出口持续承压，9 月（按美元计算）同比下降 6.2%，10 月同比下降 6.4%，11 月起有所上升，12 月同比上升 2.3%，但是整体而言出口趋势依然不容乐观。

3. 制造业发展空间受限园区老旧

我省近十年来工业用地规模成倍扩大，但发展空间也同时存在受限的问题。以武汉市为例，近十年来，武汉工业用地规模成倍扩大。工业主战场向 3 个国家级开发区、4 个新城区、3 个跨三环线中心城区转移。全市工业用地规模已突破 290 平方公里，新城区已成为武汉工业发展的新生力量。但武汉中心城区正面临着工业发展空间受限、园区设施老旧等难题。许多老工业园区，拥有较好的城市区位及周边配套，但随着城市高速发展，园区更新滞后，对优质企业吸引力有限。这些园区里，低层厂房多，容积率低，传统的工业用地开发模式又无法满足园区提档升级的需求。因此借鉴发达地区"工业上楼"等先进做法进行工业调整已经迫在眉睫。然而，一方面，从政策层面，"工业上楼"政策与原有体制、政策、规则之间仍存在诸多矛盾，在推进过程中，各种问题和困难也暴露出来，不少项目在土地、开发流程、投融资、招商、运营等一系列领域存在需要及时融通前后政策的问题，积极化解政策矛盾十分重要。另一方面，从企业层面，产业园区与商业地产、住宅房地产本质上是不相同的，需要开发企业长期运营园区服务制造业企业及其员工，这对于传统房企来说无疑是一场重大的战略转型，需要传统房企调整其投资逻辑、商业模式、发展战略、组织体系方能适应，这对企业而言也是一种挑战。

（四）2024 年湖北工业发展展望

2024 年是新中国成立 75 周年，是实现"十四五"规划目标任务的关键一年。要坚持以习近平新时代中国特色社会主义思想为指导，全面贯彻党的二十大、二十届二中全会和中央经济工作会议精神，认真落实省第十二次党代会和历次全会精神，坚持稳中求进工作总基调，完整、准确、全面贯彻新发展理念，着力推动高质量发展，持续推动工业经济实现质的有效提升和量的合理增长，为加快建设全国构建新发展格局先行区、奋力谱写全面建设社会主义现代化国家荆楚篇章夯实工业支撑。2024 年工业经济稳中向好的基本面不变，整体将会呈现平稳增长、加速转型、加强创新、绿色发展的趋势。

1. 发展新动能新优势，切实做强科技创新硬核支撑

坚持把创新驱动作为引领经济高质量发展的关键，以建设武汉具有全国影响力的科技创新中心为牵引，充分激发创新第一动力。更大力度增强创新动能。坚持以市场需求和产业应用为导向，深入实施基础研究特区计划、"尖刀"技术攻关工程，着力构建数字经济、人工智能、绿色发展等优势领域"核心技术池"，集中力量突破高端 AI 芯片、智能数控机床、高端医疗装备等"卡脖子"技术，前瞻谋划生物合成、空天技术等千亿级规模的科创"核爆点"，构筑创新赛道的"卡位"优势。完善多元化科创投入机制，推行科创众包、揭榜挂帅等新模式。完善政产学研金服用协同机制，建好用好科技创新供应链平台，以需定研、以研促产，推动科技成果更多更快地走向生产线，转化为生产力。

2. 培育壮大新质生产力，做大做强"51020"现代产业集群

深入实施新型工业化大推进战略，统筹推动传统产业、新兴产业、未来产业"三线并进"，做大做强"51020"现代产业集群。加快传统产业转型升级。深入实施技改焕新行动，鼓励企业产品换代、生产换线、设备换芯，打好汽车、钢铁、化工产业转型三大战役，推动传统行业高端化、智能化、绿色化升级。加快新兴产业发展壮大，推动光电子信息、高端装备制造等 5 大优势产业突破性发展，支持算力与大数据、量子科技等新兴特色产业发展，"光芯屏端网"、汽车制造与服务、大健康三大产业达到万亿级规模。抢抓国产替代、"国货国用"等机遇，加快集成电路、商业航天、工业软件等领域全链条突围，推动更多新兴产业串珠成链、聚势成群。推进未来产业发展行动计划，实施 6G 创新工程、人形机器人突破工程，加快生命科学、AI 大模型、前沿材料、未来能源等领域产业布局。

3. 推进数据要素的高质量流通，持续深化数字化战略转型

数据作为数字经济时代的新型生产要素，在工业化内涵正在向数字化、智能化方向发展的背景下，更应通过推动数据的高质量流通，充分释放其战

略性和基础性作用。应积极探索多元化的数据流通模式，积极推动数据证券化、数据质押融资、数据银行、数据信托、数据经纪等发展，培育数据交易机构、科研院所及产业孵化场所等数据市场主体。通过建立数据源主体制度等一系列制度设计，充分发挥、认可数据源供给主体价值，激发市场发展活力，提升数据合规供给数量，赋能数实融合发展。加快数字经济创新提质。实施"数化湖北"行动，推进算力存力运力倍增，加快"5G+工业互联网"规模化应用，拓展应用场景，建设细分行业"产业大脑"，培育数字经济标杆园区，新建无人工厂、数字孪生工厂。实施数字经济倍增行动，持续办好中国 5G+工业互联网大会、光博会、全国算力大会、5G 绽放杯大赛等活动。开展湖北软件名园、名企认证计划，推动光谷软件园、武汉软件新城和湖北信创产业园区扩容提质。

4. 加快培育"专精特新"企业，助力推进新型工业化进程

"专精特新"企业作为我国工业发展的排头兵，是推进新型工业化的重要力量。2023 年 9 月，全国新型工业化推进大会在北京召开，就"把高质量发展的要求贯穿新型工业化全过程、为中国式现代化构筑强大物质技术基础"作出重要部署。持续提高"专精特新"企业的融资可得性。不断提升"专精特新"企业的绿色转型能力，针对"专精特新"企业构建数字化、绿色化的金融服务体系，鼓励"专精特新"企业所在供应链上下游节点企业综合考核碳排放、资源效率等环境管理指标，实现绿色可持续发展。支持企业根据自身需求，定制开发数字化系统。"专精特新"小巨人数字化管理建设需要多系统集成、风险管控和智能数据分析。协同运营平台可以作为集成内控内审等功能的入口，如对于资产管理、收付款全流程的管理进行风险关键点的设置；同时成为集成 ERP、CRM 等多系统的入口，简化流程，并实现数据的统一调用、分析与价值挖掘。

5. 坚持绿色低碳，推动工业可持续高质量发展

2023 年 9 月 22 日，全国新型工业化推进大会上强调要"持续推动产业结构优化升级，大力推动数字技术与实体经济深度融合，全面推动工业绿色发展"。我国工业体量大，是能耗大户也是碳排放大户，绿色化是我国工业发展的必由之路，也是"新型工业化"的应有之意。紧扣绿色制造方向，加快钢铁、石化、建材等 9 个重点行业节能降碳改造，实施节能环保产业高质量发展五大行动，围绕绿色建材、风电装备、绿色智能船舶等优势领域，重点培育 6 家省级产业园区，打造城市矿产、秸秆利用、废旧电池回收利用等 10 条循环经济产业链，推动产业生态化、生态产业化协同发展。切实推进全面绿色转型。鼓励企业加快技术创新，锻造绿色产品核心竞争优势。推进产学研用深度融合，围绕绿色低碳关键技术突破、"卡脖子"问题解决，加强行业企业与高校院所深入战略合作，开展集中攻关，促进各类创新要素的集中集聚，突破并储备一批核心绿色技术，主导制定一批绿色技术标准，增强自主研发能力，提升产业竞争力。同时，要强化资金支撑，激发传统产业绿色转型动能。设立政府投资引导基金，鼓励政策性银行对再生金属、绿色建材等领域的企业在贷款利率、期限、额度上给予政策倾斜，鼓励金融机构为符合条件的科技型中小企业给予优先信贷支持，全方面强化资金对绿色化基础设施建设和绿色技术在工业制造流程中重点应用项目建设的支持，重点支持先导性、基础性、战略性重大传统行业绿色制造项目落地，鼓励传统企业进行绿色化、低碳化改造提升。

6. 部分重点行业承压较重，亟需关注

湖北是全国汽车产业化程度最高、产业链条最完整的省份之一。2023 年全省汽车总产量 179 万辆(占全国 5.9%)，同比下降 5.6%，其中新能源汽车

总产量 38.8 万辆，同比增速 30.6%（占全国 4%）。湖北汽车制造业已经连续五年负增长，主要是由于国内传统汽车市场整体萎缩和竞争加剧，以及湖北汽车产业结构调整和转型升级等因素的影响，省市依靠新能源汽车产业高速发展，湖北汽车产业亟须加快转型升级，奋起直追。计算机、通信和其他电子设备制造业受新建投产企业前期生产运行和招聘用工成本等因素影响，利润亏损面较上年进一步扩大，需谨慎保守扩大生产规模。化工行业营业收入随产品价格上升同比虽有提高，但因需求端改善乏力，房地产、纺织服装、汽车制造等市场景气度下行，部分传统下游应用领域对化工品需求回落，下游需求不足，成本传导不畅，利润总额同比下降。纺织行业需继续加大在技术创新方面的投入，推动智能化生产、绿色制造、新材料应用等领域的突破，这些创新将有助于提高生产效率、降低成本、提升产品质量，同时也有助于推动行业的可持续发展。

三、服 务 业

（一）湖北省服务业发展现状

2023 年，湖北省服务业发展完整、准确、全面贯彻新发展理念，参照高质量发展要求，突出规划引领，以产业转型、消费升级为导向，坚持生产性服务业与生活性服务业并重，服务业实现较快增长，行业结构更趋优化，新兴业态增势强劲，呈现回升向好的态势，为全省经济社会稳定向好发展提供了有力支撑。

1. 服务业发展总体情况

随着经济社会全面恢复常态化运行，国家和省级宏观调控组合政策持续发力显效，服务需求加快释放，服务业发展持续恢复。2023 年湖北省地区生产总值 55803.63 亿元，按不变价格计算，比上年增长 6.0%。分产业看，第一产业增加值 5073.38 亿元，增长 4.1%；第二产业增加值 20215.50 亿元，增长 4.9%；第三产业增加值 30514.74 亿元，比上年增长 7.0%，高出全国 1.2 个百分点。相较于第一、二产业，湖北省服务业增加值增长最快。2023 年，全省新增规上服务业单位 2539 家，增长 34.7%，为历史新高。其中，交通运输、仓储和邮政业，批发和零售业，其他服务业增加值分别增长 17.3%、9.8%、7.8%。接触型聚集型服务业在疫情防控转段后明显改善，2023 年规上交通运输、仓储和邮政业，文化、体育和娱乐业营业收入分别增长 14.1%、21.5%。2023 年 1—11 月，规上服务业实现营业收入 9627.57 亿元，增长 12.8%。其中，多式联运和运输代理业，装卸搬运和仓储业，租赁和商务服务业，科学研究和技术服务业，文化、体育和娱乐业分别增长 38.4%、27.2%、18.4%、16.0%、21.5%。湖北省三次产业结构比由 2021 年的 9.3∶38.6∶52.1 调整为 2022 年的 9.3∶39.5∶51.2。

2. 主要产业发展情况

批发零售业。2023 年，全省新增限上批零住餐企业 8803 家，增长约一倍。全省实现社会消费品零售总额 2.4 万亿元，批发、零售、住宿、餐饮行业销售额（营业额）分别增长 15.5%、8.0%、10.9%、14.0%。2023 年前三个季度，新型业态持续增长，在直播带货、即时零售等新模式带动下，湖北限上商品通过公共网络实现零售额增长 10.5%。

金融业。2023 年湖北省金融运行呈现"总量增长、结构优化、质效提升、成本下降"的良好态势。截至 2023 年末，全省金融机构本外币各项存款余额为 87127.22 亿元，增长 9.5%，比年初增加 7563.55 亿元。各项贷款余额为 81368.01 亿元，增长 9.7%，比年初增加 7195.01 亿元。截至 2023 年末，全省企事业单位贷款余额 57250 亿元，全年净新增 6250 亿元，同比多增 191 亿元，增量创历史新高。其中，制造业中长期贷款新增 1220 亿元，余额同比增长 32.2%；民营市场主体贷款新增 2194 亿元，余额同比增长 15.5%；全省推广"301"线上快贷模式，面向小微企业的普惠贷款增长 21.7%，总量达到 1.76 万亿元，创历史新高；县域贷款新增 2770 亿元，余额同比增长 16.9%；绿色贷款新增 2987 亿元，余额同比增长 30.0%。制造业中长期贷款余额超过 5000 亿元，5 年增长 6 倍，金融"活水"更好地润泽实体经济。2023 年，全省新发放企业贷款加权平均利率 3.85%，同比下降 24 个基点。居民房贷利息负担减轻，超过 8600 亿元存量首套房贷款利率下降，平均降幅 0.91 个百分点，超 223 万户家庭受益，户均每年减少利息支出 3500 元左右。

交通运输业。铁路运量提升，2023 年湖北省铁路累计发运物资 5086.9 万吨，同比减少 68.9 万吨，降幅 1.3%。水路货运量快速增长，2023 年湖北省港口吞吐量完成 6.93 亿吨，同比增长 22.8%；港口集装箱吞吐量 329.83 万标准箱，增长 5.5%。2023 年湖北省水路货物运输量 6.99 亿吨，同比增长 20.1%；货运周转量 4995.97 亿吨公里，同比增长 17.2%。截至 2023 年初，湖北省累计创建国家多式联运示范工程 8 个，数量居全国第一。2023 年，亚洲最大的专业货运机场花湖机场全面投运，货邮吞吐量突破 24 万吨，单日全货机航班起降架次跃居全国第二，铁路、民航旅客周转量分别增长 96.8%、151.6%；武汉地铁日均客流量 367.6 万人次，增长 51.9%，创历年新高。

文化旅游业。2023 年，湖北省确立了建成文旅强省的发展目标、思路、布局和重点任务，创设了湖北文旅新品牌，形成了统筹协同的全省旅游工作新格局，全省旅游业呈现出强劲复苏、未来可期的发展态势。"大旅游"格局加快构建，2023 年全省累计游客接待量 7.6 亿人次，增长 30%，实现旅游综合收入超过 7 千亿元，均超过 2019 年水平。湖北旅游产业升级步伐加快，截至 2024 年 1 月，全省有 148 个在建的 3 亿元以上的文旅项目，总投资达到

2054 亿元。新签约的重大项目有 104 个，签约金额达到 2171 亿元，其中 61 个项目已经落地。

房地产业。2023 年，湖北全力推动房地产市场逆势企稳，全年房地产开发投资超过 5400 亿元，新建商品房销售面积超过 5300 万平方米，增幅均高于全国和中部平均水平。2023 年，全省新房、二手房预计成交超过 7500 万平方米，同比增长 3.1%；全省开工城镇老旧小区改造项目 4296 个、棚户区改造 6.5 万套、保障性租赁住房 10.39 万套(间)，完成全年投资目标，全力发挥城建投资稳增长的压舱石作用。

3. 重点工作开展情况

2023 年，为打造全国现代服务业基地、筑牢湖北建设全国构建新发展格局先行区产业基础，湖北省服务业工作领导小组印发《湖北省推动生产性服务业高质量发展三年行动方案（2023—2025 年）》（以下简称《行动方案》），提出重点推进金融服务、供应链物流、科技服务、信息技术服务、软件服务、数字创意、工程设计、工业设计、检验检测认证服务、人力资源服务、广告会展服务、专业商务服务、批发服务、贸易服务等 14 个行业加快发展，针对每个行业提出了未来三年的重点工作任务和发展目标。同时，顺应未来生产性服务业专业化、高端化、融合化、品质化、数字化发展方向，提出以数字赋能推动智慧转型、以试点示范推进融合创新、以集聚发展完善服务功能、以主体壮大增强市场活力、以品牌培育提升服务品质、以扩大开放融入国际循环、以项目建设夯实基础支撑等 7 项工作举措，构建产业发展的内在支撑，推进生产性服务业提质增效。

省文化和旅游厅关于印发《湖北省文化市场综合行政执法事项指导目录（2021 年版）》，扎实推进文化市场综合行政执法改革；印发《湖北省文化和旅游厅 2023 年工作要点》，以推动高质量发展为主题，以满足人民文化需求和增强人民精神力量为着力点，高效统筹疫情防控和文旅行业恢复发展。2023年湖北省旅游发展工作会议在武汉举行，在主体活动文化和旅游重点项目签约仪式上，42个重大项目成功签约，总金额达1046亿元，湖北文旅产业高质量发展再添新动力。为深入贯彻落实国家全面推广高速公路差异化收费有关精神，湖北省交通运输厅研究制定了全省高速公路通行费差异化优惠措施，进一步降低企业物流成本。《湖北省流域综合治理和统筹发展规划纲要》将"行政村寄递物流服务网点覆盖率"指标作为农业农村现代化指标中县域服务能力的重要指标，明确提出到2025年要实现行政村寄递物流服务网点全覆盖的发展目标，并明确责任单位开始推动落实。省政府办公厅印发《关于支持建筑业企业稳发展促转型的若干措施》，从优化行政服务、培育市场主体、税收金融支持、降低企业成本、加快转型升级、坚持"走出去"发展等六大方面提出16条硬举措，在松绑减负中提振企业信心，为企业健康发展、转型升级、"走出去"鼓劲加油。为解决民企贷款供给不充分、信用贷款占比低、产品服务便利不足等问题，中国人民银行武汉分行、省地方金融监督管理局、原湖北银保监局、湖北证监局、省发改委、省经信厅、省财政厅、省政府国资委、省工商联等九部门联合印发《进一步改善全省民营企业金融服务的十条措施》，进一步改善民营企业融资环境，多渠道满足民营企业资金需求，提高金融服务获得感和满意度。

（二）湖北省服务业重点产业发展情况

《湖北省服务业发展"十四五"规划》将我省服务业划分为生产性服务业和生活性服务业两大领域共十个细分行业。"十四五"期间将重点推进金融业、现代物流业、商务服务业、研发设计和科技服务业、软件和信息技术服务业等五个生产性服务业专业化高端化发展；重点推进商贸服务业、文化和旅游业、健康服务业、家政服务业、房地产五个生活性服务业向高品质多样化发展。

1. 金融服务质效不断提升

2023 年湖北省金融运行呈现"总量增长、结构优化、质效提升、成本下降"的态势。信贷增速与经济增速相匹配，信贷资源更多流向经济高质量发展重点领域，金融服务质效不断提升。2023 年湖北省金融机构人民币本外币信贷收支表如表 2-5 所示。

表 2-5　　　　**2023 年湖北省金融机构人民币本外币信贷收支表**

金融机构人民币信贷收支表	2023 年末（亿元）	比 2023 年初增减（亿元）
各项存款	87127.22	7563.55
（一）境内存款	86989.88	7526.87
1. 住户存款	52931.05	6955.91
2. 非金融企业存款	19915.03	246.43
3. 广义政府存款	11468.39	108.34
4. 非银行业金融机构存款	2675.41	216.18
（二）境外存款	137.34	36.69
各项贷款	81368.01	7195.01
（一）境内贷款	80560.37	7334.64
1. 住户贷款	23310.05	1085.21
2. 非金融企业及机关团体贷款	57250.29	6249.53
3. 非银行业金融机构贷款	0.03	-0.10
（二）境外贷款	807.64	-139.63

（数据来源：湖北省统计局）

2023 年湖北省保险业增长较快。2023 年 1—11 月湖北省保险业情况如表

2-6 所示。从湖北省保险金额来看，有 5421881.06 亿元，财产保险和人身保险分别占比 94.04%、5.96%；保单件数为 100608 万件，赔付支出 761.09 亿元。

表 2-6   **2023 年湖北省保险业情况**

指　　标	绝对量(亿元)	增速(%)
原保险保费收入	1991.19	10.4
1. 财产险	425.18	8.5
2. 人身险	1566.01	10.9
(1)寿险	1127.48	12.6
(2)健康险	405.28	8.4
(3)人身意外伤害险	33.25	-10.0
原保险赔付支出	691.37	24.7
1. 财产险	275.70	15.9
2. 人身险	415.67	31.4
(1)寿险	233.52	52.2
(2)健康险	169.20	12.1
(3)人身意外伤害险	12.96	7.9

（数据来源：湖北省统计局）

湖北省金融业进一步发挥跨境人民币业务服务实体经济的优势，2023 年湖北省跨境人民币收付总额 2772.7 亿元，居中部六省第一位，同比增加 34%，较全国增幅 10.2 个百分点。湖北信贷流向重点领域。截至 2023 年末，湖北省企事业单位贷款余额 57250 亿元，全年净新增 6250 亿元，同比多增 191 亿元，增量创历史新高。其中，制造业中长期贷款同比增长 15.5%；普惠小微贷款新增 1905 亿元，余额同比增长 25.5%；县域贷款新增 2770 亿元，余额同比增长 16.9%；绿色贷款新增 2987 亿元，余额同比增长 30.0%。2023

年湖北金融业重点推进民营小微企业、科创及制造业、绿色低碳转型、乡村振兴、供应链、跨境贸易等方面金融服务。截至 2023 年 12 月末，湖北省民营企业和普惠小微贷款同比增长 15.5% 和 25.5%。截至 2023 年末，湖北省国家级、省级"专精特新"中小企业贷款余额较上年同期分别增长 77.4%、56.9%。截至 2023 年第三季度末，全省 321.6 亿元贷款获得碳减排支持工具支持，带动碳减排 638 万吨；落地支持煤炭清洁高效利用专项再贷款资金 138 亿元，位居全国前列。截至 2023 年 12 月末，全省涉农贷款余额 21283 亿元，同比增长 13.5%。

2023 年，湖北省与实体经济高度相关的经常项目和直接投资跨境人民币结算量(不含资金池)合计 1609 亿元，同比增长 49.1%，较全国增幅高出 22.2 个百分点，本币结算率 24.8%，较 2022 年提高 6.7 个百分点。2023 年，湖北省"一企一策"企业办理跨境人民币结算 587.8 亿元，同比增长 62.1%；大宗商品类企业办理跨境人民币结算 106 亿元，同比增长 239.2%；与 RCEP、"一带一路"共建国家与地区、东盟分别发生跨境人民币业务 562.8 亿元、489.4 亿元、296.8 亿元，同比增幅分别为 123%、107.5%、105.9%。

2. 现代物流业保持稳中有升态势

2023 年湖北省物流业景气指数全年均值达到 48.8%，比 2022 年提高 3.3 个百分点。全省物流运输保通保畅稳步推进，上下游产销衔接更紧密，物流业保持了稳中有升的态势。2023 年湖北省交通运输、仓储和邮政业增长 17.3%。多式联运和运输代理业，装卸搬运和仓储业分别增长 38.4%、27.2%。2023 年花湖机场共开通 45 条国内货运航线、10 条国际货运航线，货邮吞吐量超 24 万吨。货物周转量、旅客周转量分别增长 13.9% 和 90.9%。湖北物流成本进一步降低。2023 年前三季度，全省社会物流总费用与 GDP 的比率为 13.2%，低于国家平均水平 1.28%。2023 年前三季度全省物流业总收入同比增长 8.8%。生产和销售企业积极备货、货物流通速度加快，库存周转效率不断提高，反映出随着经济稳中向好、市场需求回暖，企业对行业未来发展信心逐渐增强。2023 年 1—11 月交通运输业情况如表 2-7 所示。

表 2-7　　　　　　　**2023 年 1—11 月湖北省交通运输业情况**

指　　标	绝对量	增速（%）
客运量(万人)	35148.64	40.2
旅客周转量(亿人公里)	961.13	89.7
货运量(万吨)	225335.88	18.8
货物周转量(亿吨公里)	7794.03	13.9
一、铁路运输		
客运量(万人)	15837.28	99.0
旅客周转量(亿人公里)	699.56	96.8
货运量(万吨)	5655.00	-1.6
货物周转量(亿吨公里)	1071.57	-3.6
二、公路运输		
客运量(万人)	17346.44	5.8
旅客周转量(亿人公里)	111.42	21.9
货运量(万吨)	156689.99	19.4
货物周转量(亿吨公里)	2194.39	18.0
三、水路运输		
客运量(万人)	700.99	246.3
旅客周转量(亿人公里)	3.83	380.8
货运量(万吨)	62984.96	19.4
货物周转量(亿吨公里)	4527.30	16.9
四、民航运输		
客运量(万人)	1263.93	145.4

续表

指　　标	绝对量	增速(%)
旅客周转量(亿人公里)	146.31	148.2
货运量(万吨)	5.93	35.5
货物周转量(亿吨公里)	0.77	47.5
机场货邮吞吐量(万吨)	38.55	35.7

注：民航运输数据中，客货运量来自中国国际航空、中国东方航空、中国南方航空，机场货邮吞吐量来自湖北机场集团。

（数据来源：湖北省统计局）

3. 商务服务业发展势头强劲

2023 年湖北租赁和商务服务业增长 18.4%。2023 年武汉市租赁和商务服务业营业收入增幅超过两位数。2023 年 1—5 月，湖北省规上租赁和商务服务业实现营业收入 781.39 亿元，增长 15%，拉动规上服务业增长 2.9 个百分点，贡献率达 23.6%，是贡献率第二高的行业。

4. 研发设计和科技服务业快速增长

2023 年湖北省科学研究和技术服务业增长 16.0%。2023 年 1—8 月，全省规上科学研究和技术服务业实现营业收入增速居中部第一。2023 年武汉市规模以上科学研究和技术服务业营业收入增速超过两位数。其中，工业设计业快速发展，营业收入增速近 20%，"设计之都"名片因此更亮。

5. 软件和信息技术服务业平稳向好

2023 年湖北省软件和信息服务业(以下简称软件业)整体运行态势平稳向

好，软件业务收入持续快速增长。2023 年全省 1161 户软件企业完成软件业务收入 3049.93 亿元，同比增长 19.3%，高出全国平均增速 5.9 个百分点，在全国软件业务收入前十省市中增速排名第一，产业规模居全国第十位，占中部六省之和的 43.8%，继续保持中部第一的绝对优势。2023 年全省软件业实现利润总额 281.51 亿元，同比增长 13.6%，和全国平均增速持平，利润增速实现稳步增长。2023 年全省软件业务出口 3.65 亿美元，同比增长 1.3%，高出全国平均增速 4.9 个百分点，保持正增长势头。从领域来看，软件产品、信息技术服务、信息安全和嵌入式系统软件收入均实现两位数正增长。

分地区来看，2023 年武汉市实现软件业务收入 3023.78 亿元，同比增长 20.1%，在全国软件业务收入前十位的副省级中心城市中增速排名第一，高出全行业增速 6.7 个百分点，占全省软件业务收入的比重为 99.1%。软件业务收入过亿元的市州还有宜昌市（10.42 亿元）、襄阳市（4.21 亿元）、黄石市（3.18 亿元）、荆门市（2.72 亿元）、黄冈市（1.46 亿元）、孝感市（1.34 亿元）、荆州市（1.18 亿元）等 7 个市州；增速高于全行业水平的市州还有黄冈市（41.3%）、孝感市（29.0%）2 个市州。

6. 商贸服务业保持稳定增长态势

2023 年湖北省消费增速、实际使用外资规模均居中部第一，外贸增速排名为十年来最好位次。2023 年湖北社会消费品零售总额同比增长 8.5%，增速高出全国平均值 1.3 个百分点，居中部第一。特别是粮油食品、服装鞋帽等传统消费，以及汽车、石油制成品等出行消费增长较快。2023 年湖北进出口同比增长 5.8%，高出全国平均值 5.6 个百分点，排名在全国前移 2 位，为十年来最好位次。其中现代产业集群在外贸领域总体表现较好。汽车制造、汽车零部件、高端装备、锂电池、纺织服装、轻工业品等优势产品均取得了两位数以上的出口增长，其中汽车实现了翻倍增长（见表 2-8）。

表 2-8　　　　　　　　　　**2023 年湖北社会消费品零售总额**

指　　标	总量（亿元）	增速（%）
社会消费品零售总额	24041.89	8.5
#限额以上	9330.34	8.1
批发和零售业销售额		
#限额以上	28873.18	13.1
其中：批发业	20990.33	15.2
零售业	7882.85	7.8
住宿和餐饮业营业额		
#限额以上	922.71	16.6
其中：住宿业	189.51	17.5
餐饮业	733.20	16.4

（数据来源：湖北省统计局）

2023 年湖北省限额以上社会消费品零售总额零售类值如表 2-9 所示。

表 2-9　　　　　　　**限额以上社会消费品零售总额零售类值**

指　　标	零售额（亿元）	增速（%）
商品零售类	8599.95	7.0
其中：通过互联网销售	1578.56	9.5
1. 粮油、食品类	1604.81	11.1
2. 饮料类	231.28	8.4
3. 烟酒类	365.33	9.1
4. 服装、鞋帽、针纺织品类	609.40	10.0
5. 化妆品类	172.50	-6.0
6. 金银珠宝类	110.10	3.4
7. 日用品类	369.69	5.5
8. 体育、娱乐用品类	47.03	-5.0

续表

指　　标	零售额(亿元)	增速(%)
9. 书报杂志类	88.04	11.1
10. 家用电器和音像器材类	704.66	3.7
11. 中西药品类	339.63	3.4
12. 文化办公用品类	174.82	-1.0
13. 家具类	84.87	-4.3
14. 通讯器材类	232.96	-1.3
15. 石油及制品类	901.57	8.5
16. 建筑及装潢材料类	206.37	-2.5
17. 汽车类	2045.23	10.8
18. 其他类	175.52	-1.0

（数据来源：湖北省统计局）

7. 文化和旅游业繁荣有序

2023 年湖北省文化、体育和娱乐业增长 21.5%。湖北省 2023 年前三季度规模以上文化企业分行业营业收入如表 2-10 所示。

表 2-10　**2023 年前三季度湖北省规模以上文化企业分行业营业收入**

类　　别	营业收入(亿元)	增速(%)
总计	3268.4	2.1
新闻信息服务	325.0	3.5
内容创作生产	573.2	-13.4
创意设计服务	1005.1	11.6
文化传播渠道	209.2	15.4
文化投资运营	13.8	4.3

续表

类　　别	营业收入（亿元）	增速（%）
文化娱乐休闲服务	61.1	27.0
文化辅助生产和中介服务	580.4	-3.5
文化装备生产	108.8	2.6
文化消费终端生产	391.9	4.1

（数据来源：湖北省统计局）

湖北省 2023 年旅游业成绩斐然，累计接待游客 7.6 亿人次，增长 30%，实现旅游综合收入超过 7000 亿元，均超越 2019 年水平。湖北省旅游产业升级步伐加快，目前有 148 个在建的 3 亿元以上文旅项目，总投资达到 2054 亿元。新签约的重大项目有 104 个，签约金额达到 2171 亿元，其中 61 个项目已经落地。2023 年武汉市旅行社及相关服务业营业收入增长近 2 倍；文化会展、演艺活动需求旺盛，音像制品出版、体育场馆管理等行业营业收入增速均超过 100%。

8. 健康服务业提质升级

2023 年，湖北省人民政府办公厅印发《湖北省中医药振兴发展重大工程实施方案的通知》，随后中医药工作厅际联席会议成员单位相继出台了《关于加强新时代中医药人才工作的实施意见》《关于医保支持中医药传承创新发展的实施方案》《湖北省中医药科技创新体系建设实施方案》《湖北省中医药文化弘扬工程行动方案》等文件，我省中医药发展"1+N"政策体系得到进一步完善。2023 年 9 月，湖北省卫生健康委员会制定了《2023 年湖北省老年人健康与医养结合服务项目实施方案》，扎实做好老年人健康与医养结合服务项目，提高老年人生活质量和健康水平。截至 2023 年 8 月，全省幼儿园办托占全省托育机构总数的 60% 以上，幼儿园办托成为湖北省扩大托育服务供给的重要增长点。2023 年新增 3 岁以下婴幼儿托位 6.75 万个。

武汉国家生物产业基地(以下简称"光谷生物城")是中国光谷以"千亿产业"思路建设的第二个国家级产业基地,稳居全国第一方阵,已成为中部地区影响力最大、创新能力最强、产业体系门类最齐全、人才集聚效应最显著的生命健康产业聚集区。2023 年世界大健康博览会(以下简称"健博会")于 4 月在武汉开幕,这是我国大健康领域唯一一个国家级展会。健博会已在湖北武汉成功举办四届,武汉已初步形成"一城一园三区"大健康产业布局。

9. 家政服务业提质扩容

当前,母婴、养老、家庭的劳务服务需求呈井喷之势。湖北省家政服务业吸纳就业人数稳步增长,增长势头明显。随着市场需求日益旺盛、行业日益细分,与新技术、新模式、新场景的结合日益紧密,家政服务业正在发展成为社会各界广泛关注的新兴业态。我省家政服务企业和从业人员不断增多,家政服务质量逐步提升,互联网与家政服务业融合步伐逐步加快,全省家政从业人员规模超过 150 万人,多家企业先后进入全国家庭服务业"千户百强"行列,百强企业 10 余家,规模和数量居全国前列,宜昌市和十堰市入选全国家政服务业提质扩容"领跑者"重点推进城市。家政行业呈现勃勃生机,"小切口"服务"大民生",家政服务已成为人们对美好生活向往的重要组成部分。2023 年湖北省家政服务业高质量发展论坛于 6 月在十堰市湖北工业职业技术学院举办。

10. 房地产业回暖基调弱

2023 年湖北省住建投资占全省固定资产投资的 51%,房地产和建筑业增加值占 GDP 的 13%,税收贡献占全省税收收入的 20%。2023 年湖北省商品房建设与销售情况见表 2-11。

表 2-11　　　　　　　**2023 年湖北省商品房建设与销售情况**

指　　标	绝对量	增速(%)
商品房施工面积(万平方米)	31569.53	-9.6
住宅(万平方米)	23477.85	-9.9
商品房竣工面积(万平方米)	3779.16	22.7
住宅(万平方米)	3015.38	27.9
商品房销售面积(万平方米)	5264.77	-5.6
住宅(万平方米)	4537.10	-8.2
商品房销售额(亿元)	4619.46	-5.8
住宅(亿元)	3970.49	-8.5

（数据来源：湖北省统计局）

2023 年武汉新建住房与二手住房累计销售超 21 万套，较 2022 年增长 10% 以上。2023 年武汉新建住房成交 10.98 万套，成交量较前一年小幅下跌；同期二手住房成交 10.56 万套，同比增长 39.7%。2023 年武汉市房地产开发投资增长 2.5%，占全部投资比重的 42%。

(三)湖北省服务业存在的问题

1. 从两大领域来看，生产性服务业比重有待继续上升

服务业分为生产性服务业和生活性服务业。我省服务业需要调优结构，做优做强生产性服务业。生产性服务业是衡量一个国家或地区综合竞争力和现代化水平的重要标志。生产性服务业市场需求广阔，高度发达的生产性服务业有助于我省制造业的发展。在新一轮科技革命和产业变革的加速背景下，服务业对制造业的支撑作用越来越强。近年来，我国对生产性服务业的重视程度不断提升，相继出台相关政策引导并推动行业发展。湖北省生产性服务业快速发展，所占比重持续提升。2023 年湖北省生产性服务业成为新的经济增长点，对制造业的支撑和引领作用更加凸显，助力"湖北制造"更高效、更智慧。但是，生产性服务业离市场需求及政策要求还有一定差距。高附加值、技术知识密集型为主的专业技术服务业、软件和信息技术服务业等现代服务业离市场需求还有差距，行业发展支撑不足。产业联动不够紧密，生产性服务业向一、二产业渗透不足，比重偏低，集聚效应没有充分发挥。

2. 从十大行业来看，房地产低温态势未改

服务业的十个细分行业中，大部分行业实现正增长，呈现多点发力、稳中有进的态势，但房地产低温态势未改。随着城镇化率放缓，人口红利减退，房地产行业发展进入调整的新阶段是必然趋势。尽管政策层面持续延续宽松基调，尤其是房贷利率及首付比例下降等一揽子政策持续释放改善性需求，但量价齐跌仍在持续。2022 年武汉市楼市成交规模降至 1311 万平方米，2023年小幅下滑，继续调整。2023 年武汉住宅成交楼面地价降至 7547 元每平方米，同比下跌 21%。远城区新房连续两年下跌，以价换量明显。

3. 从市场主体来看，规模化、品牌化企业发展贫乏

湖北省服务业知名品牌创建力度不够，服务品牌美誉度较低。富有竞争力的大型企业集团少，缺少龙头企业和知名品牌，企业竞争力不强，还需要支持服务业企业做大做强，提高企业抗风险能力。2023 年 1—11 月，湖北省规上服务业实现营业收入 9627.57 亿元，而浙江省同期实现规模以上服务业营业收入 26832.21 亿元，湖北仅相当于浙江省的 36%。在中国企业联合会、中国企业家协会发布的 2023 中国企业服务业 500 强榜单中，湖北省仅有 17 家企业入围，而浙江省有 52 家企业入围，江苏省有 42 家企业入围。

4. 从地域来看，武汉市服务业发展一家独大

从地域来看，湖北省各市州服务业发展不平衡，武汉市一家独大。占据绝对优势。作为省会城市，武汉经济发展水平相对较高，政策和资金支持力度较大，人才资源丰富，服务业发展在全省遥遥领先。其余大部分城市服务业整体发展滞后，服务业以商贸、餐饮、住宿等传统生活性服务业为主，金融、物流、研发设计、检验检测等生产性服务业发展相对滞后，咨询类研究机构严重不足。农业的生态功能、休闲观光、文化体验等功能没有得到充分发挥，产业之间互动融合、相互促进的格局尚未形成。体现现代城市功能、具有外箱辐射能力的行业发展不足。

（四）进一步推进湖北省服务业高质量发展的对策建议

展望 2024 年，全省经济发展环境面临深刻复杂变化，各种不稳定不确定因素仍在增加，但社会经济稳中向好、长期向好的基本趋势没有变，经济潜力足、韧性大、活力强的基本特点没有变，全省服务业发展转型提质面临新的机遇与挑战。推动服务业高质量发展、构建优质高效服务业新体系，是贯彻落实党的二十大精神的重要举措，是加快发展新质生产力、建设现代化产业体系的内在要求。《湖北省服务业发展"十四五"规划》提出，到 2025 年，力争服务业增加值超过 3.3 万亿元，占 GDP 比重达到 55% 左右，努力建设全国重要的商贸物流中心、区域金融中心，着力打造具有全国影响力的研发设计基地和高端商务服务基地，加快建设世界知名文化旅游目的地、健康服务样板区，优化形成"一心、两廊、三圈"的现代服务业发展空间布局，打造"555"现代服务业产业新体系。按照规划目标，未来我们应以高质量发展为主题，立足全省服务业发展基础和资源禀赋，坚持扩量与升级并重、传统与新兴协同，放大发展优势，加快补齐短板，激活现代服务业发展动力，增强对

经济发展的支撑和拉动作用。

1. 深入推进先进制造业与现代服务业融合发展

依托智能制造，有效贯通研发设计、生产制造、市场营销、售后服务等全产业链，促进科技研发、工业设计、工业软件、物流服务及金融服务等高端生产性服务业与先进制造业深度融合，培育形成服务型制造和制造型服务新模式新业态，推动构建优质高效的现代服务业新体系。强化工业互联网服务和先进制造业、医药制造和健康服务、智能网联汽车制造和服务全链条体系、高端装备和智能服务业、新能源和节能环保绿色服务业、现代物流和制造业、金融服务和制造业、消费品工业和服务业等重点领域融合发展工作。聚焦新能源与智能网联汽车、高端装备制造等重点领域，以"两业融合"的县市区、园区、企业试点为牵引，建设先进制造业与现代服务业融合发展平台，加快建设一批两业融合发展示范区或园区，培育一批两业融合型龙头标杆企业，打造一批具有国际竞争力的两业融合产业集群。加快培育新业态新模式，推动"两业融合"发展走深走实。

2. 大力推动服务业提档升级

加快服务业新业态新模式发展，支持发展工业设计、软件信息、科技服务等服务业，深入推进国家和省"两业融合"试点创建。打造服务业集聚创新产业集群，对新认定的现代服务业集聚创新区给予奖补，推进物流公共信息服务平台建设。以现有的省级服务业集聚区为基础，借鉴江浙沪发展经验，打造一批空间布局更加合理、服务功能更加完善、溢出效应更加明显的"升级版"服务业集聚区，形成建设现代服务业集聚创新区。聚焦重点行业打造服务业平台，积极争创国家物流枢纽、中国软件名园、全国服务贸易创新发展示范区等一批国字号平台。

3. 持续深化开放合作

发挥湖北自由贸易试验区制度创新高地优势，深度参与"一带一路"建设，高标准对接《区域全面经济伙伴关系协定》（RCEP）等制度规则，加快国家数字服务出口基地、国家文化出口基地等建设，推进国家服务贸易创新发展试点和国家服务外包示范城市建设，持续推动电信、医疗、金融、教育等领域对外开放，力争在更大范围集聚创新资源、配置创新要素。积极发展跨境电商、服务贸易、数字贸易等外贸新业态，培育出口骨干企业，扩大进出口贸易，对跨境电商综试区、跨境电商产业园、海外仓建设给予资金支持。更大力度吸引和利用外资，深化与国际投资机构、国际金融机构招商合作，支持企业境外融资、并购后返程投资，支持境内外资企业利润再投资。

4. 进一步完善保障机制

针对制约服务业发展的体制机制障碍，系统清理卫生、安保、质检、消防等领域不合理门槛条件，取消证照办理、设备购置等不合理限制，扎实推进服务业改革创新试点，努力实现小切口、大突破。健全协调推进机制，聚焦制约服务业发展的关键环节深化重点领域改革，面向中部地区以及国内大循环、国内国际双循环全面扩大开放，充分激发服务业发展市场活力和内生动能。用好财政货币金融政策"真金白银"保市场主体，通过落实普惠贷款贴息、奖补上市进程等政策，稳住市场主体。加速培育引进紧缺急需、技能高超、贡献突出的现代服务业人才，全力打造高质量人才发展高地。加强公共数据资源统一管理，推动公共数据资源依法合规共享、开放和应用，提升政府治理能力和公共服务水平，促进数字经济发展。加大重点项目用地保障力度，建立土地供给与节约集约用地挂钩机制，推行工业用地改革，盘活存量土地，缩短供地周期，提高用地效率。

第三章　区域经济发展报告

省第十二次党代会作出了大力发展武汉都市圈、襄阳都市圈、宜荆荆都市圈的战略部署。建设三大都市圈是湖北一丝不苟贯彻落实习近平总书记关于湖北工作重要讲话和指示批示精神的战略抉择，是湖北加快建设全国构建新发展格局先行区、加快建成中部地区崛起重要战略支点的关键性、战略性举措。建设三大都市圈的区域协调发展举措着眼于解决湖北发展不平衡不充分的问题，推动形成以中心城市引领都市圈发展、以都市圈带动区域高质量发展的良性互动，推动产业和人口向优势区域集中，进而带动经济总体效率提升，提高湖北产业链供应链的韧性和市场竞争力，增强国内国际双循环的吸引力和推动力。

一、武汉都市圈经济发展报告

(一)武汉都市圈经济发展概况

武鄂黄黄是武汉都市圈的核心区，地区生产总值占全省的46.6%，常住人口城镇化率比全省平均水平高出8.64个百分点。2023年以来，武汉勇当武汉都市圈建设主力军，携手兄弟城市同频共振、同题共答，武汉都市圈通过强化区域协作，拓展合作领域，同城化发展成效初显。

　　武汉都市圈经济稳中向好。2023 年，武汉实现发展能级新跃升，成为中部地区第一个两万亿城市。初步核算，2023 年，武汉市地区生产总值（GDP）为 20011.65 亿元，按不变价格计算，比上年增长 5.7%。全年经济增速逐季回升，经营主体超过 206 万户，"四上"单位达到 1.7 万家，城市能级跨越提升，武汉发展站上了新的起点。鄂州市 2023 年地区生产总值增长 6.0%。固定资产投资增长 8.2%，社会消费品零售总额增长 7.5%，一般公共预算收入增长 22.2%，规上工业增加值增长 5.5%，服务业增加值增长 6.9%，进出口总额增长 39.2%。主要经济指标高于全省平均水平。工业投资、工业技改投资、制造业投资分别增长 18.2%、13.1%、17.8%。光电子信息、高端装备制造、生命健康产业产值分别增长 23.1%、22.9%、9.3%。黄冈市预计全年地区生产总值增长 7% 左右，有望突破 3000 亿元。2023 年 1—11 月，全市工业、固投、社零等主要指标增速均高于全省，信贷、用电、收入等关联指标协调增长。前三季度，地区生产总值增长 6.5%，连续 9 个季度高于全省。黄石市全市地区生产总值 2189.96 亿元，增长 6.8%。规上工业增加值增长 10.2%，居全省第二。一般公共预算收入增长 23.86%，社会消费品零售总额增长 8.7%，固定资产投资增速 7.3%，外贸进出口总额增长 20.3%。武汉都市圈非核心区的孝感市、咸宁市、仙桃市、天门市、潜江市前三季度地区生产总值增长均超过全省平均水平（见表 3-1）。

表 3-1　　**2019—2023 年武汉都市圈各城市地区生产总值及增速**

城市	2019 年		2020 年		2021 年		2022 年		2023 年	
	总量（亿元）	增速	总量（亿元）	增速	总量（亿元）	增速	总量（亿元）	增速	总量（亿元）	增速
武汉	16223.61	7.40%	15616.1	-4.70%	17716.76	12.2%	18866.43	4.0%	20011.65	5.7%
黄石	1767.19	8.20%	1641.32	-5.90%	1865.68	13%	2041.51	5.6%	2108.96	6.8%

续表

城市	2019 年		2020 年		2021 年		2022 年		2023 年	
	总量（亿元）	增速	总量（亿元）	增速	总量（亿元）	增速	总量（亿元）	增速	总量（亿元）	增速
鄂州	1085.72	8.00%	1005.23	−9.80%	1162.30	12.9%	1264.55	5.1%	1266.03	6.0%
黄冈	2322.73	6.80%	2169.55	−6.60%	2541.31	13.8%	2747.90	4.9%	2884.68	6.0%
孝感	2301.40	8.00%	2193.55	−4.50%	2562.01	13.4%	2776.97	5.2%	2920	6.7%
咸宁	1594.98	8.10%	1524.67	−4.90%	1751.82	12.8%	1875.57	4.3%	1819.23	1.6%
仙桃	868.47	7.70%	827.91	−4.30%	929.90	6.3%	1013.14	5.3%	1014.33	4.4%
天门	650.82	7.70%	617.49	−5.60%	718.89	12.1%	730.05	−1.8%	712.17	6.2%
潜江	812.63	7.90%	765.23	−4.60%	852.74	12.3%	886.65	2.6%	904.92	6.3%

（数据来源：湖北省统计局）

武汉新城建设启动。武汉新城位于武鄂黄黄地理中心，具备引领武汉都市圈高质量发展的良好基础，作为"核心中的核心"，武汉新城打破传统的行政区划，顺势而起。2023 年 1 月 31 日，武汉新城正式启动建设。全省集中开工投资额亿元以上重大项目中，武汉都市圈项目 1232 个，总投资 7739 亿元，项目数、总投资额，均占全省一半左右。2023 年 2 月 7 日，《武汉新城规划》发布，武汉新城将建设成为世界级科技创新策源高地、国家战略性新兴产业高地、全国科创金融中心、国际交往中心、中国式现代化宜居湿地城市样板。武汉新城横跨武汉、鄂州两市，形成推动武鄂黄黄一体化建设、引领武汉都市圈高质量发展的主引擎。通过加速聚集创新资源，加快布局新兴产业，新质生产力加速涌入武汉新城。2023 年 6 月，武汉新城中轴线十大标志性项目正式启动建设，总投资 300 亿元。光电子信息、生命健康、新能源与智能网联汽车、机器人智能制造等战略性新兴产业加速打造，5 个大科学装置、5 家国家创新中心和 5 家湖北实验室加快建设。2023 年 12 月 30 日，131 个武汉新城城建项目集中完工。武汉新城建设成势见效，既联动了武汉与鄂州，又更进一步拉近了武汉与黄石、黄冈的空间感，形成了都市圈连绵带，将有力促进区域协调发展。2023年以来，武汉新城鄂州区域新签约亿元以上项目86个，中国长飞葛店科技园、银商云数据中心与百度智能云、圆通快递湖北总部等重大项目相继落户鄂州。

顶层设计逐步落地。2023年2月28日，武汉都市圈发展协调机制办公室印发《武汉都市圈发展三年行动方案（2023—2025年）》，指出以武鄂黄黄为核心，充分发挥武汉龙头引领作用，推进武汉都市圈基础设施、创新策源、产业协同、对外开放、公共服务、新型智慧、安全发展、生态绿色、要素市场九个领域发展，加快形成空间结构清晰、经济集聚度高、区域竞争力强、城市功能互补、交通往来顺畅、产业分工协调、公共服务均衡、环境和谐宜居、要素流动有序的现代化都市圈格局。提出到2025年，武汉都市圈力争GDP达到4万亿元，人均地区生产总值超过12万元，常住人口城镇化率达到78%，将武汉都市圈打造成为引领湖北、支撑中部、辐射全国、融入世界的重要增长极，以武汉都市圈高质量发展推动湖北建设全国构建新发展格局先行区成势见效。2023年，武汉都市圈基础设施、交通发展、科技创新、生态环境等4个专项规划正式印发。武汉都市圈对外开放、汉孝同城化发展、仙桃市融入武汉都市圈发展等规划也编制完成。与此同时，发展规划和重点项目、事项逐步落地。

交通一体化加快推进。武汉都市圈加快推进快速道路系统建设，着力打通瓶颈路、断头路，实施道路扩容、品质提升工程，并连通鄂州花湖机场、黄石新港等重要枢纽，都市圈内越来越多的地方进入武汉"一小时通勤圈"。2023年，武天高速天门西段项目正式开工建设，潜江汉江大桥天门段连接线项目建成通车。2023年6月30日，硚孝高速公路二期工程、武汉至大悟高速公路正式通车。孝感主城区和大悟分别迈入武汉都市圈"半小时通勤圈"和"1

小时通勤圈"。以高铁、城铁、地铁、高速公路、快速通道为筋骨,武汉都市圈交通一体化格局已初步形成。2023年湖北省内城市间车程时间大幅缩短,城市群整体通达性大为提高,例如鄂州与武汉之间的跨江搭桥、黄石通过江心洲接轨武汉的轨道交通,交通一体化正成为武鄂黄黄紧密圈区域协同发展的关键和推手。到2023年底,花湖机场已开通45条国内货运航线,10条国际货运航线、13个国际货运航点,15条客运航线、22个客运航点,完成货邮吞吐量24.5万吨。完成货运航线转场后,花湖机场的货运枢纽功能日益显现,和天河机场形成航空客货运双枢纽。

创新链加快延伸。武汉都市圈积极推行离岸科创园模式,一方面帮助想要在武汉吸引人才做研发的企业入驻,另一方面培育武汉企业落地都市圈内城市发展壮大。通过科创平台的共建共享、创新要素的柔性流动以及科技成果的及时、就近转化,武汉扩展了发展空间,提升了科创效率,圈内城市弥补了科创能力不足的短板。截至目前,都市圈内已有黄冈、黄石、荆州、鄂州、仙桃、咸宁、天门、荆门等8座城市在武汉布局建设了"科创飞地"。截至2023年12月,黄石(武汉)离岸科创园已累计入驻机构和企业107家,其中黄石企业55家,其余52家均为武汉的企业、机构和高校。武鄂黄黄紧密圈正努力构建区域内高校科研院所与企业的密切合作,推进知识分享和成果转化。例如,武汉科技大学与黄石地方企业的协同创新基地成功案例,充分展现了区域内部创新资源整合的巨大潜力。孝感500多家企业与武汉100余所大专院校(科研院所)建立产学研合作关系,吸引400余名武汉专家人才服务孝感科技创新。仙桃打造了新材料产业技术研究院、非织造布技术创新中心等一批重点研发机构。

世界级产业集群加快聚集。2023年,武汉都市圈加速发展"产业同链",将都市圈内的产业纳入同一条产业链,形成配套、互补、融合发展,以提高产业集中度和集群化,提升产业链韧性和竞争力。在光谷科创大走廊,光电子信息产业规模已逼近 8000 亿元，正加速冲刺万亿级规模。聚焦"光芯屏端网"，武汉都市圈光电子产业集群规模占全国份额的 50%，光纤光缆研发制造规模居全球第一位。集成电路、新型显示器件、下一代信息网络、生物医药四大产业，入列国家首批战略性新兴产业集群，数量在全国与上海并列第一位。截至 2023 年 12 月，共有 53 个产业项目落户黄冈高新区，成为武汉"光芯屏端网"万亿级光电子信息产业链中的重要组成部分。武汉生命健康产业规模已超 4000 亿元，武汉光谷生物城已与天门、仙桃、黄石、黄冈共建武汉国家生物产业基地地方产业园。2023 年，武汉加速推进光电子、生物医药、智能制造等战略新兴产业的集群发展。黄石的钢铁、材料等行业，鄂州的综合物流和区域性商贸服务则为武汉提供了稳固的上下游产业支撑，使得武鄂黄黄紧密圈的内部产业链日益完善。

（二）当前存在的问题

一是武鄂黄黄核心区融合度还需进一步加强。据《武汉都市圈城市融合度评估指数》显示，八市与中心城市融合指数综合排名第一为孝感，融入武汉发展指数综合排名前 10 强县（市、区）中 6 个不在"武鄂黄黄"核心区内。

二是武汉新城核心不强，"主引擎"作用发挥不够。武汉与鄂州之间的地理隔断，导致交通基建成本提高，影响光谷东扩的步伐。武汉新城横跨武汉、鄂州两地，如何协调各地之间利益形成发展合力，成为挑战。

三是人才合作不畅。武汉都市圈各市经济发展不平衡，对人才的吸引力也存在明显差异。受虹吸效应影响，非中心城市原有人才聚集度下降。各地人才工作各自为政现象仍较为普遍，合作的协同度较低，尚未形成完善的协同机制和制衡机制。

四是城市间协作领域多元化程度不够，产业协同有较大提升空间。在武汉都市圈发展过程中，产业合作项目偏少，交通项目偏多。圈内各市产业发展面临同质化挑战，分工协作与产业布局调整有待加强。

（三）趋势与展望

大力发展以武鄂黄黄为核心的武汉都市圈，加快推动武鄂黄黄同城一体化发展，有利于进一步发挥武汉辐射带动作用，推动超大特大城市转变发展方式，构建大中小城市和小城镇协调发展新格局，对引领长江中游城市群协同发展，促进长江经济带绿色发展和中部地区崛起具有重要意义。

一是加快武汉都市圈核心区融合度，提升能级。武汉完善"五同"机制加快都市圈协同发展，不断增强国家中心城市、长江经济带核心城市的综合竞争力和辐射带动力。武汉将以光谷副城、车谷副城、临空经济区副城、长江新区副城、武汉新城建设为抓手，发挥极核带动作用，梯次推动武汉都市圈建设，提升武汉产业能级、科技创新能级。培育集成电路、激光等产业集群，建设总部经济等7个功能区，提升共建园区合作发展水平。鄂州全力推进花湖机场和武汉新城两大省级战略，创建花湖国际自由贸易航空港，争取口岸正式开放。加快"三横三纵"项目建设，实现东湖高新区到葛华片区"无感通过"。黄冈加快同城化发展吸引都市圈人口聚集，推进文旅城建设，打造黄鄂百万人口城市新中心，推进空港城建设，加快供应链基地、电商产业园、多式联运仓储物流基地建设，培育临空智能制造、临空数字经济产业，发展航空培训等航空配套产业，做实产业底盘。黄石坚定不移加快打造都市圈重要增长极，全力打造武鄂黄黄国际综合交通枢纽重要节点、长江水铁联运重要节点和临空产业和服务集聚区。

二是全力推动武汉新城建设提速提效。系统推进生态保护修复，把好山好水融入城市发展。加大头部企业招引力度，构建具有国际竞争力的现代化产业体系。畅通武汉新城路网，加快打通"断头路"、解决"绕转堵"，打造"轨交+公交+慢行"一体化出行体系。压实各方责任，形成强大合力，推进武汉新城建设各项任务落地落实。

三是促进人才共享，推动人才要素高效聚集。以"规划共商、主体共建、过程共管、资源共享"为指导思想，以"强化协同、优势互补、突出特色"作为基本原则，以"共引、共享、共用、共服"为内容，构建标准规则统一、互联互通的人才服务平台体系，推动武汉都市圈人才的一体化发展。

四是创新体制机制。按照"全过程、全要素"一体化原则，推动新一轮体制机制创新。创新搭建"决策—执行—实施"全过程协调机制，协调解决区域发展中的重大问题。创新土地产权要素市场配置机制，探索建设用地节余指标跨区域交易。创新产业园区投资成本收益共享机制，实现发展红利持续共享。

五是推动区域合作走深走实。积极服务和融入长江经济带高质量发展、共建"一带一路"，深化与京津冀、长三角、粤港澳大湾区、成渝等区域产业合作，完善长江中游城市群省会城市会商机制，推进与长株潭、合肥、南昌都市圈联动发展。扎实做好对口援藏援疆和省内结对帮扶工作。

二、襄阳都市圈经济发展报告

(一)襄阳都市圈经济发展概况

党的二十大明确提出"以城市群、都市圈为依托构建大中小城市协调发展格局，推进以县城为重要载体的城镇化建设"，为加快构建新发展格局，着力推动高质量发展提供了重要指引。湖北省第十二次党代会对大力发展襄阳都市圈作出重要部署，"大力发展襄阳都市圈，支持襄阳打造引领汉江流域发展、辐射南襄盆地的省域副中心城市，建设联结中西部新通道的核心枢纽节点，辐射带动'襄十随神'城市群发展"。

襄阳都市圈包括襄阳全市域，国土面积为 1.97 万平方公里，分为核心区和紧密区，核心区为中心城区，紧密区为市域内除中心城区外的区域。辐射带动区为十堰、随州、神农架，联结协作区为南阳、宜荆荆都市圈、周边五大省会/直辖市都市圈。襄阳都市圈着眼增强都市圈的承载力和辐射带动力，支持襄阳建设全国性综合交通与物流枢纽，国家级农产品交易中心，汉江流域综合服务中心，区域性科技创新中心，全国汽车、装备等先进制造业基地，将襄阳都市圈建设成为引领汉江流域、辐射南襄盆地的核心增长极。2023 年，襄阳都市圈发展协调机制办公室发布了《襄阳都市圈发展规划》，围绕"强心、壮圈、带群、协调"的核心思路，到 2025 年，襄阳都市圈发展综合实力将跨越跃升，综合实力稳居中西部非省会城市前列。

经济发展稳中有进。2023 年襄阳市、十堰市、随州市和神农架的生产总值增幅，除襄阳市外均高于 2022 年。从规上工业增加值增速看，2023 年襄阳市的规上工业增加值增速有所回落（见表 3-2、表 3-3）。表中数据来自各市统计年鉴和统计公报。表 3-2 中，襄阳市地区生产总值增速按不变价格计算，其他城市按可比价格计算。

表 3-2　襄阳都市圈及辐射带动区地区生产总值及增速（2019—2023 年）

城市	2019 年		2020 年		2021 年		2022 年		2023 年	
	总量（亿元）	增速	总量（亿元）	增速	总量（亿元）	增速	总量（亿元）	增速	总量（亿元）	增速
襄阳市	4812.84	7.9%	4525.74	-5.3%	5358.43	14.7%	5827.81	5.4%	5842.91	4.8%
十堰市	2012.72	7.0%	1891.19	-5.1%	2152.22	10.9%	2304.68	3.6%	2359.03	6.1%
随州市	1162.23	7.8%	1080.26	-5.6%	1247.96	12.0%	1328.78	4.4%	1330.85	4.8%
神农架	32.86	7.3%	30.73	-6.9%	35.24	10.1%	35.61	0.2%	37.84	7.8%

表3-3   襄阳都市圈及辐射带动区规上工业增加值增速

城市	2019 年	2020 年	2021 年	2022 年	2023 年
襄阳市	9.8%	-6.1%	20.3%	12.1%	2.4%
十堰市	5.5%	-3.8%	3.4%	3.4%	6.8%
随州市	9.7%	-6.9%	17.7%	6.8%	5.5%
神农架	6.3%	-8.8%	13.8%	-17.5%	27.7%

产业规模持续壮大。2023 年，襄阳、十堰、随州和神农架四地三大产业持续增长。襄阳市坚持农业稳市。完成高标准农田建设 54.7 万亩，启动建设全国性农产品交易储备加工中心，做强粮食、生猪、茶叶等 10 大农业产业链，引进农业产业化项目 404 个，新进规农产品加工企业 182 家、总数达 816 家，省级以上龙头企业数量达到 144 家，推出"襄飘天下"襄阳农产品全品类领军品牌，同时，湖北首个无人化试验示范农场在襄阳建成。2023 年，襄阳市亿元以上项目新引进 1475 个、新开工 659 个、新投产 367 个，其中投资 350 亿元的中化学新能源产业园、投资 100 亿元的赣锋新能源锂电池生产研发等百亿级项目 28 个，规上工业企业总数达 2140 家，居 2023 年中国先进制造业百强市第 49 位。坚持文旅等服务业活市，扎实推进襄阳古城保护和利用，启动马跃檀溪遗址、涧南园(孟浩然故居)、万山景区、陈老巷历史文化街区等文化遗产修复再现项目，管家巷文化休闲街区开街运营，成功举办襄阳诸葛亮文化旅游节、襄阳马拉松。

汽车产业转型取得突破性成果。东风纳米年产 12 万辆新能源乘用车项目整车量产，襄阳市新能源乘用车整车制造实现历史性突破；东风股份新能源车产量达到 3.3 万辆，同比增长 54.7%；东风日产 3 万辆高端 SUV "探陆"，中力 5 万辆新能源叉车项目整车下线；比亚迪 30GWh 动力电池项目 16 条生产线全部投产。《襄阳市智能网联汽车道路测试与示范应用管理实施细则(试行）》印发实施。襄阳市成为全省唯一、全国 7 个国家级车联网先导区之一。以新能源汽车为牵引的新能源新材料产业加速崛起，中化学万华新能源产业园、赣锋新能源电池等 8 个百亿级重大项目落户襄阳，集聚企业 60 余家，新的千亿级产业正加快形成。

交通基础设施加快完善。襄荆高铁襄阳段加快建设；襄阳航空口岸临时开放；汉江襄阳中心城区以下千吨级黄金水道基本贯通；襄阳港货物吞吐量突破百万吨，同比增长 6 倍；新集枢纽具备千吨级船舶通航条件；唐白河双沟航运枢纽建设全面启动；汉江黄金水道优势加快重塑。襄阳市获评国家级功能型流通支点城市、生产服务型国家物流枢纽、国家骨干冷链物流基地。引进百亿级物流项目 3 个，新增规模以上物流企业 77 家，4 个物流园区建成使用。全市营业性货运量达到 3.5 亿吨，同比增长 23%；游客接待量接近 1 亿人次；交通枢纽功能的发挥与文旅热度、经济活跃度形成良性互促。

科技创新驱动力不断增强。2023 年襄阳市新增省级以上创新平台 33 家，湖北隆中实验室实现 6 项重大关键技术突破，高新区获批国家"企业创新积分制"试点园区，谷城县入围国家创新型县（市、区）建设名单；新增省级以上"专精特新"企业 148 家，科技型中小企业入库 2654 家，高新技术企业总量突破 1600 家、两年翻番；促进科技成果转化 105 项，技术合同成交额达到 490 亿元，成为国家知识产权强市建设示范城市、首批创新驱动示范市。举办湖北省科技成果转化"轻骑兵行动"襄阳都市圈专场暨湖北隆中实验室成果对接活动。发挥汉江科联网平台"汇资源、连供需、促创新"的作用，采集展示都市圈技术需求 36 项，科技成果 74 项，技术专家信息 13 项，促成都市圈企业与高校技术需求对接 4 项。举办都市圈"汽车与先进制造业"专题校企合作对接交流会。成功举办"资智汇襄"系列活动，引进高水平人才团队 90 个、专业人才 2000 余人，新增在襄就业创业高校毕业生 3.5 万人。武汉理工大学襄阳专业学位研究生培养模式改革示范区和华中农业大学襄阳现代农业研究院投入运行。组织召开 2023 年度襄阳都市圈协同创新联席会议，襄阳市、十堰市、随州市、神农架林区四地就合作举办揭榜制、科博会、展销会以及高能级创新平台资源共享等多个方面进行深入探讨并达成共识。联合举办襄阳都市圈人才工作者培训班，组建襄阳都市圈现代农业产业人才联合体。

生态环境与绿色产业协同发展。2023 年，襄阳市发布了《襄阳都市圈流域综合治理规划》和《襄阳都市圈流域协同治理行动》，计划实施 43 个重大流域综合治理工程，全面增强襄阳都市圈流域安全保障水平。《襄阳市氢能产业发展规划（2023—2035 年）》正式发布。襄阳将锚定碳达峰、碳中和目标，抢抓氢能产业规模化发展的战略机遇，抢占未来产业新赛道，统筹布局氢能产业，大力推进新能源规模化制氢、氢能基础设施建设、氢能推广应用及装备制造，积极做好氢能技术研发和引进，加快构建氢能产业体系，努力培育氢能产业生态，打造鄂西北氢能产业中心，争创湖北省氢能发展先行示范市、全国氢能发展标杆城市。持续加强生态区域合作，"襄荆荆宜"四地开展大气污染联防联控工作，襄阳神农架在省内构建跨市流域生态保护补偿机制。

千年古城焕发现代魅力。东津城市新中心 8 平方公里中心片区建设全面铺开，总投资 318 亿元的总部经济、先进制造业等 23 个重点项目开工建设。重大功能性项目快速推进，市科技馆新馆正式开放，全民体育运动中心基本建成，全长 27 公里的襄江大道全线通车，继城市外环建成通车后，全长 53 公里的城市内环提速改造工程全线贯通，襄阳进入"双环"快速化时代。襄阳古城保护和利用取得突破，以襄水为主线的历史文化资源加快活化转化，涧南园、马跃檀溪、桃林馆、万山景区等历史风貌恢复迈出实质性步伐，襄水街主体工程基本完工，管家巷文化休闲街区火热开街，襄阳历史古韵与时代风尚交相辉映、绽放新颜。

（二）当前存在的问题

产业升级和绿色发展存在一定制约。襄阳都市圈当前仍处在工业化、新型城镇化的快速发展阶段，产业结构偏重，能源结构偏煤，时间窗口偏紧，技术储备不足，实现"碳达峰、碳中和"的任务艰巨。襄阳都市圈的关键技术组织攻关力度较弱，清洁生产技术研发投入不足，特别是氢燃料电池技术、企业清洁生产技术、大规模碳捕捉技术尚存在关键技术瓶颈。

交通基础设施的联结水平不够。都市圈综合立体交通网还存在襄阳都市圈与国家级城市群直联直通水平不够、襄阳都市圈与辐射带动区和联结协作区交通紧密度不够、核心区对紧密区交通联结力不够、核心区城市通勤效率偏低、客货运枢纽集聚带动能力不强等问题。

人才发展水平与高质量发展需要仍存在差距。《襄阳都市圈发展规划》提出到2025年，襄阳中心城区人口力争达到190万，到2035年建成300平方公里、300万人口的现代都市。2022年底，襄城区、樊城区、襄州区常住人口合计达到233.6万人，与300万人还有66.4万人的差距，需平均每年新增8.3万人，人口增长压力较大。襄阳都市圈高层次科研平台相对缺乏，人才资源开发投入有待加强，科技服务业机构人才队伍服务能力有限，专业化的科技培训机构极少，等等，以上因素在一定程度上制约了襄阳都市圈的高质量发展水平提升。

（三）趋势与展望

襄阳都市圈应进一步做强襄阳市经济能级，推动产业发展、交通运输、文化旅游、公共服务、生态环保、流域综合治理等合作不断迈上新台阶。发挥辐射带动作用，打造"襄十随神"城市群互利合作典范，共建共谋共享襄阳都市圈高质量发展。在产业共链、交通共联、文旅共建、服务共享、生态共治等方面加强交流合作，携手推进高水平共赢发展。

聚力打造先进制造业集群。进一步细化完善襄阳都市圈"产业趋势图""发展现状图"和"链式发展图"。不断增强产业集群竞争力。围绕发展壮大"144"

产业集群，培育壮大重点产业。建立健全"链长+链主+链创"机制，大力推进汽车产业转型发展。大力推进新能源新材料产业加快发展，推动贝特瑞新材料华中产业基地等项目开工建设，抓好赣锋新能源电池、智仁景行高活性金属含能材料产业化基地等项目建设；大力推进装备制造、农产品加工、医药化工、电子信息产业延链补链强链，努力打造在全国全省有影响有地位的优势产业集群。突破性发展智能网联汽车产业，深入推进国家级车联网先导区建设，启动建设高新区智能网联汽车产业园和东津新区车联网产业园；突破性发展新能源储能电池产业，积极推动双登集团储能锂离子电池、特瑞阳光储能电池生产基地等项目建设，全力抢占新赛道、塑造新动能。争取央企在襄布局更多项目，加快军民融合产业发展，建设国家军民深度融合示范区。着力提升企业发展质效。深入实施"千企千亿"技改提升行动，加快推进数字经济和实体经济深度融合，加快发展大数据、工业互联网、人工智能等产业。深入实施制造业智改数转提质工程，持续推动企业"上云用数赋智"。

聚焦将交通优势转化为发展胜势。一是加快提升都市圈外向通道能力。加快完成襄阳都市圈范围内布局的国家级通道建设，巩固提升在国家综合立体交通网中的枢纽节点优势。二是加快打通都市圈周边直达通道。积极联合襄阳都市圈辐射带动区、联结协作区城市共同构建区域综合立体交通网，推动区域交通一体化发展。联合宜昌加快建成襄阳至宜昌高速公路，实现武汉、襄阳、宜昌高速"△"大循环。三是加快提升都市圈内部交通网服务能力。完善中心城区至周边县市的高等级、高效率放射型快速公路。四是加快建设中心城区快速通勤网。加快完成内环提速工程，构建中心城区快速路骨架网，适时启动新的过江通道建设，实现"一心四城"高效联通。持续完善城市道路微循环网络，加快建设公交专用道网络。五是加快建设现代化客货运枢纽体系。充分挖掘襄阳东站枢纽优势，优化提升换乘服务功能，提高与刘集机场、襄阳站、汽车客运中心站的换乘效率，推动实现公铁空一票制联程运输，打造区域换乘中心。六是发挥襄阳作为国家确定的全国性综合交通枢纽城市和国家物流枢纽承载城市的交通优势。切实增强城市聚人聚物聚财聚信的能力。推动"交产城"融合发展,大力发展临站临空临港经济,强化枢纽经济的聚焦、扩散和增值功能。聚焦"五枢纽、五园区"等重点物流项目建设持续发力,为建设交通强市、构建现代物流体系筑牢核心支撑。

抓好人才"引育用留"工作。全链条建设适应新时代发展需求的高素质人才队伍,以高质量人才赋能襄阳都市圈高质量发展。不断加强高水平人才队伍建设,以"隆中人才计划"为统领,分层分类引聚研发型人才、管理型人才、技术型人才和服务型人才,高水平打造人才创新发展平台,围绕产业链布局人才链,持续办好"资智汇襄"活动。加快推动科技教育人才融合发展,完善人才教育体系,大力支持在襄高校建设发展,用好校企共建、产教融合成功经验,完善成果转化利益分配机制。不断拓展人才创新创业创造空间,引入人才动态评价机制,深层次推进"揭榜挂帅""赛马制",健全完善试错容错机制。全力营造近悦远来的人才发展环境,围绕东津城市新中心建设,加快完善公共服务功能,强化人才安居保障,提升人才服务水平。

加快东津城市新中心建设。围绕打造"汉江新都会、襄阳新中心",突出抓好8平方公里中心片区建设,加快建设"两高地、三区、四中心"。持续完善公共服务功能,重点推进同济襄阳医院、襄阳职业技术学院东津校区等项目建设,确保市中医医院和市一医院东津院区投入使用,襄阳五中附属初级中学、荆州街小学东津校区启动建设。坚持以产兴城、产城融合,加快推进东津中央商务区建设,打造集总部经济、金融服务、高端商务等为一体的襄阳城市新客厅;大力实施百亿级园区满园工程,全力推动长飞光坊工业激光智能制造、汉瑞通信半导体等重点产业项目建设,增强东津新区发展动力活力。统筹新城区建设和老城区改造,加快建设历史文化保护传承示范基地,让襄阳这座千年古城更有魅力、更具吸引力。

三、宜荆荆都市圈经济发展报告

（一）宜荆荆都市圈经济发展概况

宜荆荆都市圈核心区范围包括宜昌市辖区、宜都、枝江、当阳、远安、秭归，荆州市辖区、松滋、公安、江陵和荆门市全域，面积 3.26 万平方公里。恩施州和宜昌、荆州两市其他区域为协同发展区。2023 年省推进三大都市圈发展工作领导小组办公室印发《宜荆荆都市圈发展规划》，提出推动宜荆荆都市圈发展五大核心任务：集中力量实施一批高水平基础设施建设项目，加快建成全国性综合交通枢纽；统筹开展流域综合治理，确保江河安澜、社会安宁、人民安康；以创新推动产业升级，促进文化旅游消费等服务业融合发展，重塑产业竞争优势；不断提升中心城市综合承载力和公共服务能力，增强都市圈宜居宜业水平；持续推进宜荆荆都市圈内外双向开放，深化各领域改革协同，构建统一大市场，共同打造对外开放新高地。预计到 2027 年，宜荆荆都市圈核心区常住人口达 940 万人，经济总量达 1.4 万亿元，常住人口城镇化率达 70%。到 2035 年，宜荆荆都市圈建成长江中上游重要增长极，基本实现同城化目标。

经济运行稳中向好。2023 年宜昌市、荆州市、荆门市、恩施州的生产总值增速分别为 7.1%、6.4%、6.7%、6.0%，均超过湖北省平均水平。从规上工业增加值增速看，2023 年宜昌市、荆州市、荆门市、恩施州规上工业增加值增速分别为 7.8%、8.8%、10.2%、10.1%，市州工业增加值增速均保持在 7% 以上，荆门市和恩施州的工业增加值增速较高，突破 10%。从三大产业的发展来看，各市州三大产业均保持正向增长，其中，恩施州的第一产业增速较快，荆门市的第二产业增长较快，荆州市的第三产业增长较快。从高新技术产业增加值增速来看，2023 年宜昌市实现高新技术产业增加值 1200.2 亿元，荆州市实现高新技术产业增加值 553.28 亿元，可比增速 11.6%，荆门市高新技术产业增加值完成 444.79 亿元，同比增速 13.9%。恩施州高新产业实现增加值 66.53 亿元，占全州地区生产总值的比重为 4.5%，同比提高 0.1 个百分点。

特色产业集群发展壮大。一是生命健康产业集群发展壮大。宜荆荆都市圈把生命健康产业作为优势产业培育，一批标志性重大项目签约、落地、开工，促进生命健康产业取得突破性成效。荆州市逐渐形成以重点培育企业为"链主"，以"点上开花"引出"链上成景"的良好发展势头。2023 年 1—6 月，全市共签约生物医药投资项目 15 个，其中，制药企业 11 家，医疗器械企业 4 家。荆门高新区把生物医药产业作为主导产业进行培育发展，重点发展医药物流、药品制剂、医疗器械、化妆品等领域。二是新能源汽车产业集群突破发展。宜荆荆都市圈在突破发展新能源整车、打造新能源电池产业集聚区、完善汽车零部件供应链体系等方面积极探索，把先进装备制造、科技研发等资源优势转化为发展胜势，着力培育战略性新兴产业，抢占产业风口，迅速壮大成群，助推经济社会步入高质量发展快车道。宜昌立足资源优势和产业配套优势，加快推动汽车产业发展，编制印发《宜昌市装备制造产业发展规划（2023—2026）》，推动整车制造和汽车零部件发展取得重要突破。2023 年上半年，荆州市新引进一批亿元以上汽车零部件产业项目，总投资 276.64 亿元。2023 年 1—4 月，荆门市汽车智能装备制造产业完成产值 126.3 亿元，同比增长 6.7%。其中汽车制造业完成产值 56 亿元，同比增长 68.3%。荆门市积极抢占新能源汽车发展赛道，以产业转型升级带动新能源汽车产业链发展。

文旅消费一体化发展。四地在举办文旅节庆展会活动、承接专业展会和国际会议论坛、扩大都市圈城市文旅品牌影响力和知名度等方面积极行动，有效拉动了城市旅游综合消费，为推动文旅消费一体化发展扩容提质增效。

宜昌借助各种节会主动展示正面向上的形象和优良的营商环境，依托山水旅游和文化资源吸引一大批头部企业投资。通过举办特色节庆活动，宜昌积极营造活跃的文化旅游氛围，不断拓展文旅消费潜能，推动文旅品质提质升级。荆州持续以品牌活动为载体，以深化旅游供给侧结构性改革为主线，不断丰富城市旅游产品，提升游客旅游体验，为打造"楚文化魅力之都"提供强劲动能。荆门因地制宜打造节庆品牌，着力推进运动休闲旅游城市的建设，承办网球比赛、"圣境山杯"全国滑翔伞定点联赛等高规格品牌赛事，推动文化、旅游、体育、商业一体化融合发展。宜荆荆恩四地在围绕"康养+旅游""康养+休闲农业""康养+运动休闲"等重点领域加快发展，推动文旅康养、运动休闲产业不断壮大。此外，宜荆荆恩四地在突出打造四大城市品牌、联合打造世界级文化旅游目的地、共同打造内河游轮度假目的地、共建荆楚文化体验目的地、打造航空运动休闲目的地、融入武陵山旅游发展联盟等方面展开积极行动。

创新赋能转型升级。宜荆荆恩四地因地制宜，依托特色产业优势，找准研发设计赋能的切入点，细化工作措施，提升专业研发服务，打造公共研发服务平台，把先进的设计融入生产、生活的各个方面，为转型升级和高质量发展培育新动能。宜昌以五大主导产业为主线，建立新型研发平台，打造创新环境优良、创新主体活跃、创新资源集聚的协同创新格局。荆州市以"一二五六"科技创新体系为引领，以推进科技创新"六大工程"为抓手，大力培育创新主体，加强科创平台建设，加快成果转化运用。荆门市创新实施"大院大所"伴随成长工程，持续提升企业创新能力，持续开展工业大讲堂活动，提升企业家素质。荆门市以数字化加速新型工业化，按照"全产业链谋划、全产业生态培育"思路，着力补链条、强龙头、壮骨架、扩集群，加快产业转型升级步伐。

消费场景创新优化。宜昌持续加大电子商务扶持培育力度，助推产业发展，兑现城区 2 家网上零售额过亿电商企业、1 家省级电子商务示范基地、5 家省级电子商务示范企业奖补资金共 190 万元，申报 4 个省级共同缔造村（社区）电商服务站。大力推进电子商务产业园区建设，宜昌国际直播基地、夷陵区翠林农牧三峡电商物流城等相继建成投入运营，三峡智慧物流园等项目加快建设。2023 年以来，宜昌以"荆楚购·宜起购"为主题，先后举办 10 余场大型电商促销活动，促进本地特色产品网络销售，不断激发消费新动能。宜昌依托巨量引擎实训实践基地，开展网络主播、短视频运营和创作达人培训，培育短视频、直播、电商、广告等数字营销领域专业人才，全面提升全市直播电商从业者技能水平和运营能力。荆州市商务部门组织骨干电商企业开展"双 11"线上促消费活动，推动电商企业精选本土优质好网货，发动组织直播平台、直播基地、直播机构、主播达人、老字号等企业或个人积极参与，共同营造浓厚活动氛围。荆门市聚力搭乘电商"数字快车"，先后建设金瑞农电商产业园、鄂中电商直播基地、浩儒电商产业园等近十个优质电商集聚区，为企业提供孵化场所及物流等配套服务，在人才培训、运营管理、宣传推介、品牌打造等方面给予大力支持。

现代金融业深入发展。宜荆荆恩四地在完善金融组织体系、推进金融改革创新、加快区域金融中心建设等方面积极行动，以金融力量助力高质量发展。宜昌不断强化顶层设计，制定"1+2+N"区域金融中心建设目标、路径，初步形成支持现代金融业发展的政策体系。打造与武汉城市圈、成渝地区双城经济圈功能互补，辐射"宜荆荆恩"城市群及西向、南向重点城市的区域性金融中心。荆州市地方金融工作局围绕全市"4611"现代产业体系，不断深化金融机构改革，增强金融创新能力水平。荆门市将破解中小微企业、个体工商户"首贷难"作为推进"民企融资十条"和优化金融营商环境的突破口，帮助大批民营中小微企业、个体工商户实现了贷款"从零到一"的突破，逐步建立起信用记录，破解"无贷户"融资难、融资贵难题。

物流功能不断提升。2023 年，宜荆荆综合交通枢纽建设体制机制基本建立。到 2024 年底，宜荆荆综合交通枢纽雏形将基本形成。宜荆荆都市圈高速铁路和高速公路加快建设，初步实现宜荆荆都市圈机场一体化运行、长江内河港口联动发展。宜昌加快建设港口型国家物流枢纽，建成三峡翻坝综合转运体系和长江中上游对外贸易中转基地；荆州建成华中地区大宗商品铁水联运枢纽；荆门建成鄂中西高铁快件物流枢纽和快件分拨中心；恩施建成武陵山区域综合客货运枢纽。宜昌市不断完善枢纽衔接项目，港口型国家物流枢纽补短板 11 个项目累计完成投资 12.77 亿元。2023 年上半年，宜昌多式联运吞吐量达到 1037.05 万吨，同比增长 10.6%。2023 年 1—7 月，荆州市完成港口货物吞吐 4415.2 万吨，占年度目标的 63.1%；完成集装箱吞吐量 12.21万标箱，占年度目标的 61.1%，其中，完成集装箱铁水联运 16326 标箱，完成铁水联运量 983.82 万吨。荆门市 2023 年 1—7 月发送货物 2138 标箱，超去年全年，通过公铁联运发送内外贸货物 2138 个标箱，较 2022 年增长 32.7%。荆门市积极加大政策引导力度，先后出台《荆门市支持服务业高质量发展政策措施》《加快现代物流业发展的意见》《荆门新港至武汉阳逻港集装箱定班航线补贴办法》《荆汉（欧）国际物流班列补贴政策措施》《加快物流业高质量发展的意见》等一系列政策，激发多式联运发展活力。

外贸市场稳定发展。2023 年以来，"宜荆荆恩"四地政企联手做大外贸市场，加大政策激励措施、通关一体化建设，推动跨境电商等新业态融合发展。2023 年，宜昌市外贸进出口总值 445.7 亿元人民币（下同），创历史新高，比去年同期（同比，下同）增长 12.1%。其中，出口 380.7 亿元，增长 9.1%；进口 65 亿元，增长 33.8%。荆州市、荆门市进出口均有所下降。恩施海关严格执行减税降费政策，提高通关便利化水平，优化政务服务，持续提升通关管理信息化水平，等等。通过一揽子举措，口岸通关时间更短、通关成本更低、通关手续更便捷。

绿色低碳发展持续推进。宜昌坚持生态优先、绿色发展理念，持续推动现代化工新材料产业集中集聚发展，不断增强产业根植性和产业发展的内生动力，做到产业"搬不走、留得住、发展好"，不断催生新的产业增长点，着力打造世界级磷化工产业集群。《湖北省绿色制造体系建设实施方案（2022—2025年）》实施以来，宜昌市围绕用地集约化、原料无害化、生产洁净化、废物资源化、能源低碳化等要求，着力推进工业节能和资源综合利用，加快绿色制造体系建设，不断激发产业绿色发展新动能。2023年持续加快推动精细磷化中心建设，引导化工产业加速向新能源、新材料裂变升级，着力构建"两园区三基地多聚点"的"2+3+N"产业发展格局。荆州依托丰富的煤炭、卤水、岩盐等资源，借助松滋磷矿资源优势，高质量推动碳磷卤硅"四化"融合发展，加大新能源新材料产业发展力度，不断延伸产业链条，为湖北打造万亿级现代化工及能源产业展现荆州担当。2023年4月，荆门市印发2023年节能降耗实施方案，进一步明确将不断完善绿色低碳的产业体系、生产方式、消费模式，确保"十四五"万元地区生产总值能耗下降14%。恩施把建设国家页岩气产学研用高地作为抓机遇促发展的重要内容，按照"立足利川，突破咸丰，储备建始"的开发思路，强化企地合作，分区块加速统筹推进全州页岩气勘探开发。

（二）当前存在的问题

发展水平有待提升。与国际、国内成熟都市圈相比，宜荆荆都市圈常住人口不足"千万"，经济总量偏小，实力不强，总体上仍处于起步阶段。都市圈人力资本积聚能力偏弱，对周边区域吸引带动能力不强，又面临人口老龄化和人口外流的压力，城市综合竞争力亟待提升。发展不够仍是宜荆荆都市圈的最大短板，主导产业有同质化倾向，交通连接度、产业融合度、科技转化度、民生便利度还有较大提升空间。

基础设施存在短板。都市圈内通外联的交通优势需进一步巩固和发挥。圈内轨道交通尚未建成，道路联网成片还需进一步完善，骨干路网密度偏低，少数断头路急需打通，"通而不勤、勤而不通、品质不高、效率偏低"等问题不同程度存在，多层一体通勤有待网络成型，综合运输服务有待提档升级等。流域生态环境治理和水利基础设施建设维护任务较重。新型基础设施建设的通用性、协同度有待提升。公共服务设施布局需进一步优化，农村公共基础设施相对欠缺。在文化设施建设与文化传承上短板突出，文化设施建设不足，低碳节能建设有待加强。

生态治理难度加大。宜荆荆都市圈资源性缺水、工程性缺水、水质性缺水并存，长江水资源的调配利用还有优化空间。各地生态环境保护与修复工作的重点、节奏和力度不尽一致，协同推进长江大保护任重道远。生态红线保护和负面清单制度落实仍需进一步深化、细化。城市开发空间的划定以及项目用地、用能、用水、用岸等指标约束增强，传统工业转型升级和节能降耗任务很重，对生产生活提出更高标准。伴随着新型城镇化的加速，城乡排污、大气和噪声污染等治理难度增大。宜昌市建筑垃圾资源化利用率、城市功能区声环境质量监测点次达标率未达标，尤其是夜间声环境的情况较差；城市生活污水集中收集率、再生水利用率偏低。

（三）趋势与展望

构建文旅深度融合发展新格局。继续推进区域内资源互享、客源互送、线路互通、政策互惠、营销互推、特色互补，宜昌市文旅部门坚持"宜荆荆都市圈文旅产业发展联盟"轮值制度，加快重点文旅项目建设，深化区域旅游营销联动和游客互送合作，为宜荆荆都市圈文旅融合发展作出更多贡献。

推动产业转型升级。强化区域分工协作，支持宜昌建设具有全球影响力的精细磷化中心，荆州建设全国"碳—磷—硅—盐"化工融合发展产业基地，荆门建设国家绿色化工示范基地，恩施州建设国家页岩气产学研用高地。推动传统化工裂变升级，依托荆州金江新材料产业园等项目建设，推进江汉平原地下富钾卤水资源开发利用。支持荆门石化炼化特一体化转型，加快向新材料方向发展，推动都市圈"磷—煤—盐—硅—氟"深度耦合，推动化工产业链向新能源新材料、医药中间体等中高端领域延伸拓展，共同打造产业门类齐全、链条完整、效益突出的绿色化工产业集群。推进化工绿色低碳发展。构建绿色制造体系，建成一批绿色产品、绿色工厂、绿色供应链、绿色园区。推广宜昌磷石膏综合治理模式，加快磷石膏综合利用先进技术推广应用，共同建设磷石膏综合治理示范区。

打造特色装备制造产业集群。加快绿色智能船舶产业发展。加快引进船舶设计、电推系统等头部企业及相关配套企业，抢占新能源船舶研制制高点，共同打造结构合理、功能完善、经济循环的新能源电动船舶产业集群，为"电化长江"提供产业支撑。培育壮大化工装备产业。发挥三峡实验室在化工高效装备与智能控制领域的研发优势，构建装备制造、维保、检测服务全产业链条，将宜昌建成宜荆荆都市圈化工装备制造及维保基地。整合现有石油石化装备产业资源，以石油机械制造、石化装备制造、油田化学及智慧油服为重点，将荆州打造成为国内领先的石油石化装备制造业基地。提升大型高效LNG公路运输罐车、LNG低温液体运输车等能源运输特种车以及液化天然气专用存储和化工存储装备产业，将荆门打造成为国内领先的能源储运装备生产基地。

提高产业创新能力。支持制造业龙头企业设立工业设计中心，鼓励企业增加对工业设计研究开发的投入，培育工业设计产业集群，支持基于新技术、新工艺、新装备、新材料、新需求的设计应用研究，促进工业设计向高端综合设计服务转变。围绕精细化工、生物医药、装备制造等重点行业，大力发展医药研发、试验设计、检验检测等领域专业研发服务。推动船舶、汽车、装备制造等行业建立创新产业联盟。构建装备制造、维保、检测服务全产业链条。支持都市圈重点打造精细化工、绿色能源、水利水电工程等领域工程设计优势产业。依托都市圈内外高校和科研机构、重点实验室等优势，打造一批专业化、开放性的公共研发服务平台。鼓励产学研融合，推动产业技术研发机构面向产业集群开展共性技术研发。支持宜昌创建科技创新示范城市。

提升园区发展水平。统筹优化重点园区布局。加快推进工业园区扩容提质、做强做大，为产业集群、企业抱团发展提供高水平发展载体。加强都市圈内合规化工园区建设和认定管理。对宜都化工园和松滋临港化工园进行全盘谋划和整体规划，推动支持优质项目落地松滋·宜都协同发展先行区，打造产业合作示范区。探索园区资源共享。积极探索共建园区、飞地园区、伙伴园区等跨区域产业合作新模式。推动荆州区和沙洋县率先探索共建工业园区，实现基础设施共建共享。加快现有经济开发区、高新技术产业开发区以及各类工业园区基础设施建设，完善园区服务功能，不断提升园区承载能力。提升园区基础设施，加快交通、水电气热等数字终端系统改造。完善信息基础设施建设，建设数字化管理平台，进一步提升产业园区智慧化数字化水平。加快推进都市圈内有条件的开发区联创、联建，共同创建省级高新区，全面提升园区承载能力与综合实力，集聚产业发展新动能。

加快建设宜荆荆全国性综合交通枢纽。优化完善综合客运枢纽。推进宜昌北、兴山、当阳西、公安、石首、荆州西、荆门西、京山南、钟祥南、恩施南、利川、鹤峰等综合客运联运枢纽规划建设，加快推进三峡机场、沙市机场、恩施机场等配套客运站，三峡客运码头、三峡国际游轮中心客运码头建设，实现城际客运交通网多种方式相互衔接。建设协同联动的航空枢纽。增设至国内主要枢纽机场和重要旅游城市的空中航线，加密航班，增开国际航线。加快推进宜昌三峡机场改扩建、荆州沙市机场改扩建、恩施机场迁建工程及荆门机场前期工作，启动钟祥、京山、枝江等一批通用机场建设。完善漳河通用机场配套设施，联合湖北航空学院共同打造通用航空职业教育集中区，构建集研发制造、运营维护、教育培训、体验休闲于一体的通航产业体系，创建国家特种飞行器工程研究中心和省级通航产业创新中心。畅通综合交通网络，打造活力型交通。加快实施沿江高铁武汉经宜昌至涪陵段，沪渝高速、沪蓉高速扩容改造，加快推进武汉至松滋高速改建前期和建设，规划研究荆门至孝感高速公路。建设融合高效城际交通大网络。打造"环形+放射"状的快速城际通道，构建县域块状经济圈环线。重点推动宜都、枝江、当阳、松滋、东宝区跨区合作，当阳、沙洋漳河毗邻区，江陵、盐卡、车阳河和兴山、巴东、秭归等铁水联运区，长阳、五峰、巴东、建始等环清江绿色发展区的组团交通循环，实现组团间串联成环。加快实施宜昌至郑万高铁联络线、荆门至荆州、宜昌至荆州城际铁路，构建都市圈铁三角。

第四章　民营经济发展报告

2023年，湖北省委、省政府持续深化落实习近平总书记重要讲话精神，全面深入学习贯彻党的二十大精神，坚持"两个毫不动摇"，鼓励和支持民营经济和民营企业发展壮大，进一步激发民营经济发展活力，科学把握稳中求进、以进促稳、先立后破，持续推进政策落地生效，不断优化营商环境，全省民营经济呈现出骨干企业实力显著增强，创新能力不断提升，社会责任持续彰显的稳中有进、稳中向好态势。

2023年，全省实现生产总值55803.63亿元；2022年湖北民营经济占GDP比重54.2%，牢牢支撑湖北经济"半壁江山"，在稳增长、促发展、保就业、惠民生等方面发挥着重要作用；2023年四个季度，湖北民营经济景气指数分别为50.5%、50.7%、51%、51.3%，呈逐季上升态势，连续14个季度处于景气区间。民营企业家信心指数为58.9%，呈逐季上升态势，为2018年以来最高水平，表明民营经济处于扩张态势（见图4-1）。

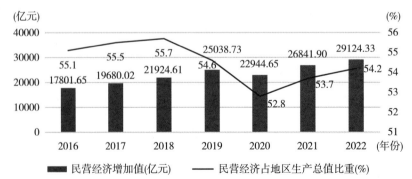

图4-1　2016—2022年湖北民营经济增加值及占地区生产总值比重变化
（数据来源：《湖北统计年鉴》）

一、2023 年湖北民营经济总体运行情况

（一）民营经济发展稳中有进，整体实力不断提升

2023 年，中共湖北省委政府持续推进促进民营经济发展工作。2023 年 4 月中旬，湖北省促进民营经济发展工作领导小组成员单位第一次会议召开。会议强调要加强与民营企业常态化沟通联络，精准把握企业所需所盼，持续优化民营经济发展环境，要坚持问题导向，做好精细化服务保障，全力破解民营企业发展面临的创新、融资、销售、回款、用工等难题，支持企业降低成本、开拓市场，依法保护民营企业产权和企业家权益，不断增强企业信心、稳定市场预期。[①]

2023 年湖北省民营经济市场主体持续蓬勃发展，民营经济活力进一步释放。截至 2023 年 12 月底，湖北全省新登记民营市场主体 160.63 万户，全省民营市场主体总数达 834.88 万户，占全部市场主体总数的 98.8%（见图 4-2）。根据 2023 年 9 月中华全国工商业联合会发布的《2023 中国民营企业 500 强调研分析报告》显示，共有 16 家湖北民营企业入围 2023 中国制造业民营企业 500 强，比上年增加 4 家。[②] 其中，卓尔控股、九州通分列第 52 位、第 57 位，营收均超 1200 亿元。

省内情况来看，2023 年 12 月颁布的湖北省民营企业百强榜单显示，湖北民营企业 100 强入围门槛为 45.5 亿元，比上年增长 16.4%。榜单前三名为卓尔控股、九州通医药集团和恒信汽车集团。2023 年湖北民企百强榜以企业

---

① 王耀辉：《当前湖北民营经济发展的成效、挑战与对策》，《党政干部论坛》2023 年第 7 期。

② 傅春荣：《2023 中国民营企业 500 强调研分析报告》，《中华工商时报》2023 年 9 月 13 日第 1 版。

2022 年营收为标准，百强企业营收总额 1.73 万亿元。稻花香集团以 605.21 亿元营收总额位居 2023 湖北民营企业制造业 100 强榜单榜首，该榜单第二名、第三名分别是闻泰科技股份有限公司和摩托罗拉（武汉）移动技术通信有限公司。① 2023 年全省民营企业百强税后净利润为 541.5 亿元（见图 4-3）。

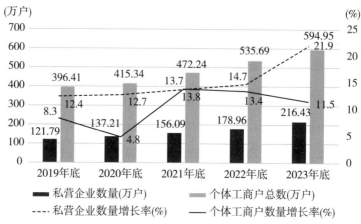

图 4-2　2019—2023 年湖北私营企业及个体工商户数量变化趋势

（数据来源：《湖北统计月报》）

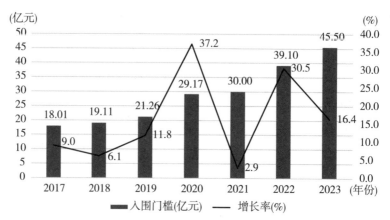

图 4-3　2017—2023 年湖北民营经济企业百强入围门槛变化趋势

① 庞正：《去年民营经济民营经济景气指数逐季上升》，《楚天都市报》2024 年 1 月 30 日第 8 版。

(二)民营企业成为拉动全省外贸增长的中坚力量

2023 年，湖北进出口总值 6449.7 亿元，同比增长 5.8%，创历史新高。其中，出口 4333.3 亿元，增长 4.7%；进口 2116.4 亿元，增长 7.9%。从整体规模来看，2023 年湖北进出口总值在全国省区市中排名第 15 位，比上年提升 2 位。进出口总体增速、出口增速、进口增速均高于全国平均水平。

民营企业活力充分激发，进出口总值占比近 7 成。2023 年年度民营企业进出口额 4428.7 亿元，增长 15.3%，占全省进出口总额的 68.7%，比上年同期提升 5.3 个百分点(见图 4-4)。民营经济对全省进出口整体增长贡献率达 293.3%。① 湖北民营企业外贸发展持续向好，已成为全省外贸发展的中坚力量。

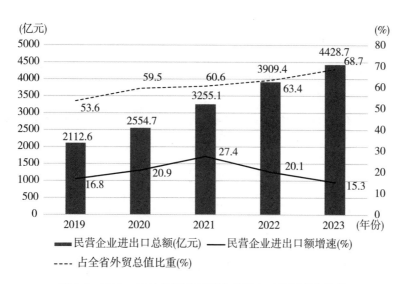

图 4-4　2019—2023 年湖北民营企业进出口总额变化趋势

(数据来源：武汉海关)

---

①　张爱虎：《2023 年湖北进出口值近 6500 亿元》，《湖北日报》2024 年 1 月 24 日第 4 版。

（三）民间投资持续稳定增长、投资信心明显增强

2023 年湖北省地区生产总值 55803.63 亿元，按不变价格计算，比上年增长 6.0%。其中，民间投资发挥着不可替代的作用。2023 年度全省固定资产投资（不含农户）比上年增长 5.0%，民间投资增长 3%，占全部投资比重的 56.3%。第四季度，民间投资持续发力，民营企业家信心指数为 58.9%，呈逐季上升态势，表明民营经济处于扩张态势，投资信心显著提振。2023 年度，湖北民营经济景气指数分别为 50.5%、50.7%、51%、51.3%，呈逐季上升态势，连续 14 个季度处于景气区间。2023 年度，制造业民间投资增长 9.6%，高于全省投资 4.6 个百分点。湖北民营经济整体呈现出稳中有进、稳中向好的态势。

2023 年湖北全省民营经济持续健康发展，民间投资稳步提升，投资信心显著增强。

（四）民营企业创新能力不断增强，创新投入强度逐步提升

工信部发布的 2023 年第五批国家级专精特新"小巨人"名单显示，湖北共 217 家企业入围此次评选，占全国总数的 5.92%，排名全国第六位，中部第一位，专精特新"小巨人"企业总数达到 680 家，两年时间实现由中部第四到中部第一，在全国排名从每十三位上升到第七位。全省累计认定五批省级专精特新"小巨人"企业，共 4157 家企业入围。

湖北民营企业持续聚焦关键核心技术攻关和创新能力的提升。2023 年，全省新认定省级以上企业技术中心 87 个，国家级企业技术中心 7 个，截至目前，湖北省共有 719 家湖北省企业技术中心，75 家国家企业技术中心，绝大部分在民营企业。

湖北民营企业深入推进创新驱动发展战略，数字化转型初见成效。从技

术创新情况看，2023 年湖北民营企业百强的企业本体及其下属公司中，共有 159 个高新技术企业、70 个科技型中小企业、22 个国家专精特新"小巨人"企业以及 55 个省级专精特新企业，研发总费用为 195.6 亿元，比去年增加了 33.6 亿元。38 家企业的研发人员占比比上年增加。研发人员占员工总数超过 10% 的企业有 33 家。研发经费投入强度超过 3% 的企业有 22 家。闻泰科技股份有限公司以 33.9 亿元的研发投入位居首位。九成以上的 100 强企业从不同层面实施或计划实施数字化转型，近九成的企业采取多种措施实施绿色低碳发展。民营企业 100 强共申请国内专利 5936 件，其中发明专利 1937 件；国内专利授权量 5273 件，发明专利授权量 1153 件。[①] 湖北 15 家企业上榜 2023 民营企业研发投入 500 家榜单，19 家企业上榜民营企业发明专利 500 家榜单，1 家企业上榜科技创新民营企业名单，1 家产业园区上榜民营企业科技创新园区名单，5 家企业上榜民营企业标准"领跑者"名单。

湖北民营企业的创新能力不断迈上新台阶，有力支撑湖北数字经济强省建设。

（五）民营企业仍是稳定就业的主渠道

随着湖北经济状况不断优化，民营经济持续向好，全省的就业格局也逐渐发生变化，民营企业已成为稳就业的重要载体。在一系列促进民营企业降本减负、纾难解困的政策措施刺激下，湖北省全省民营经济社会贡献日益彰显，对全省经济增长的贡献率不断提高（见图 4-5）。2023 年全省城镇新增就业 92.88 万人，同比增长 1.34%，完成目标任务的 132.69%，完成率居全国前列，其中 90% 以上就业人员在民营企业。2023 年湖北百强民企为 56.1 万人提供就业岗位。其中，20 家民企为超过数万人提供就业机会。

---

① 王成龙：《2023 湖北民营企业 100 强榜单发布》，《湖北日报》2023 年 12 月 6 日第 1 版。

人力资源服务业是实施就业优先战略和人才强国战略的重要抓手，对促进市场化社会化就业、助力构建现代化产业体系具有重要意义。截至2023年年底，湖北省拥有人力资源服务机构超过5000家，其中大部分是民营企业；2023年，行业营收近1200亿元，服务用人单位59万家次，帮助1547万人次实现就业和流动。

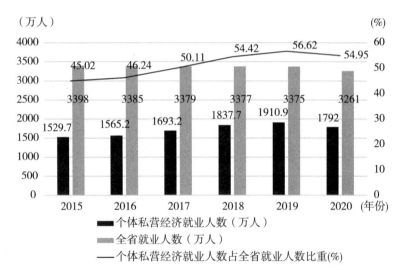

图4-5 2015—2020年湖北省个体私营经济从业人数变化趋势

（数据来源：《中国统计年鉴》国家统计局

《湖北统计年鉴》湖北省统计局）

（六）民营企业积极履行社会责任

2023年湖北民营企业积极履行社会责任，在助力乡村振兴、践行低碳环保等方面作出了突出贡献。

广大民营企业积极参与"万企兴万村"行动，通过就业帮扶、产业帮扶、消费帮扶、直接参与乡村建设等方式，助力乡村振兴。截至2023年11月底，在湖北"万企兴万村"行动中，全省 3964 家民营企业对口帮扶 3980 个行政村，投资项目 4791 个，投资金额 716.3 亿元，捐款捐物近 77 亿元。2023 湖北民企 100 强中，促进产业兴旺带动农民增收、巩固脱贫成果改善民生保障的企业占 100 强比例分别为 43.6%、37.2%。57 家企业参与"万企兴万村"行动，93 家企业参与污染防治攻坚战，50 家企业参与"两新一重"建设。作为农业产业化国家重点龙头企业，稻花香集团通过农产品精深加工带动区域农业产业化发展，吸纳周边地区农民家门口就业，并通过实施订单农业，辐射、带动 7300 余农户受益。泰康集团投资 10 亿元打造泰康京山农场，带动双墩村年增收 50 多万元。国宝桥米采取"企业+合作社+农户+基地"的模式，建立订单基地 25 万亩，引导 10 万农户种植优质稻，收购价高于普通稻 50%。

湖北民营企业主动履行环保责任，通过提高原材料综合利用率、采取绿色办公节能、对废旧产品进行综合再利用等措施和手段实现资源节约利用。湖北黄石首笔民营企业节能减排可持续发展挂钩贷款落地，利用绿色金融产品支持民营企业发展新的突破，为金融支持民营企业绿色发展做出了新的示范。黄石市可持续发展挂钩贷款、排污权抵押贷款、矿山复绿贷款等绿色金融产品创新不断实现突破。截至 7 月末，黄石市绿色贷款余额 365 亿元，较去年同期增加 56.8%。

二、当前湖北民营经济运行环境分析

营商环境优化是民营经济发展重要的"助推器"。2023 年，湖北全省各地各部门深入学习习近平总书记关于优化营商环境的重要论述和重要指示精神，认真贯彻落实省委、省政府关于优化营商环境的决策部署，以控制成本为核心持续优化营商环境，加快建设综合成本"洼地"和营商环境"高地"，着力打造市场化、法治化、国际化一流营商环境，取得明显成效。截至 12 月 28 日，全省新增市场主体 160.09 万户，其中新增企业 53.5 万户，分别增长 12.2%、49.6%。在全国工商联组织开展的 2023 年度"万家民企评营商环境"中，我省首次进入全国前 10，跨入第一方阵。武汉位列省会及副省级城市前 10 和最佳口碑省会及副省级城市前 10。宜昌位列全国营商环境地级市前 10。黄石、荆州位列全国营商环境进步最明显的地级市前 5。

（一）建机制、降成本、促改革，全面优化营商环境

一是高位统筹建机制，多方联动聚合力。始终聚焦市场主体需求和人民群众关切，系统推进、协同发力。强化组织领导。省、市、县三级成立由党委或政府主要负责同志挂帅的优化营商环境领导小组，构建起党委领导、政府主导、多方参与、横向全覆盖、纵向全链接、全省一盘棋的工作推进体系。强化法治保障。颁布实施《湖北省优化营商环境条例》，制定《湖北省涉企行政执法案件经济影响评估办法》，把对企业的平等保护贯彻到立法、执法、司法、守法等各个环节，用法治力量提供全面保障。强化制度帮扶。建立落实"四大家"领导联系重点民企、外省湖北商会机制，主动对接企业现实需求，构建亲清统一的政商关系。

二是全力以赴降成本，助企纾困添动力。在全国首创以控制成本为核心优化营商环境的操作流程图，围绕经营主体全生命周期，系统梳理准入、中介、要素、物流等成本事项，实现"政策一图清"，累计降成本 1300 亿元以上。着力降低制度性交易成本。涉企保证金项目由 23 项压减至 12 项，成为全国最少省份之一；1—11 月，全省新增减税降费及退税缓费 731.78 亿元，免收政府采购投标保证金和履约保证金 513 亿元。着力降低要素成本。推行 160 千瓦以下小微企业用电报装"零费用"，节省办电成本 41.54 亿元；为 4.9 万户个体工商户免收贷款担保费 80.69 亿元，创历史新高。着力降低物流成本。实行高速公路差异化收费政策，累计减免通行费 29.54 亿元。

三是坚定不移促改革，创新引领激活力。始终坚持向最高标准看齐，聚焦"高效办成一件事"，不断探索首创性、差异化改革。"一事联办"全国领先。主题事项省级定标达52项，居全国第二，办件量超310万件，平均减办理时间81%、减环节75%、减材料42%、减跑动83%。先行试点引领示范。54大类122项改革在全省试点先行，个体工商户"分型分类"培育、税收大数据助企"补链强链"等10项改革被纳入国家试点。典型经验全国推介。助企惠企政策"免申即享"、夜间施工"智能审批+智能监管"等4项经验被国务院办公厅在全国推广，以创新引领"小切口"改革的做法先后在全国优化营商环境现场会、全国转变政府职能优化营商环境培训班上作典型交流。

四是刀刃向内抓整改，以评促改提效力。充分发挥营商环境评价"指挥棒"作用，切实加强评价结果运用。强化督办整改。聚焦全省营商环境评价和全国万家民企评营商环境分析报告，直面问题差距，压实整改责任，实行定期调度、销号管理。深化专项整治。深入开展优化营商环境和不担当不作为专项整治，实施加强诚信政府建设专项行动，排查问题线索1288件，完成整改1215件。狠抓反面典型。对个别地方政府不守信践诺、金融机构向经营主体转嫁评估费等16起典型案例在全省通报，让日常监督"长牙带电"，形成强大震慑。

（二）推动打造一流法治化营商环境

一是锚定目标，绘制谋篇布局"四张清单"。构建"任务清单"，在全省法院开展"法治化营商环境建设降本增效突破年"专项活动，部署积极参与共同缔造、有效压缩案件办理时长、努力提升实际执行到位率、依法监督政府守约践诺等7项重点工作任务。压实"责任清单"，细化24条具体举措，明确责任部门和完成时限，着力降低矛盾纠纷化解的社会治理成本，诉讼程序内部流转的时间成本，胜诉权益及时兑现的经济成本和行政主体违约失信的外部成本。明确"督导清单"，分四大片区对立案诉服、审判管理、保全执行、破产重整等重点工作进行系统布局和督导推进；在全省法院开展营商环境专项督查，持续纠治法治化营商环境建设中存在的不担当不作为问题。优化"考核清单"，修订营商环境考核办法和评分细则，对排名靠后的 3 个中级人民法院、10 个基层法院院长公开约谈，持续传递优化法治化营商环境的强烈信号。

二是强基提能，打通降本增效"四大节点"。打造立案诉服"桥头堡"，坚持抓前端、治未病，鼓励人民法院诉讼服务中心、人民法庭前移关口，参与矛盾纠纷的源头预防和前端化解，引导市场主体选择成本更低、效率更高的方式和渠道解决各类纠纷。积极融入党委领导下的社会治理体系和溯源治理大格局，发出司法建议 412 份，切实推动相关部门单位和行业领域提升风险化解能力和管理决策水平。开辟诉讼程序"快车道"，建立简案快办机制，压缩司法委托鉴定评估时限，推动诉讼全流程提速，全省法院涉企案件平均审理时长同比下降 6.97 天，一年以上涉企未结案件同比下降 80.75%。绘制专项执行"作战图"，开展"荆楚雷霆 2023"专项行动，及时兑现企业胜诉权益，首次执行案件执行到位金额 769.60 亿元；同时坚持贯彻善意文明执行理念，采取"放水养鱼""活封活扣"等执行方式，助力被执行人盘活资产，依法依规为 11563 家市场主体解除失信"紧箍咒"，及时恢复企业市场信誉。念好审判管理"紧箍咒"，加强审判权运行制约监督，发布红黑榜案例 32 件，以刚性落实涉企案件经济影响评估制度为抓手，将司法活动对企业生产经营可能造成的负面影响降至最低，全省法院涉企案件在线评估率达 99.72%。

三是府院联动，疏解安商护商"制度梗阻"。深化破产府院联动机制，构建协调解决破产财产接管、异地查封、资产处置等问题、协同落实管理人分级管理和管理人异地执业等制度的破产协作体系。发布破产审判白皮书，出台预重整工作指引，引导政府和法院合理运用预重整、重整等司法程序，共同帮助有重整价值的危困企业"涅槃新生"，依法审结破产案件 278 件，通过司法重整盘活资产 683.59 亿元，妥善化解债务 925.37 亿元，安置分流职工 8192 名，50 家企业从"山穷水尽"走向"柳暗花明"。

四是改革创新，打造法治服务"湖北品牌"。在全国率先推进审判阶段涉案企业合规改革，促进企业合规守法经营，经验做法被最高人民法院肯定推广。开展"缓解中小微企业融资难融资贵"专题调研，发布调研报告及十大案例，引导企业积极运用司法手段维护合法融资权益，获省政协和市场主体充分肯定。出台"降低市场主体制度性交易成本十条举措"，开展商事纠纷"共享法庭"、诉讼一码通、执行和解机制前置、信用修复激励机制等营商环境先行改革试点，积累了一批可复制可推广的优秀经验。

（三）打造一流市场化营商环境

一是着力强化公平竞争审查制度落细落实。进一步加强智慧监管创新。在全国率先研发上线公平竞争审查监督系统，对全省各级政策措施制定机关落实公平竞争审查制度情况进行全流程智能监督。已实现对全省 849 个政策措施制定机关全天候实时监测，共采集政策数据 30 余万份，归集涉及经营主体经济活动的政策措施近 2 万份。为审查制度落实提供数字技术保障。进一步加强审查机制改革。在孝感、天门等 9 个市县区开展优化公平竞争审查机制先行先试，压实政策措施制定机关审查主体责任，为审查制度落实打好基础。进一步清理存量政策措施。我省 2020 年、2021 年、2022 年连续三年组织开展妨碍统一市场和公平竞争政策措施清理工作。2023 年 6 月以来，按照市场监管总局统一部署，再次组织对存量政策措施集中清理，有力防止排除、限制竞争政策措施实施。2023 年全省共清理存量政策措施 9980 件，修改和废止政策措施 1289 件。

二是着力强化竞争执法。组织开展民生领域反垄断执法专项行动，聚焦重点行业、重点领域，采取集体座谈、实地考察、个别走访等形式，了解企业在营商环境方面的痛点、难点、堵点，收集查找涉嫌违法线索，强化制止滥用行政权力排除、限制竞争行为执法，加大垄断协议、滥用市场支配地位查处力度。以查处互联网不正当竞争行为、规范民生领域营销行为和保护企业品牌、信誉为重点，依法严厉查处各类不正当竞争行为。2023年以来，查处垄断和不正当竞争案件256件。

三是着力强化竞争合规预防规范机制建设。制定《湖北省平台经济领域经营者反垄断合规指引》和《湖北省预防滥用行政权力排除、限制竞争行为工作指引》，出台《经营者竞争合规自我审查指南》（地方标准），指导政策措施制定机关、经营主体规范行为。

四是着力增强全社会公平竞争理念。开展公平竞争政策"进机关、进党校、进企业"活动，有针对性地提高各级政策措施制定机关、市场经营主体公平竞争能力；以"统一大市场　公平竞未来"为主题，举办"公平竞争宣传周"，提升全社会公平竞争意识。举办"企业商业秘密保护能力提升服务月"活动，开展商业秘密保护公益巡讲。加强案件信息公开，强化监管执法效果。

（四）推动税费优惠政策落实落细

一是精心组织，抓好统筹落实。建立省、市、县税务局上下联动、"一竿子到底"的政策落实工作机制，实现快速反应、按日调度、按周统筹、按月销号的闭环管理。与此相配套，省税务局接续推出"进一步优化税收营商环境若干措施"30条、"更好助力民营经济发展若干措施"14条等系列举措，确保纳税人缴费人充分享受税费红利。

二是精准推送，实现"政策找人"。为扩大税费优惠政策知晓率，我们运用税收大数据和信息技术，采取"事前、事中、事后"分时提醒的方式，开展全流程、递进式精准推送，推进政策宣传辅导"未问先送"。在企业纳税申报前，通过大数据筛选，向符合优惠政策资格条件的纳税人缴费人推送政策解读、办理渠道、操作指南等；在纳税申报期间，针对企业申报进度，跟进推送提示提醒；在纳税申报结束后，对仍未申报享受的纳税人缴费人，再次推送提示提醒。同时，在省政务办的指导协调下，与商务、人行等部门协作开展惠企政策推送，丰富推送内容，细化政策标签，更好地实现政策直达企业。2023 年以来累计推送惠企税费优惠政策、服务提醒等各类信息共计 4109 条，惠及纳税人缴费人 4044.9 万户次，有力推动"人找政策"向"政策找人"转变，从"海量搜索"向"一键获取"转变。

三是精细服务，增强办税便利。我们连续第十年开展"便民办税春风行动"，推出 109 条惠企利民措施，大力提升办税缴费便利化水平。不断优化升级电子税务局功能，实现 233 项"非接触式"办税缴费事项网上通办，税费在线申报比例达到 98% 以上。上线运行移动办税缴费平台"楚税通"，131 项常见税费业务实现掌上办理。同时，我们创新推出征纳互动服务新模式，纳税人缴费人登录数字账户后，即可以发起人工、智能等远程互动，足不出户即可享受线上实时专属服务。该服务自 2023 年 5 月份上线以来，全省税企互动总量已突破 2817 万次。

通过以上举措，湖北省持续加大对高质量发展的税收支持力度，确保各项税费优惠政策直达快享。2023 年 1—11 月，全省新增减税降费及退税缓费 731.78 亿元，有力地减轻了经营主体成本负担。全省 153 户金融机构享受金融机构小微企业贷款利息免征增值税政策，从供给端减轻小微企业贷款压力。深化银税互动，帮助企业将"纳税信用"转化为"融资信用"，全省 10.55 万户中小微企业获得纳税信用贷款 1223 亿元，有效纾解企业融资难题。1—11 月，全省民营经济新增减税降费及退税缓费 619.3 亿元，金额占比达 84.6%，制造业新增减税降费及退税缓费 177.86 亿元，占比 24.3%，共 14240 户企业提前享受研发费用加计扣除政策，有效提振企业加大研发投入的信心和底气，新办税务登记纳税人增加就业 78.14 万人。

三、2024 年湖北民营经济发展展望

（一）2024 年湖北民营经济继续保持稳中向好

2023 年，湖北民营经济运行总体平稳，骨干民企实力显著增强，创新能力不断提升，社会责任持续彰显，整体呈现出稳中有进。我们预测，2024 年末，民营经济增加值占 GDP 比重将达 55% 以上，牢牢支撑湖北经济"半壁江山"，在稳增长、促发展、保就业、惠民生等方面继续发挥重要作用。全省民营市场主体总数在全部市场主体总数中的占比将达 99% 以上；民间投资增长预计将维持在 13% 左右，投资信心将明显增强。2024 年，我省民营经济整体经济结构将继续调整优化，三次产业增加值服务业占比预计将超过 50%，整体竞争力逐步增强。在持续推动民营经济健康快速发展的同时，我省需将重点集中在促进制造业转型升级，鼓励和支持民营企业加大研发投入，掌握核心技术，加快新旧动能转换，为高质量发展注入动力和活力。

（二）民营企业实力进一步增强

2023 年，湖北民营经济总量在提升，质量也在优化。2023 湖北民营企业 100 强入围门槛达 45.5 亿元，比上年增加 6.4 亿元。未来，我省民营经济将继续加快产业转型升级，民营企业将更多更加深入地参与新材料、生物医药、高端设备和新能源等方面关键核心技术的攻关。民营企业的研发投入力度将不断加大，民企自主创新能力持续提升。战略性新兴产业民企数量持续增加，国家级与省级专精特新"小巨人"也将不断增多，在数字经济、智能制造等领域发挥重要引领作用，湖北民营经济整体实力将进一步增强，发展质量显著提升。在持续推动民营经济健康快速发展的同时，我省将重点继续集中在促

进制造业转型升级，鼓励和支持民营企业加大研发投入，掌握核心技术，加快新旧动能转换，为高质量发展注入动力和活力。

(三)民营经济营商环境持续向好

2023 年，省政府出台《进一步改善全省民营企业金融服务的十条措施》等一系列政策措施，加大对民营企业的金融支持力度，促进民营经济发展壮大，继续努力构建中小企业"321"工作体系，培育"专精特新"中小企业，鼓励、支持、引导民营经济和中小企业高质量发展，为湖北加快建设全国构建新发展格局先行区作出更大贡献。湖北整体民营经济营商环境持续向好。未来，湖北各地各部门将继续深入学习贯彻党的二十大精神和中央经济工作会议内容，以习近平总书记在民营企业座谈会上的重要讲话精神为根本遵循，始终坚持"两个毫不动摇"，以一以贯之的坚定态度，帮助民营企业纾困解难，打造公平竞争环境，推动民营企业增总量、扩规模、提质效。

(四)民营经济外向度继续提升

面对全球化大趋势，中国将坚定不移地实行对外开放政策，这是我国追随世界经济发展趋势的客观选择。近年来，湖北顺势而为，深入研究国家密集推出的扩大对外开放新政，结合湖北省情，全力打造升级版的湖北对外开放新格局。我省许多民营企业与国家发展战略对接的经营理念已逐渐形成。我省抓住 2023 年是"一带一路"倡议提出 10 周年的契机，对共建"一带一路"国家进出口 3090.2 亿元，增长 12.3%，占 2023 年湖北进出口总额的 47.9%。湖北民营企业进出口 4428.7 亿元，增长 15.3%，占全省进出口总值的 68.7%，比重较 2022 年提升了 5.7 个百分点，拉动湖北进出口总体增长 9.6%。未来一年，我省更多民企会抢抓"一带一路"发展机遇，并主动与长江经济带、长江中游城市群、中国(湖北)自由贸易试验区、国家中心城市等发展战略对接，在新时期、新阶段，民企外经贸业务将得到进一步发展，民营经济的对外开放水平将不断提升。民营企业在注重提高企业的创新能力、争相"走出去"的同时，政府相关部门应注意加快完善"走出去"的配套服务制度，加强对企业融资支持，帮助企业强化国际化经营管理人才引进和培育，帮助企业在国际市场上站稳脚跟，取得竞争优势。

第三编

改革开放

第五章　全面深化改革报告

2023 年是全面贯彻党的二十大精神的开局之年，也是三年新冠疫情防控转段后加快恢复发展的重要一年。一年来，面对复杂多变的外部环境，面对交织叠加的风险挑战，全省上下坚持以习近平新时代中国特色社会主义思想为指导，深入学习贯彻习近平总书记关于全面深化改革的重要论述，以及关于湖北工作的重要讲话和批示精神，锚定建设全国构建新发展格局先行区的目标定位，深化改革，开拓创新。在省委坚强领导下，湖北省各级政府及广大干部群众栉风沐雨、砥砺奋进，围绕全面深化改革，不断完善体制机制，加快转变经济发展方式，推动高质量发展取得新进展，重点领域和关键环节改革走深走实，交出了难中求成、竞进有为的高质量发展新答卷。

一、全面深化改革总体部署

2023 年是全面贯彻落实党的二十大精神的开局之年，是推进先行区建设成势见效的关键之年。湖北全省从战略全局出发，抓关键环节，扎实做好2023 年改革工作：切实把思想和行动统一到习近平总书记重要讲话精神上来，建设更高水平开放型经济新体制推动能耗双控逐步转向碳排放双控。着力深化制度型开放、打造内陆开放"新沿海"，落实深化农村改革部署要求、加快推进农业农村现代化，把握能耗双控逐步转向碳排放双控机遇、推进经济社会发展全面绿色转型，深化高等学校和科研院所薪酬制度改革、充分激发创新创造活力，积极稳妥推进油气市场体系改革、持续提升能源安全保障能力，更好发挥我省清洁能源资源优势、加快构建与经济社会发展相适应的新型电力系统；全面推进美丽中国建设、健全自然垄断环节监管体制机制，认真贯彻党中央关于全面推进美丽中国建设、进一步完善国有资本经营预算制度、健全自然垄断环节监管体制机制、加强专家参与公共决策行为监督管理、加强生态环境分区管控等决策部署，抓好相关改革文件贯彻执行，研究制订我省具体实施方案，确保各项改革部署落实落地。

在具体推进过程中，做到以流域综合治理和统筹发展规划纲要为引领，加快三大都市圈提能升级，深入实施强县工程，加快建设全国构建新发展格局先行区；以供应链物流体系建设为突破口，推动铁水公空硬联通、商物资信软联通、国内国际双联通，塑造国内国际双循环新优势；以供需两端协同发力为抓手，发挥投资稳增长的关键作用和消费的基础作用，推动经济运行整体好转；以科技自立自强为支撑，加快战略性新兴产业"迭代出新"、传统优势产业"转型焕新"、未来产业"引领创新"，着力构建现代产业体系；以全面深化改革为动力，持续扩准入、优环境、强纾困，大力提振市场主体信心；以安全发展为底线，扎实做好粮食安全、能源安全、生态安全、民生保供工作，实现高水平安全与高质量发展良性互动。

二、湖北省全面深化改革的举措及成效

2023 年，湖北全省坚持以习近平新时代中国特色社会主义思想为指导，不折不扣贯彻落实党中央决策部署和省委、省政府工作安排，牢牢把握高质量发展这个首要任务，全力以赴拼经济，以自身发展的确定性对冲外部环境的不确定性；牢牢把握科技自立自强这个硬核支撑，以科技创新引领产业创

新，以新质生产力的成长性对冲产业变革的不确定性；牢牢把握经济循环畅通这个关键环节，加快现代供应链体系建设，以供应链产业链的韧性对冲全球产业布局的不确定性；牢牢把握全面深化改革这个根本动力，以控制成本为核心优化营商环境，以制度供给的精准性对冲市场预期的不确定性，推动全省经济回升向好、进中提质，交出了卓有成效的奋斗答卷。

（一）以全局观念确立改革发展奋斗目标

立足全国大局，为全局计、为长远谋，自觉把湖北工作放到党和国家事业发展全局中谋划推动，在服务和融入全国构建新发展格局的大局中找准湖北目标定位，将"国家所需、湖北所能、群众所盼、未来所向"有机结合起来，确立了"建设全国构建新发展格局先行区"的奋斗目标，明确建设"三高地两基地"、打造国内大循环的重要节点和国内国际双循环的重要枢纽等各领域改革发展目标，充分"用好改革开放关键一招"，着力提高改革的战略性、前瞻性和针对性。加快建设全国科技创新高地和重要人才中心，以湖北所能服务国家所需。进一步明确产业发展的主攻方向，加快形成若干个具有全国辐射力和国际竞争力的骨干产业和世界级产业集群。加快推进交通基础设施互联互通，构建"人物资信"四流融合、"铁水公空"四网互联的现代综合交通体系。

（二）以底线思维维筑安全防线

坚持底线思维，增强风险意识，提出"统筹抓好发展和安全两件大事，坚决守住构建新发展格局的安全底线"的要求，明确了坚决守住流域安全底线、生态和粮食安全底线、经济安全底线、社会稳定底线和坚决捍卫政治安全的目标任务，出台了我省贯彻落实党领导国家安全工作条例实施办法，完善国家安全风险监测预警体系，健全政治安全工作体制机制，修订关于坚决维护以习近平同志为核心的党中央权威和集中统一领导的具体规定，完善贯彻落实习近平总书记重要指示批示精神和党中央决策部署督查问责机制，确定了流域安全管控负面清单和四化同步发展正面清单。

坚决守住水安全底线。有序推进"61835"重大水利工程建设，加强江河湖库堤防建设，确保江河安澜、社会安宁、人民安康。坚决守住粮食安全底线。划定并严守6925万亩耕地保护红线，确保粮食产量稳定在500亿斤以上，既守好"荆楚粮仓"，又为端牢"中国饭碗"作出湖北贡献。坚决守住能源安全底线。加快新型能源体系建设，大规模开展新能源百万千瓦基地建设，10个项目一期400万千瓦全部开工。坚决守住生态安全底线。实施长江高水平保护十大攻坚提升行动、长江经济带降碳减污扩绿增长十大行动，争创三峡地区绿色低碳发展示范区，长江干流湖北段水质保持在Ⅱ类，丹江口水库水质保持在Ⅱ类以上，全省国考断面水质优良比例94.2%。

（三）以系统观念统筹城乡区域协调发展

以系统的观念和统筹的办法谋划推进改革工作，切实增强改革的系统性、整体性和协同性，特别是系统谋划、统筹推进区域协调发展和城乡融合发展，下好全省发展一盘棋。坚持优势互补、协同融通，促进城乡深度融合、区域协调发展。三大都市圈建设全面提速。坚持规划同编、交通同网、科技同兴、产业同链、民生同保，扎实推进都市圈561项年度重点任务，武汉新城、襄阳东津新城、宜昌东部产业新区等标志性牵引性工程加快建设，双柳长江大桥、燕矶长江大桥等17个互联互通重大项目加速推进，武汉至阳新、襄阳绕城等7条高速公路建成通车，34条瓶颈路打通，武鄂黄黄城际铁路实现公交化运营，汉孝随襄十汽车产业走廊、宜荆荆绿色化工产业集群加速迈向万亿级。强县工程深入实施。着力推动县域经济特色发展，实行"赛马制""五色图"综合评价，促进县域工业挖潜，GDP过500亿元的县市区增至37个，规模过百亿元的县域产业集群增至40个，31个重点县工业产值占全省比重达到 33%。

乡村振兴扎实推进。新建高标准农田 350 万亩，总面积达到 4612 万亩，占耕地比重提高到 64.8%。十大重点农业产业链加快发展，产值突破 7000 亿元，新增国家级农业龙头企业 16 家，仙桃等 3 个县市区入选国家农业现代化示范区，宜都、大冶等 5 个县市区获评国家乡村振兴示范县。有序推进乡村建设和治理，创建国家级美丽宜居村庄 13 个，新建和美乡村 200 个，新改建农村公路 1 万公里、农村户厕 18.1 万户，农村面貌发生明显变化。脱贫攻坚成果持续巩固拓展，19.6 万人消除返贫致贫风险。

（四）以改革为动力打造内陆开放新高地

改革是推进中国式现代化的根本动力。我省通过改革降低经济运行成本，"一网通办""一事联办""一站式服务"等举措全面推进；以改革增进民生福祉，武汉市武昌区入选全国义务教育教学改革实验区；借改革破除发展瓶颈，持续深化国企改革，进一步释放国有企业活力。

开放是高质量发展的重要引擎，湖北坚持以高水平开放促进经济高质量发展。开放通道日益多元，花湖机场国际货运航线不断增加，中欧班列越开越密，多式联运线路稳步拓展；开放平台动能澎湃，湖北国际贸易"单一窗口"上线地方特色应用 55 个，数量居中部第一；内外贸一体化发展持续推进，五大重点产业供应链平台助力疏通经济循环堵点，供应链物流"四网"融合构建内外贸一体化的市场拓展体系。

湖北在全国首创以控制成本为核心优化营商环境操作流程图，围绕经营主体全生命周期，系统梳理准入、中介、要素、物流等成本事项，让经营主体"政策一图清"。出台以控制成本为核心优化营商环境的若干措施"47 条"，提出通过更大力度降低制度性交易成本、物流成本、税费成本、融资成本、用能成本、用工成本，更大力度优化法治环境，更大力度改进作风强化服务保障等八个方面。围绕"控制成本"这个核心抓手，从降低中介成本、用能成本、融资成本、用地成本、物流成本、税费成本等方面，推出了 29 条"硬招"，形成了以控制成本为核心优化营商环境操作流程图，打造"一图统领"，让经营主体"政策一图清"。湖北省发改委协调财政、税务、市场监管等部门按照责任分工制定流程分图，经信、人行、商务等单位相继出台降成本"33条"、融资"10条"、进出口降成本"17条"等措施，帮助经营主体轻装上阵推动协同发力。武汉市汉阳区发改局联合全区 14 个部门，为区内 490 余家企业"专属定制"《惠企政策一本清》。湖北省营商办推动各项惠企政策落地落实，累计为各类经营主体降低成本 956.5 亿元。其中，降低中介成本 3 亿元、融资成本 26.8 亿元、办电成本 32.5 亿元、进出口成本 2.3 亿元，免收保证金251.7 亿元，减税降费及退税缓费 612 亿元，减免通行费 26.2 亿元、租金 2亿元。武汉经开区营商环境持续改善，当地全面推行涉企业政策集成服务和精准直达，上线惠企政策兑现综合服务平台，已真正实现了政府采购全生命周期网上办理，有效提升了政府服务效能。依托全国工商联民营企业调查系统展开的专项问卷调查结果显示，湖北营商环境综合评价持续提升，要素环境、政务环境、市场环境、法治环境、创新环境等多个指标有较大提升，武汉、宜昌、襄阳、荆州、黄石等进入全国营商环境调查评价前 100 城市。

纵深发力融入国内国际双循环，提升经济活跃度开放度。积极融入全国统一大市场，着力打通制约经济循环的关键环节，更好利用国内国际两个市场两种资源。要素市场化配置更加优化。加快推进投资项目绩效综合评价、大财政建设等改革，设立首期 200 亿元的省政府投资引导基金，撬动社会资本形成 4000 亿元规模的投资基金群；推广"301"线上快贷模式，面向小微企业的普惠贷款增长 21.7%，总量达到 1.76 万亿元，创历史新高；制造业中长期贷款余额超过 5000 亿元，5 年增长 6 倍，金融"活水"更好润泽实体经济。积极协调争取项目用地指标，批准建设用地 68.5 万亩，67 个项目纳入国家用地单列，均为历年最多。现代供应链体系加快构建。坚持以搭建供应链重塑产业链、提升价值链，组建华纺链、长江汽车等 7 大省级供应链平台，服务链上企业 1.2 万家。建成供应链物流公共信息平台，在全国率先实现"铁水公空仓"五网数据融合。武汉、襄阳、宜昌、黄冈、鄂州、黄石 6 市获批建设国家现代流通战略支点城市。内外贸一体化加速推进。大力实施外贸稳主体拓增量行动，外贸实绩企业达到 8800 家，增长 11.3%，与东盟、俄罗斯等"一带一路"沿线国家贸易保持高速增长，全省进出口增长 5.8%，高出全国 5.6 个百分点。着力提升国际贸易便利化水平，国际贸易数字化平台实现外贸企业全覆盖，出口通关时间压缩 39%。推动天河机场、花湖机场客货运"双枢纽"联动发展，加快建设长江中游航运中心，争创中欧班列中部集结中心。进出口增长 8% 以上，引进外资企业 500 家以上。推动 7 大省级供应链平台高效运行。鄂州、黄石、黄冈临空经济区签约亿元以上项目 133 个，总投资额 978 亿，分别比去年同期增长 2.9 倍、3.9 倍；日邮、嘉里等 33 家货代企业已经开展外贸业务，新科宇航、英佛曼纳米科技产业园等 24 个临空制造业项目加快建设，国药集团药品供应中心等 10 个现代物流项目抓紧推进，"货运机场+临空经济"的联动效应逐渐彰显。处在陆海空三大"丝绸之路"交汇点上的湖北，正以更加开放的胸怀拥抱世界、奔向未来。

（五）以重点项目为载体牵动经济发展

2023 年，全省重点项目建设如火如荼，一批好项目、大项目、新项目相继建成投产，为推动全省经济社会高质量发展提供强大"引擎"。过去一年，我省一批百亿级重点项目建设跑出"加速度"。沿江高铁武宜段、十巫高速、汉南过江通道、呼南高铁襄荆段、华星光电 T6 项目、三宁化工新材料等 49 个投资超 100 亿元的重特大项目全面加快建设，省级重点项目超额完成当年投资计划目标 303.6 亿元，超出计划 9.3 个百分点。实际投资额完成情况始终快于投资计划时序进度，跑出逐月加速的上行曲线。

优势产业突破性发展。海翔医药中间体、国家地球空间信息产业基地等项目建设顺利，全年生命健康产业产值突破 8800 亿元，北斗产业产值达到 660 亿元，加速迈向千亿级；传统支柱产业提能升级。支持东风本田技改、优科绿色精密制造、南炼精细化工等龙头企业、关键环节率先实施技术改造和设备更新，推动汽车产业智能化、钢铁行业高端化、化工产业精细化转型；新兴产业加速布局。武汉加快建设有全国影响力的先进计算中心，宜昌加快建设中部最大的存算一体数据中心集群，全省数字经济增加值占 GDP 比重提升到 44.7%；供应链体系加速构建。重点围绕磷化工、智能船舶、大宗商品物流等重点领域，支持数字化供应链平台建设，十堰国家物流枢纽、孝感首衡城等一批重点项目已建成运营。多措并举强保障，跑出建设"加速度"推进重点项目建设，必须强保障、优服务。

2023 年，我省着重在强化项目遴选、强化调度运行、强化协调服务、强化要素保障上发力。省发展改革委及时协调对接重点项目用地用林统筹供应，37 个重大项目纳入国家用地单列，保障重点项目按期开工建设，加快建设新时代"九州通衢"。2023 年，全省公水空完成投资 1850 亿元，同比增长 44%。武汉新城中轴线 10 大标志性工程、40 条快速通道等项目启动建设，"七纵七横"路网建成通车 7 条，都市圈断头路打通 30 条。"荆楚安澜"现代水网加快推进，恩施姚家平水利枢纽等 25 个重大项目开工建设，鄂北二期等水网主骨架和大动脉建设顺利，引江补汉等加速开展前期工作。同时，我省采用容缺受理、告知承诺等方式加快项目前期工作，为重点项目审批提速，助力我省新型能源体系加快形成。华润赤壁百万千瓦等 18 个新能源发电项目全面开工。南漳张家坪等抽水蓄能电站 4 个应开尽开、5 个有序推进。宜城电厂等 6 台机组相继投运，大别山电厂三期等 5 个项目相继开工，清洁煤电年度开工规模和速度创历史之最。随着驻马店至武汉特高压建成投产，金上至湖北特高压开工建设，武汉至南昌特高压等 6 个项目有序推进，12 个 500 千伏项目增补纳入国家电力"十四五"规划，全省输电通道实现强网提档。

（六）以科技创新为核心赋能产业升级

武汉具有全国影响力的科技创新中心获批建设，汉江实验室实现了我省国家实验室"零的突破"。数字建造、智能设计与数控等国家技术创新中心相继揭牌运行，国家级研究中心、创新中心、企业技术中心数量不断增加，湖北在全国创新版图中的战略地位显著提升。

科创优势持续提升。创新实力更加强劲，武汉具有全国影响力的科技创新中心加快建设，以汉江国家实验室为龙头的战略科技力量矩阵基本形成。新晋 5 位两院院士，总数达到 81 位，全国第四；4 名个人、2 个团队获得国家卓越工程师奖，数量全国排名第五；已建在建国家重大科技基础设施达到 8 个，全国第五；国家级创新平台达到 163 家，全国第四；全国首个"科普+科创"论坛东湖论坛成功举办；全国首个国家级光电子产业知识产权运营中心落户湖北。创新主体不断壮大，新型研发机构达到 477 家，全国第二；国家级科技企业孵化器达到 84 家，全国第五；高新技术企业达到 2.5 万家，增长24%；科技型中小企业达到 3.5 万家，增长 47%；新增国家技术创新示范企业 7 家，全国第一。创新成果加快转化。全球首个人体肺部气体多核磁共振成像系统获批上市；全球首颗智能遥感科学实验卫星成功发射；长江存储闪存芯片世界领先，成为半导体领域"国之重器"；全省技术合同成交额达到4860 亿元，增长 59.8%；科技成果省内转化率提高到 65.2%。科技创新成为驱动发展的强引擎，我省在全国创新版图中的战略地位更加凸显。

湖北区域综合科技创新水平排名跃居全国第七，为近五年来最高位次。2023 年，武汉国际创新排名不断提升，在世界知识产权组织"2023 全球创新指数-科技集群"中的排名跃升至全球第十三，全国第五；在《自然》杂志"2023

自然指数-科研城市"中的排名跃升至全球第十，全国第五。精密重力测量设施完成项目验收，深部岩土工程扰动模拟设施、脉冲强磁场优化提升项目开工建设，科学社区、科学论坛等十大亮点项目全面启动，东湖科学城已成为国内高能级创新平台最集中的区域之一。

光谷科技创新大走廊建设持续发力。湖北升级打造"世界光谷"、布局人工智能产业新赛道，打造技术主导的新型产业集群。"创新策源在科学城—孵化转化在大走廊—产业联动在都市圈"的协同创新格局加快形成。同时，深入构建县域创新体系，咸宁国家农业科技园区通过科技部验收，枝江、赤壁、谷城、潜江获批国家创新型县(市)，江夏区、宜城市、秭归县等12个省级创新型县(市)启动建设，全域创新格局加快构建。2023年，湖北获批6家国家创新型产业集群，新增数量全国第一，总量居全国第三。启动实施科创企业全生命周期培育计划；开展服务高新技术企业"春晓行动"、科技企业孵化"沃壤行动"等系列举措；新获批9家国家级科技企业孵化器，总数达84家；新备案认定新型研发机构77家，总数达477家；数量持续位居全国前列。

(七)以需求为导向切实保障民生

贯彻落实党的二十大精神和习近平总书记关于民生工作的重要指示精神，坚持以人为本、民生优先，以人民群众急难愁盼问题为切入点，加强基础性、普惠性、兜底性民生建设，精准扩大有效需求，不断满足人民群众对美好生活的需要。坚持民生需求导向，紧盯医疗、养老、教育等群众反映强烈的重点领域、关键问题和新形势新情况，持续发力、跟进保障，有力有序推进解决，切实把暖民心、顺民意的工作做到群众心坎上。2023年，湖北民生改善与经济发展同频共振、相向而行。在2023年初举行的省两会上，湖北提出《湖北省2023年十大民生项目清单》，立下一系列与老百姓幸福生活息息相关的暖心承诺，清单上多项民生实事超额完成，兜牢百姓幸福生活。

人居环境持续改善。建设筹集保障性住房 10.4 万套，改造老旧小区 4296 个、棚户区住房 6.5 万套，完成特殊困难家庭适老化、残疾化改革 3.6 万户，支持老旧住宅加装电梯 2159 部，更多群众住有所居、居有所安。有序推进乡村建设和治理，创建国家级美丽宜居村庄 13 个，新建和美乡村 200 个，农村户厕 18.1 万户。城镇生活污水直排口实现动态清零，国控断面水质优良比例保持在 90% 以上，长江干流湖北段、丹江口库区水质稳定在 II 类以上。

就业创业形势不断优化。新增城镇就业 92.8 万人，吸引高校毕业生就业创业 44.1 万人，就业工作连续两年获国务院通报表扬。打好援企稳岗就业组合拳，实施政府补贴性技能培训 86 万人次，支持 6.6 万返乡人员创业，带动 20.4 万人就近就业，"零工驿站"促进 791 万人次灵活就业，新增创业担保贷款 404 亿元，增长 62%。全省城镇调查失业率平均值为 5.4%，比上年下降 0.2 个百分点。2023 年全年全省全体居民人均可支配收入 35146 元，比上年增长 6.8%。

养老育儿服务日渐完善。新建社区养老服务综合体 100 个，改造提升农村互助照料中心 200 个，建设老年助残服务点 1380 个，十堰获批全国居家和社区养老服务提升行动试点城市。免费开展妇女"两癌"、新生儿遗传代谢病等重大疾病筛查 4965 万人次。新增 3 岁以下婴幼儿托位 6.8 万个、公办幼儿园学位 1.9 万个。武汉入选国家儿童友好建设城市，荆门获评全国首批婴幼儿照护示范城市。

社会救助扩围增效。在 77 个县推行失能特困人员集中照护，为 10.8 万名残疾人提供适配服务，养老、医疗、工伤等保障标准稳步提高。最低工资标准进至全国第七，城乡低保、特困供养提标惠及 175 万人。大力推动优质医疗服务扩容下沉，"3+5"区域医疗中心建设扎实推进，34 家三甲医院对口帮扶 72 家县级医院，72% 的县有了三级医院。

交通出行基础设置加快推进。武汉至阳新、襄阳绕城等 7 条高速公路建成通车，34 条瓶颈路打通，武鄂黄黄城际铁路实现公交化运营。新改建农村公路 1 万公里。

（八）以生态为本打造绿色崛起新优势

坚持走生态优先、绿色发展之路，把共抓长江大保护摆在突出位置。通过深入实施长江高水平保护十大攻坚提升行动，累计整治长江入河排污口数千个，新增植树造林和湿地修复面积均达到数百万亩。长江干流出境水质保持在优良水平，加快生态优势向发展优势转化。流域综合治理深入推进。全面实施流域综合治理和统筹发展规划纲要，率先开展省域总磷排放总量控制，推进十堰茅塔河、恩施带水河等 5 个小流域综合治理试点，完成营造林 295.7 万亩。着力构建"荆楚安澜"现代水网，鄂北水资源配置二期、碾盘山水利枢纽等 25 个重大项目加快建设。荆州崇湖、仙桃沙湖入列国际重要湿地名录，咸宁获批国家级公园城市标准化试点，天门入选全国首批县级水网先导区，房县、安陆等 14 地成为国家首批自然资源节约集约示范县市。

绿色低碳转型成效明显。着力推动产业绿色化发展、能源清洁化利用，23 个产业园区纳入国家级循环化改造试点，新增国家级绿色工业园区 2 家、绿色工厂 77 家；电力装机规模首次突破 1 亿千瓦，清洁能源装机占比提高到 65%，公共交通系统新能源车占比达到 78%，建成公共充电桩 17 万个，全国第五；在全国率先打通"电—碳—金融"三大市场，"中碳登"注册登记结算系统管理全国 2533 家企业账户，湖北碳市场 2023 年度成交量 1118.39 万吨，同比上升 19.1%；年度成交额 4.72 亿元，同比上升 13.9%；累计成交量 3.9 亿吨，占全国 42.7%。依托中碳登平台，湖北汇聚碳领域国内外头部企业 100 多家，初步形成了碳市场全产业链。依托碳排放权交易平台，湖北建设全国首个省级生态环境类权益统一交易平台；统筹融合碳排放权与排污权交易，建设全国首个综合性省级温室气体清单及碳核查大数据集成平台，可实现碳排放数据集成、分析和精准化质控管理。

围绕绿色建材、风电装备、绿色智能船舶等优势领域，重点培育6家省级产业园区，打造城市矿产、秸秆利用、废旧电池回收利用等10条循环经济产业链。

强力开展大气污染防治攻坚。2023年，全省13个国考城市PM2.5为38.6微克/立方米，较2019年同期改善12.7%；优良天数比率达到81.8%，较2019年同期上升5.8个百分点。推进重点治理项目建设，全省共实施大气污染治理项目5525个，武钢、鄂钢2家省内最大钢厂全面完成超低排放改造，18条水泥熟料生产线完成氮氧化物深度治理。围绕石化、化工、工业涂装、包装印刷和油品储运销等重点行业，湖北持续推进挥发性有机物治理突出问题排查整治，完成问题整改4005个。聚焦重点行业绩效分级，省生态环境厅明确全省B(含B-)级及以上和绩效引领性企业提级清单，推动重点企业加快改造升级。截至目前，全省共有B级及以上和引领性企业132家，其中A级11家，有力助推了行业绿色转型和高质量发展。

生态环境质量持续改善。扎实抓好生态环境突出问题整改，城镇生活污水直排口实现动态清零，国控断面水质优良比例保持在90%以上，长江干流湖北段、丹江口库区水质稳定在Ⅱ类以上。宜昌荣获中国人居环境奖，襄阳、十堰入选国家首批碳达峰试点城市，神农架获评世界最佳自然保护地，南漳、松滋等6地获评国家生态文明建设示范区，罗田、竹山入选全国"两山"实践创新基地。

(九)以效能为目的推进政府治理现代化

坚持党的领导、人民当家作主、依法治国有机统一，积极践行全过程人民民主。坚持刀刃向内、自我革命，加快转变职能、提升效能，努力建设人民满意政府。深化纪检监察体制改革，构建审查调查"1+N"组织管理体系。

着眼于提升审查调查工作质效，先后出台加强审查调查组织管理工作意见、审查调查人才库建设管理使用办法、"室组地"联合办案工作办法、办案协作区实施方案等制度。加强和改进基层监督工作，探索建立巡回驻点监督、重点专项监督、群众公开监督、查办案件促改促治的"1+3"基层监督工作体系，着力提升基层监督综合质效。

加快数字纪检监察体系建设，省纪委监委出台了数字纪检监察体系建设5年规划，设立全国首个纪检监察科技装备联合实验室，探索建设设备升级保障、设备技术鉴定和装备会展"三个中心"。深化信息技术与监督执纪执法深度融合工作机制，协助中央纪委制定电子数据取证规则，修订信息查询管理办法，加强电子数据在办案工作中的应用。开展解决"数据重复填报"问题试点工作，在监督执纪执法一体化平台实现全省纪检监察系统所有线索、案件数据全集中。健全反腐败协调小组工作体制机制，凝聚反腐败工作合力。

坚持立破并举，持续深化开发区和国企高校纪检监察体制改革。省纪委监委出台《加强省属企业分、子公司监督工作办法》，做到组织全覆盖、责任全压实、监督全方位、力量全统筹、体系全融合、业务全贯通，不断加强对省属企业分、子公司监督力度。持续深化开发区、国企、高校纪检监察体制改革和纪检监察派驻机构改革。通过建强"4+4"全面从严治党责任体系，扎实推进"一校一策"等举措，深化省属高校纪检监察体制改革。健全派驻机构组织体系。优化县级派驻机构领导管理体制和运行机制，进一步整合基层监督力量。研究向省属企业和高校派驻纪检监察组试点，更好发挥派驻监督作用。

持续加强政治建设。扎实开展学习贯彻习近平新时代中国特色社会主义思想主题教育，"以学铸魂、以学增智、以学正风、以学促干"取得明显成效。严格落实中央八项规定及其实施细则精神，不断深化"下基层、察民情、解民忧、暖民心"实践活动，力戒形式主义、官僚主义，政治生态持续向好，干群关系更加密切。依法行政扎实推进。强化法治政府示范创建，将政府工作全面纳入法治轨道，依法接受人大及其常委会法律监督和工作监督，自觉接受政协民主监督，广泛接受社会各界监督。提请省人大常委会审议地方性法规 8 件，制定省政府规章 5 部，办理人大代表建议 707 件、政协提案 726 件，政府决策科学化、民主化、法治化水平进一步提高。

不断提升工作效能。着力推进"高效办成一件事"改革，政务服务"一事联办"事项达到 52 项，数量全国第二，鄂汇办 App 获评全国地方政务平台"掌上好办"标杆。修订省政府工作规则、常务会议议事规则，加强重点工作"月调度、季通报、年考评"，2023 年我省有 31 项工作在全国作经验交流，拼搏赶超、笃行实干成为全省工作主旋律。

三、湖北省全面深化改革的亮点

（一）湖北省 7 案例入选全国"全面深化改革典型案例"

"全面深化改革典型案例"评选由中国经济体制改革杂志社组织，从 29 个省（区、市）各级改革部门推荐的 2000 多个改革案例中遴选出典型案例 200 个。案例征集和推荐紧紧围绕深入学习习近平新时代中国特色社会主义思想，贯彻落实党的二十大精神，以全面深化改革为动力，促进高质量发展和中国式现代化等为主题，涉及在坚持和加强党的全面领导下，加快推进经济、民主法治、文化、社会、生态文明等领域改革。

构建"1+5"政府投资基金体系，在"产业发展、创业投资、天使投资、城市更新、乡村振兴"五个领域设立政府投资基金管理实施细则，吸引 100 亿元的武汉都市圈基金等资本纷纷落户，形成 500 亿元政府投资基金群，与高瓴、复星、国投创业等头部机构建立合作关系，东飞凌、洛特福、波睿达等优质项目接续落地，武汉市江夏区报送的《构建"1+5"政府投资基金体系》入选"中国改革2023年度地方全面深化改革典型案例"，这也是全国基金领域的唯一改革典型案例。此次，湖北共7个案例入选。其他6个案例分别是：武汉市经济技术开发区"探索'推动智能网联汽车与智慧城市协同发展'国家试点示范"、宜昌市"'三化'驱动五方协同打造创业担保贷款新模式"、襄阳市枣阳市"探索创建新时代'枫桥式'税务分局"、鄂州市"探索实施'区块链+住房公积金'改革试点"、荆州市公安县"'三块田'模式促进农村土地规模经营"、黄冈市"探索构建紧密联农带农机制，助推新型集体经济发展"。

（二）湖北五大优势产业2023年营收突破3万亿元

湖北五大优势产业2023年实现营收突破3万亿元，占全省规上工业营收60%以上。

着力把光电子信息、新能源与智能网联汽车、生命健康、高端装备、北斗等优势产业打造成为世界级产业集群。我省以超常之举、聚全省之力，建立由省委、省政府主要领导挂帅，省委常委领衔推动、省直部门协同联动、院士专家智力支撑、工作专班推进落实的工作机制，突破性发展五大优势产业。2023年，全省突破性发展五大优势产业由"成势"转向"见效"，取得较好进展。

重点领域技术取得突破。超6款国内首款高端核心芯片相继涌现，衷华脑机公司全球首创大脑电信号"双向读写"等一批"卡脖子"技术实现突破，东风纳米01、eπ007、猛士917等12款新能源车型成功上市，华工科技制造的全国首台核心部件100%国产的高端晶圆激光切割设备等多个新产品成功研制。

企业培育取得突破。从龙头企业看，"2023年中国制造业民营企业500强"榜单中，我省入围14家，其中五大优势产业领域有7家，占比50%；东风公司加快新能源化转型，启动东风乘用车新能源"跃迁行动"。从中小企业看，全省678家国家级专精特新"小巨人"企业中，五大优势产业占比超过95%。

重点项目取得突破。2023年全省新开工亿元以上制造业项目1710个，其中五大优势产业项目873个，占比50%以上。投资200亿元长飞先进第三代半导体功率器件生产项目、投资150亿元华星光电t5等一批强链补链重大产业项目加快建设。

应用场景拓展取得突破。武汉国家"双智"试点开放测试道路和示范应用道路累计里程已突破3379.15公里，里程数居全国第一；全省乡镇（街道）公共充电设施实现全覆盖。

2023年，湖北省在经济体制改革、政治体制改革、文化建设、社会建设、生态文明建设等方面取得了显著成效，经济增长稳健，结构优化成果显现，社会发展进步明显，生态环境得到改善。但改革过程中也暴露出一些问题与挑战，包括改革不均衡、改革措施落地难、创新能力不足以及社会管理和服务领域改革的挑战。展望未来，湖北省的改革工作应继续坚持以人民为中心的发展思想，深化供给侧结构性改革，推动经济高质量发展。同时，应加强区域协调发展，确保改革举措落地生根。在社会管理和服务领域，进一步完善公共服务体系，创新社会治理模式，以满足人民群众日益增长的美好生活需求，为全国的全面深化改革贡献更多的地方智慧和实践经验。

习近平总书记强调，改革开放是决定当代中国命运的关键一招，也是决定实现"两个一百年"奋斗目标的关键一招。党的二十大报告将"坚持深化改革开放"作为推进中国式现代化必须牢牢把握的重大原则之一，再次吹响了新征程上全面深化改革的号角。一年来，我省保持战略定力抓改革，进一步增强责任感、使命感、紧迫感，持续把全面深化改革推向深入，实现了多点突破。走过千山万水，仍需跋山涉水。以更大气魄深化改革、扩大开放，以改革开放为经济发展增动力，湖北一定能续写更多"春天的故事"。

第六章　深入推进高水平对外开放

党的二十大报告把"推进高水平对外开放"作为"加快构建新发展格局，着力推动高质量发展"的重要内容。习近平总书记多次强调，"中国推动更高水平开放的脚步不会停滞"，"推动更深层次改革，实行更高水平开放，为构建新发展格局提供强大动力"。2023 年 12 月，中央经济工作会议指出，要加快培育外贸新动能，巩固外贸外资基本盘，拓展中间品贸易、服务贸易、数字贸易、跨境电商出口。放宽电信、医疗等服务业市场准入，对标国际高标准经贸规则，认真解决数据跨境流动、平等参与政府采购等问题，持续建设市场化、法治化、国际化一流营商环境，打造"投资中国"品牌。中国共产党湖北省第十二届委员会第五次全体会议上也强调要统筹深化改革和扩大开放，坚持先立后破、谋定后动，完善省级宏观调控机制，处理好政府和市场、国企和民企、财政和金融的关系，以体制机制创新引领先行区建设。加快构建高效率低成本的现代交通物流体系，深化"单一窗口"建设，积极探索建设花湖国际自由贸易航空港，加快建设长江中游航运中心，打造新时代"九州通衢"。改革开放永无止境，只有进行时，没有完成时，高水平对外开放是我们破解发展问题的重要动力，深入推进高水平对外开放，以开放促改革促发展促创新，释放新的改革红利，推动湖北省经济高质量发展。

一、新形势下"一带一路"建设面临的挑战

进入 21 世纪的第二个十年以来，国际国内格局都在发生深刻变化。国际方面，全球经济受两次危机影响陷入长期持续衰退，逆全球化、民粹主义大规模兴起，国际经贸格局与国际地缘政治态势发生根本性变化。特别是近年来发生的一系列"黑天鹅"事件，逐步形成了与过去 40 年经济自由化、全球化相比截然不同的新局势。国内方面，经济建设的风险、挑战也不断加大，中国式现代化还面临创新能力不足、城乡差距过大、环保压力加大、收入不平加剧等难点。总的来看，上述变化无疑对在中国式现代化新征程中推动高质量共建"一带一路"提出了新的挑战，具体主要体现在以下三个方面。

（一）中美贸易、俄乌冲突等加剧世界政治阵营化、地缘经济碎片化，冲击全球供应链，制约着"一带一路"建设步伐

逆全球化思潮与地缘政治冲突带来的不确定性的加剧是影响国际经贸活动的重要变量。以中美贸易与俄乌冲突为代表的"黑天鹅"事件对中国"一带一路"建设产生了深远影响。

一方面，2018 年以来美国不断以贸易不平等、国家安全、知识产权保护为借口，针对中国占据比较优势的出口领域与不占优势的高科技进口领域进行贸易挑衅，试图打压中国产品的国际竞争力，限制中国高新技术的发展。这使得中国丧失了部分"一带一路"沿线市场，失去同许多发展中国家深化优势互补的合作机会，并且在一定程度上使中国提出的"一带一路"倡议在推广与落实中面临诸多阻碍，还给全球化浪潮带来了巨大挑战。

另一方面，由于俄乌两国既是全球极为重要的粮食生产地与原材料供应国，也是高质量共建"一带一路"在东欧地区最为重要的节点，俄乌冲突的爆

发不仅对现有国际秩序与地缘政治产生了重大影响，更引发全球原材料价格大幅动荡，大宗商品价格持续高位，加剧全球能源危机。其对"一带一路"陆路及航空运输的直接影响还将继续持续，也将深度影响中资企业在乌克兰的投资、建设与运营。这些无疑都制约了"一带一路"在东欧地区的进一步发展，甚至面临建设重心的转移。战争持续期间，与全球贸易深度接轨的俄罗斯所受到的消耗和制裁自然也在世界范围内引起了一系列连锁反应。受影响最为严重的当是能源领域。作为全球市场上石油和天然气的主要出口国之一，俄乌战争造成的能源价格飙升对与俄罗斯长期保持能源贸易往来的国家造成了极大冲击，其中作为非能源出口国的非洲国家和低收入国家受冲击最为严重。粮食短缺则是另一则噩耗。俄罗斯和乌克兰分别是世界排名第一和第五小麦出口国，两国的谷物出口量之和占到全世界总量的1/3，葵花籽出口量占世界52%。此外，战前的俄罗斯还是世界最大化肥出口国。与能源困境相似，在粮食危机中受影响最为严重的是低收入发展中国家，粮价高涨，贫富差距加剧，为全球多边主义发展蒙上一层可怖的阴影。同时，西方国家对俄罗斯的制裁又使困局进一步恶化，一些重要工业品和半导体的供应链被切断，俄乌占世界产量70%的惰性气体氖一时也不知何去何从，钯、钛、镍等关键金属的出口亦被牢牢限制。

（二）发展中国家债务困境急剧恶化，多种风险交织，部分东道国营商环境存在恶化的趋势

一方面，共建"一带一路"国家多属于发展中国家，经济发展水平和工业化程度较低，营商环境亟待优化。研究表明，多数共建"一带一路"国家处于中等风险级别，还有一些国家处于高风险级别。可见，共建"一带一路"国家投资风险整体偏高。另外，全球正面临着气候变化的风险，为适应和减缓气候变化，世界各国应立即行动起来，加快产业绿色低碳转型的步伐。而部分

共建"一带一路"国家对高碳化产业发展的路径依赖，以及"被迫"进行产业绿色低碳快速转型，使得"一带一路"产能合作项目可能同时面临气候物理风险和气候转型风险。相关研究表明，气候转型风险可能导致高碳排放企业的偿债能力、流动性和盈利能力等财务指标全面恶化，企业估值和利润下降，部分企业的估值下跌超过70%。因此，能否从传统高碳发展模式转变为绿色低碳发展模式，成为合作项目应对气候变化和气候政策转型的关键，而合作项目的部分利益相关者如投资者、国家政策制定者、金融机构等似乎准备不足。

另一方面，为应对美国国内的通货膨胀，美联储近期疯狂加息，导致美元暴涨，令许多持有美元外债的国家陷入了难以摆脱的债务困境。2022年，南亚国家斯里兰卡宣布主权债务违约，510亿美元外债和19亿美元外汇储备的巨大鸿沟让该国的财政不堪重负。斯里兰卡的遭遇绝非个例，飙升的美元价格使得很多国家一夜间失去了偿还债务的能力，对因疫情和其他原因而早早陷入财政困境的国家来说，这飞来横祸无异于雪上加霜。美联储加息虽然不会对我国财政安全造成直接威胁，但却真真切切地伤害了诸多财政结构脆弱的"一带一路"沿线国家，延缓了我国推进区域经济协同发展和多边主义发展的脚步。为此，我国针对偿还能力较弱的债务国实行了区域或双边债务减免安排，在国际货币基金组织贷款的帮助下，力图帮助这些国家走出困境。

（三）顶层制度设计尚需完善，配套服务体系亟待加强，海外投资保护力度尚需加大

截至2023年6月底，我国已与152个国家、32个国际组织签署了200多份共建"一带一路"合作文件，但与双边投资保护协定相比，双边投资协定的主要出发点是吸引外资，这在某种程度上忽略了对中国企业海外投资的保护，从而难以满足当前中国产能和资本输出的需要。

1. 一些双边投资协定久未更新，导致其对中国海外投资的保障效力不足

主要体现在：一是投资待遇标准中包含国民待遇条款的情形较少，更多的是体现公平公正待遇的条款；二是较少涉及收益再投资保护和间接投资保护条款，在投资促进方面的条款更少；三是在征收和补偿方面，对外国股东保护条款较少，企业会面临难以通过司法途径维护权益的困境；四是在投资者—国家争端解决（ISDS）机制方面，只有征收补偿争端可以提交国际仲裁，其他争端只能通过协商或由国内法院解决。

2. 海外投资保险机制尚不健全，企业"走出去"风险较高

随着中国企业海外经营和投资规模的扩大，企业对海外投资保险的需求增加，但中国的海外投资保险制度设计难以满足中国企业海外发展的需求。在中国的立法中，除了双边和多边条约的相关规定，对海外投资的保护性规定甚少，涉及的多是原则性规定，而最能体现保护功能的《海外投资保险法》在中国的立法上尚属空白。在海外投资保险机构方面，当前中国仅有中国出口信用保险公司一家负责承保，该公司采用审批与经营合一的模式，不仅容易导致垄断经营问题，而且存在审批不健全、投保流程复杂、产品设计落后等问题。

3. 跨境专业服务水平和能力不足，海外企业存在融资难的问题

随着"一带一路"产能合作的深入开展，中国对跨境专业服务的需求日益迫切，但中国本土机构在跨境金融、会计、法律等方面的专业服务水平和能力尚有不足，这严重制约了国际产能合作高质量发展。在融资支持方面，目前中国缺乏"外保外贷"和"外保内贷"等金融和外汇服务，企业不能将境外固定资产作为抵押物而获得国内商业银行贷款，境外子公司也不能利用国内母公司的信誉和授信额度来融资。这使得境内母公司及其境内资产与境外子公司及其境外资产处于割裂状态，不能互相为对方提供增信和融资支持。此外，中国商业银行境外分支机构存在布局不合理、能力不足、全球授信体系不完善等问题，加大了海外企业融资的难度。

二、湖北省深入推进高水平对外开放的成效显著

2023年，湖北大力实施外贸稳主体拓增量行动，外贸实绩企业达到8800家，增长11.3%，与东盟、俄罗斯等"一带一路"沿线国家贸易保持高速增长，全省进出口增长5.8%，高出全国5.6个百分点。着力提升国际贸易便利化水平，国际贸易数字化平台实现外贸企业全覆盖，出口通关时间压缩39%。处在陆海空三大"丝绸之路"交汇点的湖北，正以更加开放的胸怀拥抱世界、奔向未来。湖北省的快速增长，离不开其积极的对外开放策略和持续的政策推动。随着国家改革开放政策的不断深化，湖北省紧跟国家战略，大力发展对外贸易，全方位拓展国际市场。其中，湖北省充分发挥其在地理、资源和人才等方面的综合优势，不断优化出口商品结构，提升产品质量和品牌影响力，成功塑造了一批具有国际竞争力的企业和品牌。持续稳健的增长态势，不仅有力提升了湖北省在国际市场上的地位和影响力，也为湖北省的经济社会发展注入了强大动力。而在这背后，湖北省的贸易规模快速增长，既得益于国际市场的广阔和国际贸易环境的改善，也离不开湖北省自身在产业结构、技术创新、品牌建设等方面的不断努力和积累。湖北省正通过深化供给侧结构性改革，推动产业结构调整和优化升级，加快发展现代服务业和高技术产业，提升产业链的附加值，进一步释放经济增长潜力。

（一）深化对外经贸合作，全面提升了国际影响力和竞争力

湖北省坚持秉持开放包容的发展理念，深化对外经贸合作，积极参与国际竞争和合作，全面提升其国际影响力和竞争力，努力成为国际贸易的重要引擎和经济增长的新动力。同时，湖北省积极开展对外贸易合作，推动产业升级和生态环境改善。湖北省通过与全球各地的合作伙伴深化经贸合作，推动技术交流和人才培养，共同探讨产业发展和环境保护的新路径和新模式。这种深入的对外贸易合作，使湖北省在全球产业链中的地位不断提升，推动了湖北省产业的优化升级。湖北省通过与国际先进企业和研究机构的合作，引进先进的管理理念和技术，推动产业技术的创新和应用，提升产业的核心竞争力，助推湖北省经济快速发展。

（二）进出口整体通关时间大幅压缩，持续提高通道平台效能

2023年，武汉海关对标海关总署优化营商环境16条制定发布了20条细化措施，加快助推打造内陆开放新高地。2023年，全省进、出口整体通关时间分别为36.94小时、0.46小时，较2017年分别压缩了79.65%和97.77%。航空方面，立足于武汉天河机场、鄂州花湖机场国际客货运"双枢纽"的功能定位，量身定制海关监管模式，在机场推行机坪直提、机坪直转、境内续驶、提前申报、预约通关等一系列通关便利化措施，保障花湖机场4小时内完成国际国内航班衔接转运；水运方面，充分发挥阳逻港功能，协调上海等长江沿线海关共同实施"联动接卸""离港确认""多次中转"等模式，长江上游经湖北中转的进出口货物在海关一次申报就能实现智能转运和数据共享，实现了进出口货物在洋山港和阳逻港之间"点对点"一站式流转；铁路方面，支持汉欧班列拓展业务范围，大力推广"提前申报+车边理货"等新型物流方式和"车边验放""运单归并""铁路快通"等便利通关模式，进一步培育"江海直航+中

欧班列"的叠加效能，推进水铁联运、水公铁联程、"铁—江—海"过境中转等多式联运物流模式，不断增强湖北通江达海、多网融合的中部枢纽功能，2023 年企业货物疏运效率提升 35%。

（三）各类贸易方式齐头并进，共同构建了湖北省独特且多元的贸易生态

湖北省在国际贸易的道路上展现出了卓越的灵活性和适应性，这种多样化的贸易方式是湖北省在全球市场中保持竞争优势的重要因素。湖北省的贸易方式呈现出令人瞩目的多样化，各类贸易方式齐头并进，共同构建了湖北省独特且多元的贸易生态。自参与国际贸易以来，湖北省的贸易方式并存，其中以一般贸易方式为主，占湖北省国际贸易的比例较大。这种贸易方式的多样性为湖北省的经济增长提供了更为广泛和深入的发展空间。这种贸易方式的多样性不仅表现在贸易类型的多样化上，还表现在贸易规模的持续扩大上。

（四）进出口商品结构不断优化和转型，由劳动密集型和资源密集型产业向高新技术产业转变

湖北省进出口商品结构不断优化和转型，由劳动密集型和资源密集型产业向高新技术产业转变，这一转变意味着湖北省正逐渐提高其产品的科技含量和附加值。为满足国际市场对高科技和绿色产品的需求，湖北省不断优化出口商品结构，提升湖北省在国际市场的竞争地位。湖北省在商品结构的优化转型中，大力发展高新技术产业和绿色环保产业，推动产业结构升级。通过深化科技创新和产学研合作，湖北省加快了高新技术产业的发展步伐，推动了传统产业的转型升级。目前，机电产品和高新技术产品已经成为湖北省的主要出口商品，这些产品的出口额占全省出口总额的一半以上，极大地推

动了湖北省出口贸易的持续增长。湖北省在推动商品结构优化转型的过程中还十分注重环境保护和绿色发展。湖北省积极推广绿色生产模式和绿色产品，严格控制污染性产品的出口，加强对出口商品的环境质量监管，确保湖北省出口商品的绿色、环保、可持续。

（五）积极响应国家的供给侧结构性改革，推动产业结构的优化

湖北省通过加大对传统优势产业的支持力度，推动这些产业转型升级，优化资源配置，提高产业集中度和市场集中度，提升湖北省出口商品的国际竞争力。这种多样化的贸易方式和商品结构的优化转型，不仅为湖北省带来了丰硕的经济效益，也进一步提升了湖北省的国际影响力和竞争力。展望未来，湖北省将继续坚持创新驱动、开放发展，优化产业结构，提升产业水平，加快推进国际合作和交流，为全面提升湖北省的国际竞争力和影响力而努力奋斗。

（六）严格落实减税降费政策，使外贸企业获得实惠

2023 年，武汉海关为我省外贸企业退还税款 8.17 亿元，减免税款超 9 亿元，降低成本 6600 万元，减少税费 5.99 亿元，为促进外贸稳增长提供了重要支撑。一是帮助企业享受税款退还 8.17 亿元，做到应退尽退。建立"户籍管理员"工作机制，对涉及退税享惠政策企业"一企一策"提供纳税指导服务。在全国率先实现保证金退还电子化，办理时长压缩至 1 个工作日内，企业工作量减少 90%。加强与国税、国库等相关部门的全过程协调沟通，压缩石脑油退税核批层级，2023 年全年为湖北省石油化工等企业办理退税 8.17 亿元。二是为企业减免税款超 9 亿元，做到应免尽免。为邦普宜化、金力新能源等项目办理确认手续，项目投资额合计超 300 亿元，同比增长 16%。与省发展改革委、商务厅、科技厅密切配合，全年为省内企业减免税款超 9 亿元。三

是帮助企业减让税费 5.99 亿元，做到应惠尽惠。搭建 RCEP 综合服务平台，整合最优税率查询等功能模块，推广原产地证书全流程数字化、信息化服务。指导企业不断提升自贸协定的享惠水平，全年帮助我省外贸企业享受进口关税减让 5.92 亿元。深入推动"内河运费扣减"惠企措施，措施落地以来武汉关区共有 465 家企业累计申报扣减内河运费 5601.22 万元，节约税款 785.62 万元。

（七）贸易地理方向的多元化，进一步推动湖北经济发展和国际地位的提升

湖北省以其开放和多元化的贸易地理方向，以及深化对外贸易合作，展现出一幅全球化的经济版图。湖北省的贸易伙伴遍布全球，从欧洲、北美洲到亚洲，丰富多样的贸易伙伴关系使湖北省的对外贸易呈现出多元化、全球化的特点，这对湖北省的经济发展和国际地位都产生了深远的影响。湖北省的贸易地理方向的多元化，充分展现了湖北省在国际市场上的竞争优势和影响力。欧盟一直是湖北省的第一大贸易伙伴，欧盟市场的多样性和广阔性为湖北省提供了巨大的发展空间。与欧盟国家的深度合作，使湖北省的产品和技术得到了更为广泛的认可和应用，进一步推动了湖北省经济的发展和国际地位的提升；东盟国家市场则是湖北省的另一个重要的市场。湖北省与东盟国家之间的贸易联系日益紧密，双方在多个领域展开了深入合作。东盟市场的开放性和活力为湖北省的产品提供了更为丰富和多元的市场选择，有助于湖北省进一步提升其在国际市场上的竞争力和影响力。

在全球化的今天，湖北省正积极参与国际竞争与合作，通过深化对外贸易合作，推动产业升级和生态环境改善，为实现可持续发展目标而努力。湖北省将持续优化开放布局，加大开放力度，拓宽开放领域，积极参与全球经济治理和国际规则制定，推动建设更为开放包容的国际经济体系。湖北省的

这一系列举措，无疑将有助于湖北省在全球市场上实现更高水平的竞争和合作，进一步提升湖北省的国际影响力和竞争力，为湖北省的持续发展和繁荣奠定了坚实的基础。在未来的发展道路上，湖北省将继续坚持开放包容的发展理念，深化与全球伙伴的合作，共同推动全球经济的繁荣与发展。

三、2023 年湖北省进出口贸易情况整体平稳向好

2023 年，从整体规模来看，湖北省的进出口贸易保持增长的态势。相关数据显示，2023 年，中部六省进出口贸易总体情况不太理想，仅安徽和湖北两省实现增长，河南、湖南、江西和山西四省均为负增长状况，特别是湖南增速为 -12.1%。湖北进出口贸易总额排在中部六省第三，超越湖南。2023 年，湖北进出口贸易总额 6449.7 亿元，同比增长 5.8%。其中，出口 4333.3 亿元，同比增长 4.7%；进口 2116.4 亿元，同比增长 7.9%。湖南进出口贸易总额 6175.0 亿元，同比下降 12.1%。其中，出口 4009.4 亿元，下降 21.9%；进口 2165.6 亿元，增长 14.6%。这也与 2023 年全球经济发展不理想、各国贸易保护政策的加强以及人口红利下降等多方因素有关。

(一)2023 年湖北省进出口贸易的发展特点

整体上看，2023 年湖北省进口、出口规模实现历史突破，对东盟、欧盟进出口保持增长，民营企业进出口保持增长，机电产品出口占比提升，劳动密集型产品出口增长，消费品进口需求旺盛。进出口通关成本大大降低，水运、航空口岸费用多项举措降成本显著，促进了国际物流新通道建设。

1. 进出口规模稳中有增

武汉海关公布的数据显示，2023 年，湖北进出口总值 6449.7 亿元，同比

增长 5.8%，创历史新高。其中，出口 4333.3 亿元，增长 4.7%；进口 2116.4 亿元，增长 7.9%。从整体规模看，2023 年湖北进出口总值在全国省区市中排名第十五位，比上年提升两位。进出口总体增速、出口增速、进口增速均高于全国平均水平。这表明进出口回升向好态势进一步巩固。

2. 民营企业进出口保持增长

2023 年，湖北有进出口实绩的外贸企业突破 8000 家，比上年净增 895 家。其中，民营企业进出口 4428.7 亿元，占湖北进出口总值的 68.7%，比重较上年提升了 5.7 个百分点，拉动进出口总体增长 9.6 个百分点，是湖北省外贸增长的主要力量。

3. 一般贸易方式进出口占比超七成

2023 年，湖北一般贸易进出口 4970.5 亿元，占湖北进出口总值的 77.1%，增长 7.6%。2023 年，武汉市进出口在结构性调整中承压上行，进出口 3606.2 亿元，增长 2.9%。除武汉市外，其他 16 个市州合计进出口增长 9.6%，占比提升至 44.1%。黄石依托铜冶炼、电子产业发展，进出口增长 20.3%，外贸规模连续 7 年居全省第二；宜昌进出口增长 12.1%。

4. 对东盟、欧盟进出口保持增长

传统市场保持稳定增长，新兴市场发展势头良好。对包括美国、欧盟、日本、我国香港特区在内的传统市场累计进出口 2277.7 亿元，占湖北进出口总值的 35.3%。对非洲、印度和墨西哥等新兴市场分别进出口 404.9 亿元、271.7 亿元和 130.9 亿元，增速均超过 10%。对共建"一带一路"国家进出口 3090.2 亿元，占 47.9%，比重提升 2.8 个百分点。

5. 机电产品出口占比提升，劳密产品出口增长

出口"主力军"是机电产品。2023 年，湖北出口机电产品 2215.9 亿元，占全省出口总值的 51.1%。出口劳动密集型产品 777 亿元，增长 37%。此外，出口农产品 245.1 亿元，增长 4.7%。电动载人汽车、锂离子蓄电池和太阳能电池等"新三样"产品合计出口 160.8 亿元，增长逾九成。2022 年、2023 年，湖北汽车出口值连续跨越 100 亿元、200 亿元台阶。

6. 大宗商品进口量值齐增，消费品进口需求旺盛

湖北省进口能源、金属矿砂、粮食等大宗商品 638.6 亿元，增长 45.4%，占湖北省进口总值的(下同)30.2%；进口总量为 3681.1 万吨，增加 63%。进口消费品 155.8 亿元，增长 35.6%，占 7.4%。其中，食品烟酒类、交通运输类、日化用品类消费品进口分别增长 30.7%、901.6%、59.6%。

(二)2023 年湖北省进出口贸易发展存在的困难

尽管湖北省的进出口贸易从整体规模来看，保持增长的态势，但由于多重因素叠加，导致外贸发展未达预期。2023 年，中部六省进出口排名第一的河南省进出口总额为 8107.9 亿元，湖北省为 6449.7 亿元，距离"冲刺中部第一"的目标有一定差距，且某些重点市州尚未扭负为正。全球贸易保护主义抬头，贸易摩擦频发，这给湖北省的商品贸易带来了不确定性和压力。

1. 外部环境依然严峻复杂

在共建"一带一路"逐步走深走实，拉美、非洲等新兴市场需求反弹，湖北省优势产业持续复苏等积极因素作用下，2024 年湖北省外贸有望实现正增长。但是国际经贸局势仍有许多变数，近期爆发的巴以冲突加剧了地缘政治

风险，为世界经济复苏蒙上阴影，叠加 2020—2022 年湖北省外贸超常规增长（3 年年均增长 15.8%）带来的高基数影响，2024 年实现外贸正增长仍需付出艰苦努力。2023 年 10 月 4 日，欧盟宣布将对进口自中国的纯电动载人汽车发起反补贴调查，湖北省出口电动载人汽车 9.4 万辆。美国对华"脱钩断链"的负面影响逐步凸显。此外，部分高新技术、劳动密集型企业表示外贸规模因此严重萎缩。

2. "新三样"的拉动效应减弱

国际锂电池产业链严重饱和，出口增速大幅回落，上游电池原材料的出口随之呈现超预期下滑。例如，2023 年 9 月，荆门格林美出口下降 81.1%。另据易捷特反映，按欧盟新通用安全法规（GSR2）的要求，输欧电动汽车必须改款，因改款成本上涨，导致企业出口将有大幅下滑。

3. 中欧班列（武汉）的市场化运行机制尚未完全建立

近年来，在湖北省市政府和国铁集团的支持及相关各方的共同努力下，中欧班列（武汉）发展取得了积极成效，为地方经济社会发展贡献了铁路力量。但面对"一带一路"国际贸易大幅提升的新趋势、国家大力推进中欧班列品牌建设的新机遇以及全国各地竞相开行中欧班列的新挑战，中欧班列（武汉）还存在一些突出的问题和困难。目前中欧班列（武汉）的市场化运行机制尚未完全建立，中欧班列（武汉）运营成本仍有缺口，需政府予以财政补贴才能维持正常运营。此外，由于过境口岸超负荷运行，分配给中欧班列（武汉）运力资源不足。

4. 口岸功能不完备，国际货物通关难

截至 2023 年底，鄂州花湖机场口岸功能尚不完备，"5+1"海关监管场地、

综合保税区功能尚待完善，一定程度上制约了机场国际进口货量增长。此外，港口降费政策效果未达企业预期。例如，孝感市湖北旭盛进出口贸易有限公司反映，政府虽然出台了港口包干费、理货费、货物堆存费按 15% 比例降低的政策，但由于燃油附加费从 60 元/小柜、100 元/大柜上涨至 200 元/小柜、300 元/大柜等原因，在阳逻港走报关程序，2022 年费用大约 3900 元，而 2023 年增至 4200 元左右。

当前，外部环境复杂严峻、全球通胀高企、外需持续走弱，湖北外贸发展面临更大的困难和挑战。但也要看到，湖北外贸产业结构多元，抗风险能力较强，相信随着各项稳增长政策效应进一步释放，2024 年湖北外贸向好势头有望进一步延续。随着科技进步和数字化转型的推进，技术贸易和服务贸易将成为湖北商品贸易的新增长点，通过深化改革、创新发展模式和推动国际合作，湖北省的进出口贸易将迎来更加广阔的发展前景，继续发挥重要作用，为我省以及整个国家的经济增长贡献力量。

四、深入推进高水平对外开放的对策建议

湖北深入推进高水平对外开放，应注重加快培育外贸新动能，巩固外贸外资基本盘，拓展中间品贸易、服务贸易、数字贸易、跨境电商出口。放宽电信、医疗等服务业市场准入，对标国际高标准经贸规则，认真解决数据跨境流动、平等参与政府采购等问题，持续建设市场化、法治化、国际化一流营商环境，打造"投资中国"品牌。切实打通外籍人员来华经商、学习、旅游的堵点。抓好支持高质量共建"一带一路"八项行动的落实落地，统筹推进重大标志性工程和"小而美"民生项目。持续建设市场化、法治化、国际化的一流营商环境，将为湖北开放型经济发展注入新活力。主动对接国际高标准经贸规则，进一步优化营商环境，是湖北扩大高水平对外开放的重点任务。正

在打造内陆开放新高地的湖北应积极行动、主动作为，在规则、规制、管理、标准等方面找准湖北产业对接、市场链接的结合点，率先与国际接轨，将对外开放之路走得更扎实。此外，湖北还应进一步推进深层次制度型开放，创造更公平、开放、稳定和透明的竞争环境，让经贸及人员往来更加畅通，吸引更多外资企业投资兴业，提升利用外资水平。

（一）做好长江经济带与"一带一路"的链接

湖北汽车制造、新能源、生物医药等产业基础良好，应该充分发挥产业优势，主动对接"一带一路"共建国家等市场需求，打造一批具有巨大增长空间、潜在竞争优势的出口产品，加快培育竞争新优势，借力打力，不断拓展对外开放空间。加快建设"湖北·长江经济带核心区"和"武汉·长江经济带核心城市"，打造长江经济带与"一带一路"上的"核心枢纽区"。湖北建造业实力强劲，"走出去"中最好的企业也都集中在建造业，如葛洲坝、中交二航局、中铁大桥局、中铁十一局、湖北工建等企业实力行业领先，在全国乃至全世界都有一定影响力。要让"中国制造、中国创造、中国建造"像"中国速度"一样，在全球发挥更大影响力，湖北建造业需要建立"生态圈"思维，像企业家提出的建设"湖北楚商一带一路生态圈"理念，通过湖北建造把湖北产品带出去、把湖北成套设备带出去，把湖北制造、湖北标准、湖北文化，乃至中国标准、中国文化带出去。部分"走出去"的大型企业，是内循环发展到一定程度的体现。葛洲坝、中交二航局等在鄂央企要发挥带头作用，实现"先出去"带"后出去"，"先跑"领"后跑"，推动国内国际双循环相互促进的高质量发展。为鄂企更好对接融入共建"一带一路"保驾护航，认真研究谋划服务和融入高质量共建"一带一路"的具体措施，推动基础设施"硬联通"、规则标准"软联通"、人文交流"心相通"齐头并进，引领中部地区开放，串联沿海沿边开放。发挥空中丝绸之路、海上丝绸之路、陆上丝绸之路交汇点优势，构建参与共建"一带一路"立体互联互通网络。对照国际高标准经贸规则，加快推进高水平制度型开放。建好用好各类开放平台和载体，优化服务供给，加强风险防控，引导企业协同"走出去"，更好对接融入共建"一带一路"。

(二)稳步扩大规则、规制、管理、标准等制度型开放

经济全球化发展到今天，简单的政策性合规性调整已经远远不够，要真正实现对外开放，需要在规则、规制方面进行调整，以便与国际通行规则、规制保持一致，适应 WTO 改革，适应数字经济时代在贸易投资深化过程中的新变化。在管理和标准方面支持新的国际贸易秩序和投资秩序的变化和改革，在融入国际方面做适应性调整。伴随着经济的全球化，国与国之间的相互联系更加紧密，需要各国在提高经济交往和合作水平时，不仅要协调相关政策，还要在商品贸易、服务贸易、数字贸易、知识产权保护等深度合作中，在规则、规制、管理、标准等方面与国际通行标准保持一致。为此，我们需要在相关规则、规制的制定和执行上进行合规性调整，在管理和标准的制定上规范、透明并认真执行，打造市场化、法治化、国际化的营商环境。进一步完善外贸企业综合服务，支持外贸平台公司做大做强，汇总整理并及时更新外贸领域政策变化，建立重点企业、特色产品和主要出口国预警体系和法律服务机制，妥善应对国外不合理贸易限制措施，协调解决具体事项、实际问题，促进湖北外贸走良性、健康可持续发展道路。

(三)大力发展数字贸易

党的二十大报告提出，要"加快发展数字经济，促进数字经济和实体经济深度融合，打造具有国际竞争力的数字产业集群"。当前，全球数字经济蓬勃发展，催生了以数据为关键生产要素、数字服务为核心的数字贸易，大力发展数字贸易有利于服务湖北建设新发展格局先行区，有利于推动形成制度型

开放新局面。同时，数字贸易极大提升了贸易效率，减少了贸易成本和时间，对优化贸易结构，促进国内贸易繁荣、国际贸易便利等都有较大作用。适应国际贸易、国际投资、国际金融业务的变化，特别是在数字经济条件下货物贸易方式、服务贸易运行、数字贸易发展的需要，提高湖北在国际经济治理中的融合度、参与度。依托国际贸易数字化平台、推动内外贸一体化发展，是湖北积极服务构建新发展格局、打造国内大循环重要节点和国内国际双循环重要枢纽的关键举措。要深入学习贯彻习近平总书记关于对外开放的重要论述，坚持以问题为导向、以需求为牵引，加快建设国际贸易数字化平台，不断提升贸易便利化水平，实现更高水平开放和更高质量发展。要坚持"线上+线下"相结合，以花湖机场为切入点，推进国际贸易数字化平台应用，深化"单一窗口"建设，推动贸易便利化各项措施落实落地。要学习借鉴国际国内先进地区的成功经验，加强内外贸监管体制、经营资质、质量标准、认证认可等方面的有效衔接，促进内外贸高效运行、融合发展。要深化与沿江省市的对接合作，充分发挥长江黄金水道作用，大力发展多式联运、江海联运，更好联通国内国际两个市场，用好两种资源。加紧推进建设国际贸易数字化平台，加快推动内外贸企业数字化转型、一体化发展，继续抢抓数字贸易发展新机遇，不断扩大数字贸易领域对外开放，积极抢占数字经济新赛道，全面助力湖北构建全国新发展格局先行区。

（四）继续推进高水平开放平台建设

通过发挥自贸试验区、国家级开发区、综合保税区等既有平台的作用，做好资源整合，在开放新发展格局构建中进一步增强重大平台载体的战略支点作用。围绕深化推进"一带一路"建设、服务支撑全球发展倡议落地等对外开放战略实施，加快研究建设更高规格参与国际经济合作的新机制，搭建一批新的国际合作平台。提升对外开放平台能级，进一步整合全省港口资源，发挥指定口岸功能，促进口岸与产业深度融合。加快建设国际航空客货"双枢纽"，支持东湖高新区通过"城市货站"等方式，整合鄂州花湖机场、东湖综保区功能优势，为高科技企业打造"空中出海口"。加快构建全省统一的口岸物流公共信息服务平台，实现各口岸主体"一口接入、一网通办"，增强口岸贸易功能、服务功能。

（五）进一步改善营商环境

良好的国际营商环境建设仍然是我国扩大高水平对外开放、提高开放经济质量的前提。湖北省应继续保障外资企业依法依规享受国家产业发展和区域发展等支持政策，确保在要素获取、资质许可、经营运行、知识产权保护、标准制定、招标投标、政府采购等方面享受平等待遇；健全外商投诉工作机制，切实保障外资企业合法权益；对符合要求的重点外资企业人员，签发有效期5年以内的多次签证或私人事务类居留许可；鼓励金融机构增加对重大外资项目的贷款金额和投放力度，提供专项贷款利率优惠；支持外资企业采取提前申报、两步申报、船边直提、抵港直装等方式提升通关效率，进一步降低港口作业包干费、理货费、国际货站仓储费等通关费用。

（六）更大力度吸引和利用外资

要深入学习贯彻习近平总书记关于对外开放的重要论述，不折不扣落实党中央、国务院决策部署，更好统筹国内国际两个市场、两种资源，进一步优化外商投资环境，更大力度、更加有效吸引和利用外商投资，以高水平开放促进高质量发展。要精准对接外资外企需求，找准工作的切入点和着力点，切实为外资外企在鄂发展排忧解难。要着力营造稳定、可预期、法治化的营商环境，增强外商投资信心。要精准开展招商引资，加大重点领域引进外资力度，提升贸易投资合作质量和水平。

第四编
专题报告

专题一　湖北一类县市区城市吸引力指数报告(2023)

（报告完成时间：2023 年 12 月）

一、背景与指标体系的构建

(一)背景及意义

城市是区域人口、产业和要素资源的聚集地，是经济社会发展的"火车头"，具有很强的辐射带动作用。当前，各类发展要素流动性持续增强，城市的吸引力一直在不断被强化，我们需要更加密切、更加精细地把握其发展状况，使其在经济、社会、环境等领域创造更多更大的价值。城市的发展与进步，离不开各类资源要素的支撑，随着城市化进程的加快，城市之间资源要素的抢夺和竞争也变得越来越激烈。资本和人才是两种最重要的"生产要素"，均具备高流动性的特征，在现阶段已成为各类城市争抢最为激烈的两大要素。在此背景下，构建一套评价城市吸引力的指标体系非常重要。一方面，对城市管理者而言，可对照指标体系中的各指标对本城市吸引力进行自我分析和评价，摸清现状，找准定位，出台针对性措施补短板、锻长板，推动城市发展竞争力和吸引力不断提升。另一方面，对于各类生产要素的所有者而言，他们也在关注评判各城市的表现，指标体系能为他们在寻找目标城市的过程中提供决策参考，以促进生产要素的市场化流动和更优匹配。

（二）指标体系的构建

2023 年度城市吸引力评价指标体系进一步优化，由 4 个一级指标、15 个二级指标和 40 个三级指标构成，一级指标和二级指标如表 7-1 所示。

表 7-1　　　　　　　城市吸引力评价指标体系一级指标和二级指标

一级指标	二级指标
资本吸引力	营商环境
	金融活力
	创新活力
	经济发展潜力
	消费活力
	地区开放度
人才吸引力	就业环境
	创业环境
	人才政策
人口吸引力	生活环境
	生态环境
	公共服务
游客吸引力	旅游资源
	旅游服务
	城市宣传

一级指标构建方面，课题组将资本吸引力、人才吸引力、人口吸引力和游客吸引力作为考察城市整体吸引力的四大维度。企业和资本的投资情况反映城市是否具备良好的产业结构和经济环境。人口的规模代表着城市的发展

潜力和影响力。高素质的人才是城市经济社会发展的首要资源，是推动城市创新和发展的重要力量。旅游在拉动城市经济增长、增加就业、宣传城市形象等方面发挥着巨大作用。

二级指标构建方面，资本吸引力的考察从营商环境、金融活力、创新活力、经济发展潜力、消费活力、地区开放度六个方面展开。人才吸引力的考察从就业环境、创业环境、人才政策三个方面展开。人口吸引力的考察从生活环境、生态环境和公共服务三个方面展开。游客吸引力的考察从旅游资源、旅游服务和城市宣传三个方面展开。

二、榜单总体情况

"郡县治，天下安。"发展县域经济，促进城乡经济协调发展是当前和今后中国经济发展的重要内容。2022 年，湖北省生产总值达到 53734.92 亿元，湖北县域人口占比超八成，经济总量占据"半壁江山"，成为推动湖北省高质量发展、构建新发展格局先行区的着力点。2016 年湖北仅 1 个全国百强县，经过多年持续推进，百强县队伍不断扩大。在赛迪顾问发布的 2023 年中国百强县榜单中，中部地区占 20 席，其中湖北占 8 席，数量居全国第四、中部第一，但还未实现五十强零的突破，与先进省份比，差距依然明显。2023 年，湖北省委书记王蒙徽在省委农村工作会议上强调，县城是县域经济社会发展的中心和城乡融合发展的关键节点，县域是统筹城乡发展、统筹"三农"工作的基本单元，要推进以县城为重要载体的就地城镇化，推进以县域为单元的城乡统筹发展。

按照上述指标体系，课题组对纳入全省县域经济高质量发展综合评价的 23 个一类县市区(包括 20 个国家和省重点开发区域所在市区及夷陵区、宜都市、枣阳市)进行综合评估。通过对相关数据的收集、整理、赋值、加权和综合计算，最终得分结果及排名情况如表 7-2 所示。

表 7-2　　　　　　　　湖北一类县市区城市吸引力指数前 10 名

总排名	县市区	得分
1	江夏区	84.20
2	黄陂区	81.75
3	宜都市	80.03
4	大冶市	79.82
5	枝江市	79.77
6	夷陵区	79.61
7	枣阳市	79.32
8	孝南区	78.43
9	东宝区	78.12
10	蔡甸区	77.65

江夏区以 84.20 分夺得榜首，江夏区、黄陂区、宜都市位列前三名，得分均在 80 分以上。

从所属地域来看，前 10 名的具体构成中，武汉占 3 个，宜昌占 3 个，襄阳、黄石、荆门、孝感各占 1 个，如图 7-1 所示。

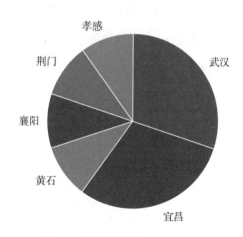

图 7-1　榜单排名前 10 地区分布

23 个一类县市区平均得分为 77.4 分, 除前 10 名以外, 剩余 13 个县市区总分均在全省平均分以下, 城市吸引力最低分为 73.21 分。

三、指标解析

(一)资本吸引力

1. 一级指标分析

资本吸引力主要考察了城市对资本的吸引力, 反映了城市的经济发展活力和地区开放度, 包括营商环境、金融活力、创新活力、经济发展潜力、消费活力、地区开放度六个二级指标。湖北省 23 个一类县市区资本吸引力指标的总体评估得分如图 7-2 所示。江夏区、大冶市、宜都市、枣阳市、汉川市分别位于前五名。湖北 23 个一类县市区资本吸引力指标平均分为 76.75 分, 高于平均分的一类县市区有 9 个, 第 11 名为应城市, 低于平均分的县市区有 14 个。最高分为江夏区 83.52 分。

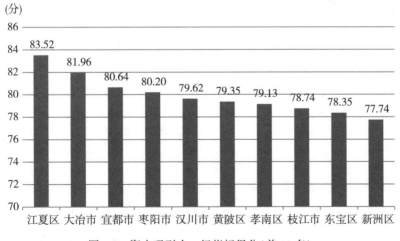

图 7-2　资本吸引力一级指标得分(前 10 名)

资本吸引力得分榜前五中，武汉市、黄石市、宜昌市、襄阳市、孝感市分别有1个县市区入围。当前各县市区资本吸引力得分区间主要为70~85，说明各县市区经济发展状况总体良好。

2. 二级指标分析

六个二级指标得分中，经济发展潜力(82.82)位居第一，其次是金融活力(78.94)、创新活力(76.23)、消费活力(74.51)、营商环境(70.46)，地区开放程度(69.26)最低。说明我省一类县市区经济发展潜力较优，但地区开放程度还有较大提升空间(见图7-3)。

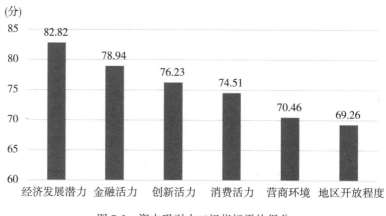

图7-3 资本吸引力二级指标平均得分

(1)经济发展潜力

经济发展潜力指标考察了GDP总量及增速、固定资产投资增速、工业投资比重、第三产业增速。得分前五名的依次是枝江市、宜都市、江夏区、新洲区、黄陂区。23个一类县市区经济发展潜力得分均值为82.82分，其中13个县市区得分高于平均值，第13位是华容区，10个县市区得分低于平均值。最高分与最低分差值为19.21分，说明一类县市区间经济发展潜力差别较大。

枝江市固定资产投资(不含农户)增速、工业投资占固定资产投资均为第一；宜都市地区生产总值及增速、工业投资占固定资产投资均排名第二；江夏区固定资产投资(不含农户)增速排名第二。三地因而居前(见图7-4)。

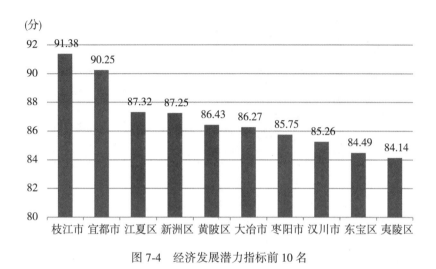

图7-4 经济发展潜力指标前10名

(2)金融活力

金融活力主要反映了城市金融行业各种活动和业务发展的程度和水平，包括金融综合实力、服务实体力度和金融服务可得性三个三级指标。湖北省23个一类县市区金融活力指标的总体评估得分如图7-5所示。大冶市、潜江市、仙桃市、天门市、枣阳市分别位于前五名。湖北省23个一类县市区金融活力指标的平均分为78.94分，高于平均分的一类县市区有9个，第九名为黄陂区，低于平均分的县市区有14个。最高分为大冶市，得分92.54分(见图7-5)。

当前各县市区金融发展状况总体良好，有2个县市区的金融活力评估得分在90分以上，有1个县市区的金融活力评估得分在70分以下，其余县市区的得分均在70到90分之间。金融活力指标得分前五名中，黄石市有1个县市区入围，襄阳市有 1 个市县区入围，其余 3 个为湖北省直辖县级市。

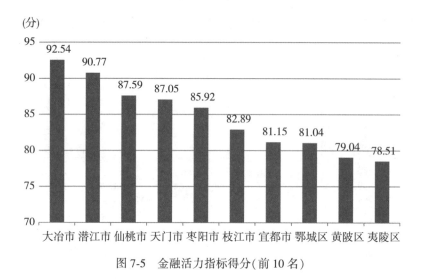

图 7-5　金融活力指标得分(前 10 名)

（3）创新活力

创新活力指标反映一个地区创新活力的高低。在数据可获得的基础上，以各县市科技创新综合指数来反映各地创新活力状况，得分前五名的分别是江夏区、蔡甸区、枝江市、大冶市和宜都市。23 个一类县市区创新活力得分均值为 76.23，其中 13 个县市区得分高于平均值，第十三位是夷陵区，而另外 10 个县市区的得分则低于平均值(见图 7-6)。

（4）消费活力

消费活力指标考察了居民收入、社会消费。得分前五名的依次是黄陂区、新洲区、仙桃市、大冶市、夷陵区。23 个一类县市区消费活力得分均值为74.51 分，其中十个县市区得分高于平均值，第十位是枣阳市，13 个县市区得分低于平均值。最高分与最低分差值为 22.6 分，说明一类县市区间消费活力差别较大(见图 7-7)。

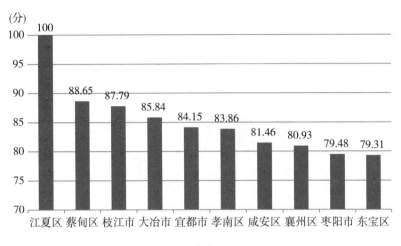

图 7-6 创新活力指标得分(前 10 名)

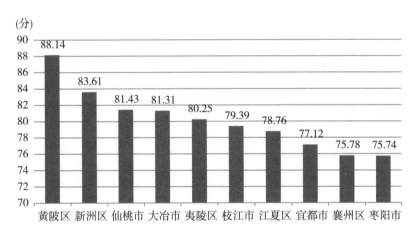

图 7-7 消费活力指标得分(前 10 名)

(5)营商环境

良好的营商环境是一个国家或地区经济软实力的重要体现,是一个国家或地区提高综合竞争力需要关注的重要方面。全省 23 个一类县市区营商环境指标得分均值为 67. 53,得分前五名分别是大冶市、东宝区、江夏区、应城市、宜都市(见图 7-8)。

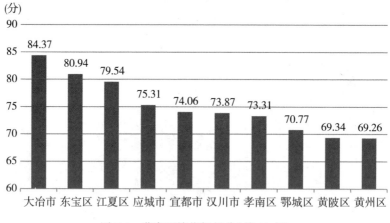

图 7-8　营商环境指标得分（前 10 名）

（6）地区开放度

地区开放度指标考察了出口和招商引资。得分前五名的依次是黄陂区、新洲区、江夏区、曾都区、孝南区。23 个一类县市区地区开放度得分均值为69.26 分，其中 9 个县市区得分高于平均值，第九位是枣阳市，14 个县市区得分低于平均值。最高分与最低分差值为 31.79 分，说明一类县市区之间地区开放度差别最大（见图 7-9）。

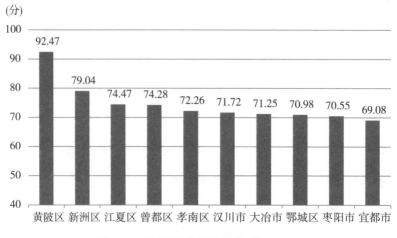

图 7-9　地区开放度指标得分（前 10 名）

(二)人才吸引力

1. 一级指标分析

湖北省 23 个一类县市区人才吸引力指标的总体评估得分如图 7-10 所示。可以看出,各县市区评分情况总体良好且差异不大。人才吸引力指标得分最高的为江夏区,得分为 88.15 分。超过 80 分的县市区总共有 12 个,占比 52.17%。其余县市区得分在 70 分到 80 分之间。这说明,湖北省的 23 个一类县市区人才吸引力发展状况整体较为均衡,不存在明显的区域性差异。对得分排名处于最前的江夏区和最后的潜江市进行原因分析发现,二者得分的巨大差异主要源于创新平台数量、专利授权量两项指标的得分差异,其次源于上市公司数量、平均工资水平、人才补贴和住房补贴四项指标的得分差异,而两地区的就业及社保综合情况指标、科技部门科学技术支出预算指标得分总体差异不大。

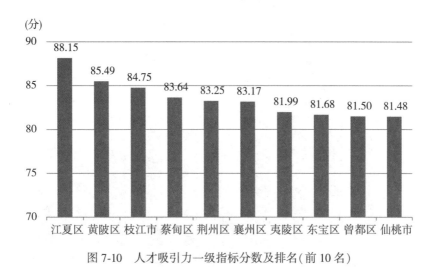

图 7-10　人才吸引力一级指标分数及排名(前 10 名)

基于对 23 个一类县市区的人才吸引力得分进行分析可知，当前各地区人才吸引力发展状况总体良好，各地区人才吸引力实现了均衡发展，不存在明显的区域差异性。但同时也可以看出，当前尚未有地区的人才吸引力得分高于 90 分以上，目前得分主要在 70 分到 89 分之间，这说明各地区应继续加强人才吸引力，加大科技创新投入，通过发展经济壮大区域经济总量，优化产业结构，健全人才吸引和发展培养体系等措施引聚人才磁场，提升城市的人才吸引力和感召力。

2. 二级指标分析

（1）就业环境

湖北省 23 个一类县市区就业环境得分为 86 分到 97 分之间，得分均值为 90.92 分，其中 11 个县市区得分高于平均值，12 个县市区得分低于平均值。从得分结果来看，前五名的县市区为江夏区、大冶市、宜都市、夷陵区和枣阳市，超过平均得分均值的县区市在"就业及社保综合情况"上均基本取得满分，"平均工资水平"以及"上市公司数量"方面表现良好（见图 7-11）。

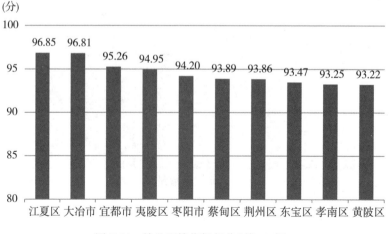

图 7-11 就业环境指标得分（前 10 名）

（2）创业环境

湖北省 23 个一类县市区创业环境得分均在 74 分到 97 分之间，得分均值为 82.54 分，其中 11 个区得分高于平均值，12 个区得分低于平均值。从得分结果来看，前三名为枝江市、夷陵区和曾都区，其中枝江市和夷陵区得分均高于 90 分，究其原因，二者在"专利授权量"和"创新平台数量"两个指标相较其他县市区有更好的表现，其中枝江市与夷陵区"创新平台数"分别居第一、第二位，最终在创业环境得分中与其他县市区拉开差距(见图 7-12)。

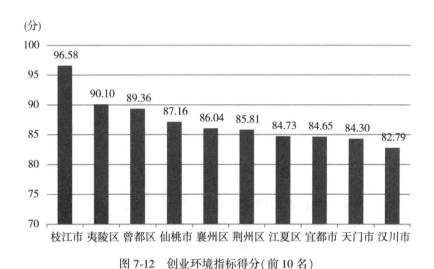

图 7-12　创业环境指标得分(前 10 名)

（3）人才政策

湖北省 23 个一类县市区人才政策得分均在 69 分到 95 分之间，得分均值为 78.95 分，其中 9 个区得分高于平均值，14 个区得分低于平均值。从得分结果来看，前三名为黄陂区、江夏区和蔡甸区，其中黄陂区得分高于 90 分，领先第二名江夏区将近 9 分。究其原因，黄陂区科技部门科学技术支出预算得分 100 分，江夏区和蔡甸区科技部门科学技术支出预算得分均未超过 65 分(见图 7-13)。

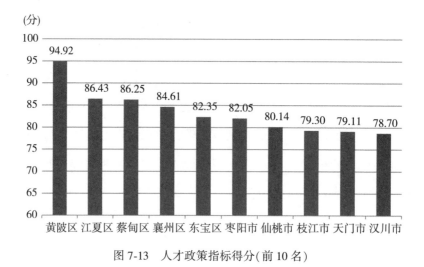

图 7-13 人才政策指标得分(前 10 名)

(三)人口吸引力

1. 一级指标分析

人口吸引力主要考察了城市对人口的吸引力,突出了城市是否有能力吸引人口入驻,包括生活环境、生态环境和公共服务三个二级指标。从评估结果来看,23 个一类县市区的总体得分均在 70 分以上,平均分达到 77.93 分,说明 23 个一类县市区人口吸引力都较好,且发展状况整体较为均衡,不存在明显的区域性差异。其中,有 10 个县市区得分超过平均分,有 13 个县市区得分低于平均分。

从人口吸引力总体得分结果来看,排名前三的县市区为江夏区、黄陂区、枝江市。其中,江夏区由于房价收入比、人均住房面积、平台商业丰富度、公交线路数、基本医疗保险、普通小学生均教育经费等排名均靠前,其余指标也排名适中,总体得分较高,居于首位,得分为 83.91 分。

但与此同时,当前尚未有人口吸引力得分 90 分以上的县市区,目前得分主要在 70 到 90 分之间，这说明各地区应继续加强人口吸引力，通过持续改善生活环境和生态环境、提升公共服务质量和水平、促进均等化，减轻人民生活压力，增强幸福感和获得感，提升城市的人口吸引力和感召力（见图7-14）。

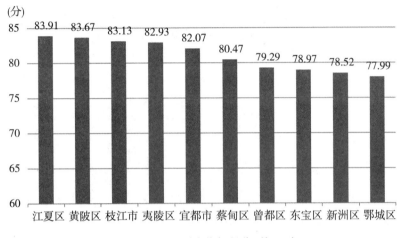

图 7-14　人口吸引力指标得分(前 10 名)

2. 二级指标分析

（1）生活环境

生活环境主要考察当地居民生活的宜居性，是否能为当地居民提供相应的服务以及城市的生活压力。课题组对所选取城市的居民房价压力、住房舒适度、公共交通便利程度、城市商业设施服务以及城市市容市貌几个方面进行评价。从评估结果看，23 个一类县市区生活环境的得分均在 65 分以上，平均分达到 74.16 分，说明 23 个一类县市区生活环境都较好。其中有 11 个县市区得分超过了平均分，有 12 个县市区得分低于平均分（见图 7-15）。

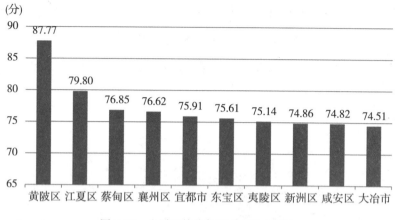

图 7-15　生活环境指标得分（前 10 名）

（2）生态环境

　　生态环境水平是衡量一个地区人口吸引力水平的重要指标之一，包括空气质量优良天数比率、地表水环境质量两个三级指标。从结果来看，各县市区的生态环境总体得分均在 70 分以上，平均分达到了 84.66 分，说明 23 个一类县市区的生态环境水平都较高。其中，有 12 个县市区得分超过平均分，有 11 个县市区的得分低于平均分。从生态环境总体得分来看，排名前三的县市区为枝江市、枣阳市、曾都区（见图 7-16）。

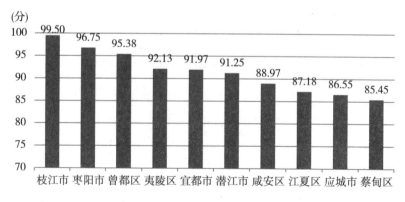

图 7-16　生态环境指标得分（前 10 名）

（3）公共服务

公共服务主要考察湖北省一类县市区人口吸引力的公共服务概况，突出城市是否有能力满足公民生活、生存与发展的某种直接需求，提供保障，包括普通小学生均教育经费和基本医疗保险评价两个三级指标。从评估结果来看，各县市区的总体得分均在60分以上，平均分达81.83分，说明23个一类县市区公共服务都较好。其中，有11个县市区得分超过平均分，有12个县市区得分低于平均分(见图7-17)。

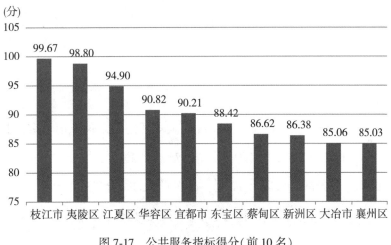

图7-17　公共服务指标得分(前10名)

(四)游客吸引力

1. 一级指标分析

游客吸引力主要考察了县市区对游客的吸引力，突出了县市区能否吸引外地游客前来旅游观光。游客吸引力包含旅游资源、旅游服务和城市宣传三个二级指标。湖北省23个一类县市区游客吸引力指标的总体评估得分如图

7-18所示。

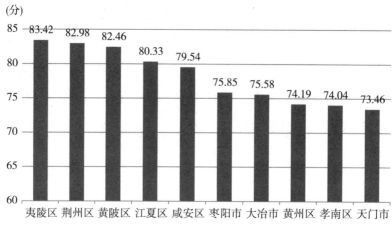

图 7-18　游客吸引力一级指标分数及排名(前 10 名)

夷陵区、荆州区、黄陂区、江夏区和咸安区的排名位于前五名。23 个湖北一类县市区的游客吸引力平均分为 72.74 分,超过平均分的一类县市区有 11 个,低于平均分的县市区有 12 个。游客吸引力得分榜的前五名县市区分别来自宜昌市、荆州市、武汉市和咸宁市。与总榜相比,总榜前五名中宜都市、大冶市和枝江市未进入游客吸引力分榜前五名,这些县市区长于工业园区,旅游资源相对匮乏。

2. 二级指标分析

三个二级指标中,旅游资源得分为 72.94 分,旅游服务得分为 73.18 分,城市宣传得分为 70.53 分。这三项二级指标得分并不算高,表明湖北省一类县市区在文化资源和旅游资源方面仍有待继续充足。

(1)旅游资源

旅游资源指标考察了县市区的 A 级景区数量、旅游名镇名村名街数量、文博单位数量、文物保护单位数量和非物质文化遗产数量。旅游资源得分前五名分别是夷陵区、黄陂区、荆州区、大冶市和天门市。23 个一类县市区旅游资源得分均值为 72.94 分，其中 9 个县市区得分高于平均值，15 个县市区得分低于平均值。最高分为夷陵区 84.88 分，最低分为 61.80 分（见图 7-19）。

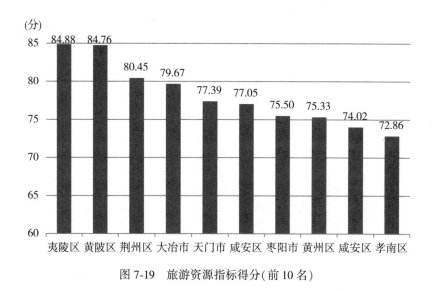

图 7-19　旅游资源指标得分（前 10 名）

（2）旅游服务

旅游服务指标考察了优质酒店数量和优质餐饮店数量。旅游服务得分前五名分别是江夏区、蔡甸区、黄陂区、荆州区和夷陵区。23 个一类县市区旅游服务得分均值为 73.18 分，其中 10 个县市区得分高于平均值，13 个县市区得分低于平均值。最高得分为江夏区 99.89 分（见图 7-20）。

（3）城市宣传

城市宣传以地方融媒体中心在抖音平台官方账号的粉丝数为重要参考。城市宣传得分前五名分别是枣阳市、荆州区、咸安区、江夏区和仙桃市。23 个一类县市区城市宣传得分均值为 70.53 分，其中 7 个县市区得分高于平均值，16 个县市区得分低于平均值（见图 7-21）。

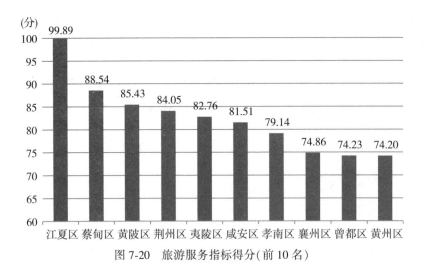

图 7-20 旅游服务指标得分(前 10 名)

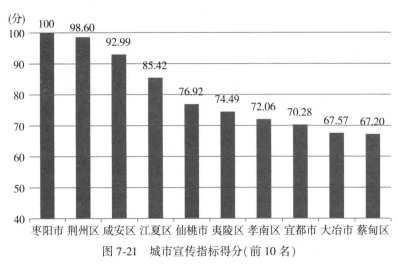

图 7-21 城市宣传指标得分(前 10 名)

四、结论和建议

(一)结论

全省 23 个一类县市区城市吸引力平均得分为 77.4 分,处于良好水平,总体城市吸引力在全省处于前列。

横向来看，四大一级指标中，23 个一类县市区平均得分最高的是人才吸引力，为 80.64 分，该指标表现较好得益于全省 23 个一类县市区多数位于全省经济强市，为人才引进出台了多项积极政策，人才交流与培育力度较大，相关配套齐全，整体就业环境相对稳定。得分最低的是游客吸引力，为 72.74 分。虽然 23 个一类县市区近年来加大了相关投入力度，但部分地区存在着在重点文物保护单位、非物质文化遗产项目等旅游资源方面的先天不足，对现有旅游资源、文化资源的挖掘还需进一步提高(见图 7-22)。

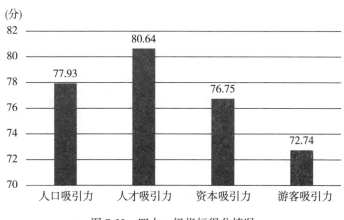

图 7-22　四大一级指标得分情况

(二)建议

1. 练好内功，提升资本吸引力

一是进一步优化营商环境。升级营商环境政策体系，推出惠企政策，建立企业服务平台。开辟政策信息公开窗口，持续推进"互联网+政务服务"，提升政策可及性和企业获得感，打造优化市场化、法治化、国际化营商环境。

二是强化县域金融产品创新，提升服务实体经济能力。引导农商行等以中小微企业为业务重点的金融机构，聚焦县域特色产业和汽车、家装等大宗消费，挖掘拓展县域"名特优新"等品牌商户，以及有市场、有效益、信用好的优质民营企业金融需求，稳步扩大金融服务的覆盖面。积极打造县域数字化金融服务体系，开发适合中小微企业的个性化融资产品，持续扩大信用贷款规模，降低融资成本和金融风险。

三是加大创新投入，促进各县市区之间的交流互动。在加大创新投入时，需要特别关照创新活力不足的地区，避免因投入不足而导致的创新活力缺乏问题。省内可以定期开展经验分享会，促进各县市区积极分享在保持和激发创新活力方面的长处与不足。

四是开辟新场景，激发新消费。创新消费场景，保持本土文化特色的同时引入新的消费模式落地，重视文化融入，增强文化体验感、参与感，引导传统商业模式升级，打造富有本地文化的消费场景 IP 效应，激发消费新活力。

五是数智化打造开放新高地。完善一体化招商项目管理平台数据库，用好招商资源信息化社交平台，发挥大数据、云计算、智能技术等技术在跨区域交流上的优势，降低沟通成本，提高地区开放水平，提升引进外资能级，加大外资发展要素支持，不断优化外商投资产业结构，推动外资项目落地。

2. 重点改善创业就业环境，打造人才聚集"强磁场"

一是持续优化就业环境，积极培育和引进行业龙头企业，吸引和留住高层次人才。企业实力、工资水平、社保缴纳情况等因素影响人才的择业方向。湖北省各一类县市区要积极培育本地企业成为上市企业，打造一批专精特新"小巨人"等行业龙头企业，同时保障劳动者权益，确保基本工资水平稳中有升，"五险一金"等社保福利如期缴纳，给人才构建良好稳定的工作环境。

二是不断优化创业环境，积极支持创新创业平台发展，鼓励企业及个人申报创新专利。湖北省各一类县市区要持续关心和支持孵化器、众创空间等创新创业平台发展，对有希望的初创企业给予重点关注，同时积极动员企业及个人进行专利申报，做好配套服务工作，在本地营造创新创业的良好氛围。

三是加大人才政策支持力度，增加科技创新投入。逐年提升研究与试验发展经费投入强度以支持本地创新发展，吸引高层次人才来企工作，确保一次性人才补贴、住房补贴、子女就业、配偶就业等配套人才政策落地生效，用看得见的实惠留住人才。

3. 打造更加舒适的城市环境，提升人口吸引力

一是从多方面、多角度入手，创造便捷宜居的生活环境。提升居民收入水平，健全工资合理增长机制，同时控制房地产市场价格，支持保障性住房的建设，双管齐下，减轻人民生活压力，应当重视公共交通网络的搭建，提高公共交通覆盖率和通达度。了解市民的消费习惯和需求，引入多元化的商品和服务，提高商业平台的品质和吸引力，从而提升居民生活便利度。推动市容市貌建设，着力推动城区环保绿化，争创文明城市。

二是持续推进生态文明建设，改善当地生态环境。一方面，推动空气质量改善，合理规划城市绿地，建设城市内部的生态廊道，有效提高绿地面积，提高城市绿化的覆盖率，聚焦空气质量的提升。另一方面，加大水环境的治理力度，防止水污染和生态破坏，提高污水处理的效率，严格检测污水处理厂排放的污水，保证水质达到国家标准。对于水质量受污染程度较大的水体，成立专班进行全面摸排和污染溯源。

三是着力补齐民生短板，提升公共服务水平。持续推进医疗保障制度改革，实现基本医疗保险制度的全覆盖，加强医疗保险的保障能力。同时，推动基层教育扩容升级，重视小学生教育，确保教育经费逐年增长，保障生均公用经费。

4. 强化旅游配套设施建设，提升旅游服务品质

完善停车场、旅游厕所、游客中心等公共基础设施功能。培育星级旅游饭店，大力支持精品民宿及星级农家乐，提高旅游服务接待能力。打造特色景观旅游镇村，推出具有观赏性和体验性的精品乡村旅游线路及工业文化旅游线路。加大旅游品牌创建力度，定期组织开展旅游推介活动。全面提升旅游行业服务质量和管理水平，规范涉旅企业经营行为。完善旅游信息发布，畅通旅游投诉渠道，加强文明诚信旅游建设。

专题二　推动湖北经济发展行稳致远的思路与举措研究

（报告完成时间：2023 年 9 月）

中央政治局会议指出，当前我国经济运行面临新的困难与挑战，主要是国内需求不足，一些企业经营困难，重点领域风险隐患较多，外部环境复杂严峻。湖北经济持续恢复、承压回升、稳中有进。为切实推动经济运行整体好转，保持今年全省主要经济指标稳中有进，并实现明后年经济持续增长，应保证"三个稳住"，聚焦"四个着力"，抓重点、补短板、强弱项，努力形成更多的经济增长点。

一、三个稳住：稳住投资、稳住消费、稳住外贸

（一）稳住固定资产投资，继续发挥压舱顶梁作用

湖北经济增长主要靠投资来拉动，是一个投资驱动型的经济体，必须进一步发挥投资拉动经济增长的关键性作用。在全国和各省固定资产投资增速均呈现递减的大趋势下，持续提升投资的有效性尤为重要，应着重引导资金投向供需共同受益、具有乘数效应的先进制造、民生建设、基础设施短板等领域，促进产业和消费"双升级"。要保障投资要素供应，盘活存量地，提高

土地利用效率，加大预算内资金投入，引导金融机构适度增加中长期贷款支持。要更好地发挥政府投资带动作用，用好用足政策性资金，加快地方政府专项债券的发行和使用，密切跟踪"超长国债"的发行动向，力争将更多的省内项目纳入超长国债支持的项目库。要尽快激发民间投资活力，最大限度放权让利，缩小企业投资核准范围，进一步放宽准入。探索放开民航、铁路、电信、能源等领域准入，吸引民间资本参股；继续推进养老、文化、旅游、体育、医疗等领域符合条件的事业单位改制，探索特许经营、公建民营、民办公助等方式，为社会资本进入创造条件；健全民间投资主体贷款尽职免责和容错纠错机制，提高不良贷款考核容忍度，建立"敢贷、愿贷、能贷"的信贷长效机制。

(二)稳住消费恢复势头，提振大宗商品消费信心

目前，湖北餐饮、旅游等消费恢复较好，但房地产、汽车、电子产品等大宗商品消费疲弱。在千方百计增加消费者收入的基础上，政策着力点应根据各类消费需求的特点分类施策：针对目前乘用车市场低迷的情况，出台如燃油车购置税减半、发放消费券等促进汽车消费政策；加快新能源充电桩等基础建设项目实施，推动新能源汽车进乡村，提升专用车市场竞争力等。加快探索房地产发展新模式，建立多主体供给、多渠道保障、租购并举的住房制度，引导金融政策重点支持房地产发展新模式，解决房地产行业的投融资问题，降低购房成本和居住成本，充分释放改善性住房、高品质住房需求，拉动房地产上下游产业链发展。探索搞活城乡经济微循环。以县城为中心节点，大力推进以县域为载体的四化同步，将城乡资源和市场链接起来，搞活城乡经济微循环。例如，加快农业机械化现代化建设，加强供销社平台服务体系建设，有序推进"一县一基地一冷链"，实施农村基础设施网络化建设行动，进一步打通工业品下乡，对老城区老旧街巷进行整治等，夯实城乡经济

微循环的基础。

(三)稳住外贸基本盘，确保全年外贸正增长

坚持以开放促改革、促发展，建设更高水平的开放型经济新体制，着力稳住外贸基本盘。进一步加强与"一带一路"地区贸易往来，以扩大"一带一路"开放对冲出口下滑，以对新兴市场出口对冲美国"脱钩断链"打压，聚焦RCEP、俄罗斯等高增长市场，组织企业参加国际展会，帮助企业出海拓市场。加大新能源汽车、电子信息等优势产品和高附加值产品出口，加快推动东风汽车公司转型升级，支持自主整车企业在全球各地设立海外仓、生产制造基地和国际营销、售后服务体系，集中力量发展一批高附加值特色产业，培育壮大光电子信息、生物医药、高端装备制造等世界级产业集群，提升出口产品品牌影响力。加大进口供应链建设，扩大煤炭、棉花等大宗商品进口规模，确保铁矿石等关键资源型产品进口供应，鼓励大型锂电项目开展镍、钴等新能源矿产进口。发挥花湖机场开放通道优势，积极申建鄂州国家级跨境电商综试区、空港型国家物流枢纽、国家级临空经济示范区，积极引入国内外物流集成商和货运航空公司入驻花湖机场。提升自贸试验区开放能级和海关特殊监管区的利用效率，加强改革系统集成和协同高效，吸引重大外贸外资项目落地，尽快形成外向型产业集群。

二、四个着力：着力强科技、着力谋布局、着力畅物流、着力振乡村

(一)着力把强科技作为推动高质量发展的重点

推动高质量发展，要突破发展瓶颈，解决深层次矛盾，根本出路在创新，

关键靠科技。要注重教育、科技、人才不可割裂的内在关联性，加强科技创新体系建设。整合区域协同创新体系，优化科技创新空间格局，充分考虑武汉都市圈、襄阳都市圈、宜荆荆都市圈发展的个性需求和战略部署，加快建设武汉具有全国影响力的科技创新中心，加快推动襄阳"一核三城"建设和宜昌"六个一"创新布局。健全科技创新平台体系，加强高能级平台建设，深入推进与省外双一流建设高校和国家大院大所合作共建创新平台。优化科学研究体系，完善基础研究支持机制，推进基础学科研究基地建设，争取国家在鄂布局数学、物理、化学等基础学科研究中心，开展前瞻性、引领性和独创性基础理论研究和前沿科学探索。完善核心技术攻关体系，激发企业科技创新潜能，提高国有企业研发经费使用绩效，对企业参与技术创新进行政策扶持，以税收政策、风险补偿、创投引导等方式予以支持。持续推进科技优势向产业发展优势转化，优化科技成果转化服务，高标准建设中部区域性技术交易市场，打造全国重要的科技成果转移转化高地。

(二)着力深入推进城市和产业集中高质量发展

当前，我省城市和产业集中高质量发展已经谋篇布局，下一步应着力深入推进，取得成效。重点推进城市设计规划和产业发展规划相协同，统筹资本运营、规划资金路径、优化土地利用、放活公共要素，构建科学可行的规划体系。推动土地高效率利用，拓展产城融合新空间。完善土地节约集约管理制度，鼓励企业在实际生产中探索提高土地利用效率的可行路径。对城镇低效用地实行动态更新管理，推动供地"增量递减、存量递增"和用地"规模集聚、效益递增"。积极培育和打造一批节约集约用地示范企业，鼓励工业生产从传统平面布局向立体布局转变，改变传统供地方式，实现产业链协同和生产要素集聚。坚持系统性理念，推动都市圈协同发展。创新完善区域间关系协调、利益分配、绩效考核、生态补偿等制度体系，促进地区合作，避免各地区之间的无序竞争。加强区域合作，打破行政壁垒，促进人才、技术、资金、数据等生产要素在城市间合理自由流动，以要素资源的优化配置助推全省经济高质量发展。

(三)着力加快建设供应链物流体系

以打造新时代九州通衢为目标，强化全省供应链物流体系建设。在产业发展层面，以大宗商品、纺织服装、汽车、磷化工、医药等产业为重点，按照"一链一策"原则，通过组链成网推动多产业集群的形成和发展，最终成为集聚优势产业的复合型供应链中心。推动全国供应链重要物流中心变通道经济为枢纽经济，建成国家物流枢纽，提升物流规模效益，培育一批具有国际竞争力的现代物流企业。构建成体系的数智化供应链信息平台，实现顶层综合平台和产业链子平台的互联互通，基于信息平台拓展创新性应用，率先实现人工智能等新兴技术对供应链的技术赋能。省市县三级加强农业产业链供应链平台建设，构建从研发创新、科学种养、冷链运输、品牌打造、销售推广等完整完备全链条，实现合理分工、优势互补、要素集合、循环畅通，壮大乡村特色产业，拓展农业多种功能，开发乡村多元价值，促进农民增收致富。

(四)着力推进乡村振兴

积极探索新一轮农村土地改革和户籍制度改革。争取试点部分地区土地完全集体所有，重新确定土地承包关系，农民可以优先承包土地，其他农业经营主体直接从农村集体承包土地，减少农民将自己的土地使用权转让给农业经营主体这一中间环节，降低农业经营主体的生产成本和增加其承包关系的稳定性，更利于其形成大规模经营的农田，引入现代农业技术和管理，提高农业生产效益。积极探索鼓励引导退休干部、退休教师、退休医生、退休技术人员、退役军人等回乡定居和发展的实现形式。探索将乡村振兴的主导权下放到县一级党委政府，由县级统筹规划和资源配置，形成一县一特色一方案一重点。加强乡村振兴宏观统筹管理，推动省级单位与乡村结对发展。改革全省驻村帮扶工作推进机制，以能够帮助乡村经济发展的部门、企事业单位为重点，深化结对帮扶双方利益联结机制，推动农村一二三产业融合发展。

专题三　湖北做强做优高标准市场体系的对策研究

（报告完成时间：2023 年 2 月）

　　建设高标准市场体系是党中央、国务院作出的重大决策部署，是构建更加成熟、更加定型的高水平社会主义市场经济体制的重要基础。近年来，湖北持续开展了市场准入准营和退出便利化、公平竞争审查制度建设、要素市场化配置改革试点、标准化建设、外商投资环境持续优化、信用监管和协同监管等一系列市场体系建设的改革试点，在畅通市场循环、疏通政策堵点、打通流通大动脉、推进市场提质增效、加快融入全国统一大市场等方面取得了较大成绩，但与省第十二次党代会提出的建设全国构建新发展格局先行区的战略要求相比，还有差距和不足。要建设全国构建新发展格局先行区，实现"建成支点、走在前列、谱写新篇"的战略目标，不仅要加快建设统一开放、竞争有序、制度完备、治理完善的高标准市场体系，还要进一步做强做优湖北高标准市场体系。

　　本研究报告重点分析了我省在做强做优高标准市场体系建设方面存在的主要问题，并针对性地提出了湖北做强做优高标准市场体系的对策建议。

一、湖北高标准市场体系存在的主要问题

（一）市场体系基础制度还不完善

一是知识产权制度体系还存在短板。在激发知识产权创新和保护、运用、侵权惩戒等一些环节存在不足，对知识产权运用能力建设、知识产权人才缺口、知识产权与经济发展融合、知识产权保护效果督查和区域发展统筹协调等方面还存在制度性短板。二是市场准入环节仍然存在痼疾。尚未建立覆盖省、市、县三级的市场准入隐性壁垒台账，市场主体对隐性壁垒的意见反馈渠道不够畅通。有的地区市场准入配套政策落实不到位。三是公平竞争审查的约束力还有待加强。公平竞争审查制度审查规范化不够，公平竞争审查范围不够全面，审查标准上把关不严，审查质量和效果有待进一步提升。

（二）要素市场化配置总体程度还不高

一是开放水平有待提高。阻碍要素自由流动的体制机制障碍仍然存在，要素市场化配置范围还需进一步扩大，要素市场体系不够健全。二是土地效率、劳动力效率、资本效率、科技贡献效率和数据利用效率有待提高。要素支撑能力和微观主体活力不足，劳动力与人才社会性流动渠道不够畅通，部分地区民营企业人才紧缺、人员流动性大、人才附着力不强等问题有待解决。三是科技创新资源配置方式和科技成果转化机制有待进一步改革。民营企业融资成本普遍较高，技术要素与资本要素融合发展驱动力不强。

（三）市场环境和质量亟待进一步提升

一是市场主体质量品牌意识需进一步加强。目前湖北知名品牌和企业还不多，产品知名度和品牌影响力不大。二是质量提升行动需进一步深化。质

量提升工作推进不平衡，对现有的质量提升经验总结推广力度不够。标准供给质量水平与我省经济地位不匹配，标准化能力建设与社会需求不匹配。三是消费市场环境还需进一步改善。各市州网络消费发展不均衡，中心城市新型消费覆盖面太小。物流通道与物流枢纽布局单一，农村物流网络覆盖不全。

（四）开放型经济意识和步伐较慢

开放型经济是湖北高质量发展的突出短板，也是潜力所在、空间所在。我省对外开放时间晚、层次低、领域窄，外贸依存度、出口依存度、经济国际化程度等一系列反映开放水平的指标比较低，外向型经济发展远落后于沿海发达省市，许多方面还被相邻省市拉开了差距。当前湖北省市场开放主要体现在商品和流动型开放，制度规范不够；相比于制造业，我省服务业对外开放的领域有待拓展，开放水平有待提高。

（五）市场监管体制机制需进一步完善

当前，我省市场监管体制机制仍在磨合完善之中，落实公平竞争审查制度上仍有差距，仍存在市场分割、地方保护、垄断和不正当竞争现象。市场监管任务繁重，监管资源与环境约束偏紧，市场治理体系不够健全，监管方式及效果与公平竞争要求、市场主体和人民群众期待还不相适应。相对于商品和服务市场监管，要素市场的监管刚性更强，问责机制更为严厉，要素市场协同治理难度较大。

二、做强做优湖北高标准市场体系的对策建议

（一）进一步夯实市场基础制度

一是进一步完善知识产权保护体系。优化资助奖励等激励政策和考核评

价机制，调动全社会加大知识产权投入；深入推行"三合一"审判机制并建立与之相适应的案件管辖制度和协调机制；探索建立知识产权侵权快速反应机制，完善惩罚性赔偿制度，加快推进专利侵权纠纷行政裁决示范建设试点省建设。

二是全面实施市场准入负面清单制度。进一步放宽市场准入试点，更大范围推进信息共享和业务协同；建立健全全省自贸区涉企经营许可事项清单，大幅削减企业进出口制度性成本；推行统一市场准入服务标准，实现全省统一登记注册标准和注销规则。

三是增强公平竞争审查制度刚性约束。持续开展妨碍统一市场和公平竞争政策措施清理，建立审查纠错与纪检监察线索移送、纪律监督追责机制，将公平竞争审查纳入政府考核；加强和改进反垄断与反不正当竞争执法，建立省反不正当竞争联席会议制度机制，加大查纠滥用行政权力排除、限制竞争行为力度。

（二）进一步提高要素资源配置效率

一是推进经营性土地要素改革。实施总量调控制度，实行盘活存量与使用增量挂钩机制；鼓励有条件的地方建立"亩产效益"综合评价机制，实行年度用地资源差别化配置；制定全省农村集体经营性建设用地入市的实施意见，健全用地市场准入及交易规则。

二是破除劳动力要素流动阻碍。探索实行武汉城市圈内户口通迁、居住证互认、户口迁移异地办结等机制，构建全省医疗保障信息数据共享交换体系；建立柔性化引才机制，制定湖北省高层次人才专项事业编制管理办法；支持人力资源服务产业园建设，加快流动人员人事档案信息化建设。

三是促进多层次资本市场有序发展。创新拓展融资渠道，扩大县域信贷投放力度，有序发展新型质押及供应链票据融资业务，实现利率市场化和风险定价；积极培育资本市场机构投资者，鼓励私募基金健康发展，推动地方法人金融机构运用货币政策工具，降低实体经济融资成本。

四是发展技术和数据要素市场。推动湖北技术交易大市场建设，大力培育技术转移服务机构，建设湖北数据分中心及汽车、钢铁、电子信息等行业分中心，推动数据高效流通；组建国有数据资产专业运营公司，推进数据资产化管理、市场化运营和融合应用；建立数据要素交易规则和监管体系，建立数据资源产权、交易流通、跨境传输和安全等基础制度和标准规范。

（三）全面改善提升市场环境和质量

一是大力提升商品和服务质量。整体推进湖北质量基础设施"一站式"服务网络平台建设，探索构建"互联网+质量基础设施"服务生态；完善质量奖激励机制，支持各地建立并完善质量奖评比表彰机制，改进规范激励政策举措；推进产品伤害监测体系建设，建设省级缺陷消费品召回专家库，建立并完善产品质量安全事故强制报告制度。

二是切实加强标准和品牌建设。推行企业标准"领跑者"制度，深化企业产品服务标准自我声明公开制度，建立企业标准排行榜，引导第三方机构开展产品服务标准比对和评价；全面推行资质认定告知承诺制，建立政产学研质量品牌共推机制，推进质量提升和品牌建设。

三是加强市场基础设施建设。全面推进智慧交通行业通、部门通、区域通、社会通工程，支持湖北国际物流核心枢纽、武汉航空邮件处理中心建设；实施智能市场发展示范工程，建设智能消费综合体验馆，加大升级步行街智慧化改造力度，积极引进社会资本参与新型基础设施重大项目建设。

（四）加快构建高水平开放型经济新体制

一是有序扩大金融服务业市场开放。支持设立外资控股的证券公司及外商独资或合资的资产管理公司，支持省内证券法人机构申请非金融企业债务融资工具主承销业务资格；鼓励外商更多向高新技术产业，加强对外资企业申请高新技术企业认定的指导和服务。

二是有序扩大社会服务业市场开放。降低社会办医准入门槛，以医疗、教育、体育、托幼、环保、市政等领域为重点，减少市场准入限制、鼓励社会力量在医疗资源薄弱或短缺领域开办医疗机构，探索建立非急救业务的社会化运行和规范化监管机制，培育多元市场主体。

三是完善外商投资准入管理制度。落实《外商投资准入特别管理措施（负面清单）》，加强对负面清单执行的监督检查；开展涉外投资地方性法规和规范性文件清理，取消针对外资的准入限制，支持外资加大创新投入力度，提高外商投资服务水平。

四是加快与国际规则接轨速度。制定湖北对接《区域全面经济伙伴关系协定》（RCEP）行动计划，引导企业主动参与国际产业链、供应链重塑；培育和认定一批省级境外经贸合作区，争创国家级境外经贸合作区，实施内外销产品"同线同标同质"工程。

五是打造高水平对外开放平台。统筹推进自贸区、综保区、高新区、阳逻港、航空"双枢纽"等重点平台，强化各个平台之间的协同发展，促进信息共享、规划同编、产业同链。鼓励各平台加强与进博会、广交会、高交会的联络，构筑进口、仓储、消费、体验、交易、渠道、品牌等一整套体系。

（五）进一步完善现代化市场监管机制

一是大力完善综合协同监管机制。统筹不同区域间裁量标准制定、实施、沟通、协调，防止同案不同罚；完善联合执法和行刑衔接机制，探索建立全省市场监管系统案件移送、执法协助、联合执法制度机制，会同公安、检察等部门落实和完善市场监管领域行刑衔接工作机制。

二是加快构建以信用为核心的新型监管机制。全面深入推行"双随机、一公开"监管，推动市场主体信用信息归集共享；完善市场主体信用承诺和信用修复制度，进一步梳理市场监管系统行政许可告知承诺事项；探索依据企业信用依照有关规定实施激励或限制措施，加强对被列入经营异常名录企业的管理力度。

三是积极防范市场异常波动和外部冲击风险。加强网络市场监测，制定实施网络市场监测后处理制度。制定价格异常突发事件应急预案，强化市场价格巡查检查，及时采取应对处置措施。基于市场监管大数据能力平台，汇聚整合市场监管领域数据，探索风险预警应用。

四是完善维护市场安全的体制机制。完善特种设备市场准入制度，推进落实企业主体责任标准化，防控特种设备安全风险；制定完善重点工业产品质量安全监管目录，建立完善重点行业和区域风险监测站，加强风险信息采集研判。推进以"双随机、一公开"监管为基本手段、重点监管为补充、智慧监管为支撑、信用监管为基础的协同监管机制建设。

专题四　湖北省推进房地产高质量发展试点研究

（报告完成时间：2023 年 5 月）

一、房地产行业发展背景

2017 年，中国共产党第十九次全国代表大会首次提出"高质量发展"表述，表明中国经济由高速增长阶段转向高质量发展阶段。2022 年，党的二十大报告指出，高质量发展是全面建设社会主义现代化国家的首要任务。房地产业是国家的支柱产业，在经济社会发展中具有重要地位，具有先导性、主导性产业特征，推动房地产业稳定健康和高质量发展，对宏观经济持续健康发展、加快城市建设、改善人居环境、提升生活品质，都具有举足轻重的作用。同时，住房问题关系民生福祉，是"稳增长、扩内需"、建设强大国内市场的重要领域。因此房地产业要以满足人民日益增长的美好生活需要为出发点和落脚点，转变发展方式，实施转型升级，肩负起在新时代的行业新使命。

发展方式上需转变为持续、平稳、健康的新模式。"高负债、高杠杆、高周转"的"三高"开发模式维持了我国房地产市场 20 多年的快速增长，但在结构性和周期性等因素叠加下，房地产行业呈现出市场销售大幅回落、多家头部企业债务违约、城投托底土地市场的现象，粗放的房地产市场发展难以为继。在 2022 年，我国房地产行业经历了前所未有的挑战，随着各项政策的逐步落地见效以及保交楼任务的实现，房地产开发行业正在从"三高"经营发展模式向持续、平稳、健康发展的新模式转变。

发展定位中需要坚持"房住不炒"的定位。2016 年底，中央经济工作会议指出，要坚持"房子是用来住的，不是用来炒的"的定位；2017 年，十九大报告把"房住不炒"写入中央文件，也意味着成为当前我国房地产政策和住房制度改革的根本遵循和基础；在党的二十大报告中，保持"房住不炒"同时提出"增进民生福祉，提高人民生活品质"以及"支持刚性和改善性住房需求"；在 2023 年 4 月中央政治局会议中指出，坚持上述要求的同时需做好保交楼、保民生、保稳定工作，推动建立房地产业发展新模式。

湖北省积极推动房地产行业高质量发展试点建设。党的十八大以来，习近平总书记 5 次考察湖北，参加全国人大湖北代表团审议，赋予湖北加快建成中部地区崛起重要战略支点的目标定位，要求湖北在转变经济发展方式上走在全国前列，奋力谱写新时代湖北高质量发展新篇章。在此定位下，湖北省第十二次党代会上提出了建设全国构建新发展格局先行区的目标任务。推动建设全国构建新发展格局先行区是转变发展方式、推动高质量发展的现实需要，是立足湖北基础和条件作出的积极探索。为此，在推进房地产行业高质量发展的进程中，湖北也要进行积极探索，先行先试，推进高质量发展试点建设。2022 年，面对需求收缩、供给冲击、预期转弱三重压力和疫情反复等因素，湖北省各级政府因城施策、多措并举支持合理住房消费，多数城市优化限购限贷政策，下调首付比例和贷款利率下限等，降低居民购房门槛和成本，交出了向难而进、难中求成的发展答卷，为加快建设全国构建新发展格局先行区作出了贡献。然而在 2023 年，我国多地房地产多项指标下降，在供给端和需求端都仍存在突出问题，"稳市场、促转型、防风险"工作依然存在难点和堵点。

为此，通过分析湖北省房地产行业发展现状，深入探讨湖北省房地产高质量发展面临的困境及问题，为湖北省推进房地产高质量发展提供理论支持，最后结合湖北省发展定位和发展实际，为探索房地产高质量发展新模式提供决策参考和借鉴。

二、湖北省房地产发展的现状

（一）新房销售和二手房交易市场

进入2023年以来，随着疫后社会经济秩序的恢复，国家、省及各城市一系列稳市场政策措施的出台，湖北省新建商品房销售量价均实现止跌回升，市场预期有所改善，特别是武汉市，新建商品房和二手房销售明显好转，市场显现持续回暖趋势。

1. 房地产开发投资增幅持续扩大

2023年1—4月，全省完成房地产开发投资1704.13亿元，同比增速2.4%，同比增幅较1—3月提高0.8个百分点（见图7-23）。湖北省开发投资总量居全国第七位（较1—3月提升3个位次），中部第二位，增幅居全国第十一位（在9个投资总量过1500亿元的省市中排第二，仅次于上海），中部第一位，比全国（-6.2%）、中部（-8.9%）分别高8.6和11.3个百分点。其中，武汉市完成房地产开发投资1036.37亿元，同比增长10.4%，；宜昌市完成房地产开发投资71.77亿元；襄阳市完成房地产开发投资104.94亿元，同比增长12.6%，比2022年全年增幅扩大4.99个百分点，增幅持续扩大。

2. 新建商品房销售面积降幅收窄

2023年1—4月，全省商品房销售面积1712.08万平方米，同比-4.5%

（见图 7-24），降幅较去年全年收窄了 15.1 个百分点。4 月份，全省商品房销售面积 553.79 万平方米，环比 -11.2%（约 20% 客户等待 5 月房交会优惠政策延迟购房）。湖北省商品房销售面积总量居全国第九，中部第四位，同比增幅居全国第二十五位（在 10 个销售总量过 1500 万平方米的省市中排名第八），中部第四位，比中部（-7.1%）高 2.6 个百分点。其中，1—4 月，武汉市新建商品房销售面积 480.6 万平方米，同比增长 18.8%；襄阳市商品房销售面积 110.54 万平方米，高于宜昌 23.05 万平方米，同比下降 10.1%，降幅低于宜昌 7.5 个百分点。

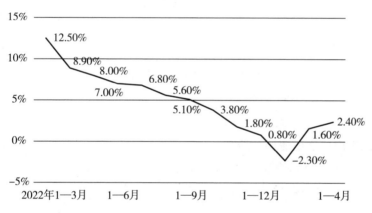

图 7-23　湖北省房地产开发投资增速（2022 年—2023 年 4 月）

（数据来源：湖北省住建厅官网）

3. 销售价格持续上涨

2023 年 4 月，从纳入 70 个大中城市房价指数统计的 3 个城市看，武汉市新建商品住房价格指数环比 0.7%，年初以来持续正增长，在 70 个大中城市中排名第三位（仅次于银川（1%）、成都（0.9%））。宜昌市新建商品住房价格指数环比基本持平；襄阳市新建商品住房价格指数环比 0.4%，连续 3 个月上涨。

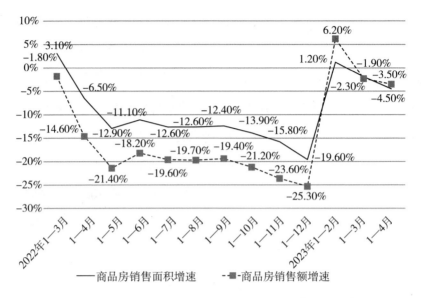

图 7-24 湖北省商品房销售面积及销售额增速（2022 年—2023 年 4 月）

（数据来源：湖北省住建厅官网）

4. 二手房成交增速屡创新高

2023 年 1—4 月，全省二手房成交 756.1 万平方米，同比增长 38%。其中，武汉市成交 440.4 万平方米，同比增长 87.3%，特别是 4 月，武汉市二手住房成交 124.1 万平方米，同比增长 104.1%，首次出现二手房成交量高于新房成交量的现象。

5. 购房需求有所回升

根据中国人民银行 2023 年 4 月 3 日公布的《2023 年第一季度城镇储户问卷调查报告》，未来三个月有 17.5% 的居民计划购房，这一比例明显高于 2022 年第四季度（16%）。但与历史数据相比，整体购房需求仍处于相对低位水平。近期，国家统计局湖北调查总队对 701 名居民和多家房企、中介开展了专题调研，从未来购房需求来看，"首套刚需"占 35.22%，"改善购房"占 29.96%，"为父母、子女购房"占 20.22%，"学区购房"占 10.86%，"投资购房"占 2.62%，"养老、度假购房"占 1.12%。但总体居民购房需求相对较弱，未来在供需两端齐发力，将有利于湖北房地产市场进一步回暖。

(二)土地供应市场

土地成交增幅较大。根据国信房地产信息网数据统计：2023 年 1—3 月，湖北省土地累计出让面积 2863.4 万平方米，土地成交面积 2251.68 万平方米，未成交面积为 325.28 万平方米。2023 年 3 月湖北省土地出让面积为 1284.49 万平方米，同比增长 1.38%，环比增长 72.69%；2023 年 3 月湖北省土地成交面积为 918.41 万平方米，其中住宅用地成交面积为 46.95 万平方米，工业仓储用地成交面积为 804.15 万平方米，商服办公用地成交面积为 39 万平方米，全部用地成交价款 38.82 亿元，成交价款同比下降 72.75%，成交价款环比增长 63.5%。武汉市 5 月 5 日完成 2023 年度首批供地清单的第一场土地拍卖活动，7 宗地块中包含的 3 宗住宅用地最终 1 宗溢价成交，2 宗底价成交，收金 22.86 亿元，总出让面积 14.3 万平方米，总规划建面 34.5 万平方米，成交楼面均价 6633 元/平方米，平均溢价率 4.57%。襄阳市区 1—4 月通过挂牌出让 6 宗房地产项目开发用地，土地成交面积 46.25 万平方米(693.78 亩)，虽同比增加 557%，但均以底价成交，拿地主体均为本土企业，其中，国有平台兜底 85.89 亩。

(三)住房租赁市场

市场活跃度上升，住房租金环比微涨。2022 年以来，住宅租金表现较为疲弱。受新冠疫情反复、经济下行压力加大等因素影响，2022 年，全国重点 50 城住宅平均租金累计下跌 2.50%。《中国住房租赁市场发展报告(2023 年一季度)》显示,2023 年一季度住房租赁市场活跃度同比提升,全国重点 40 城成交量同比增加 14.7%。租赁市场成交主力仍然是两居室,占比超过 40%;其次为一居室,占比接近 30%。但其中以武汉为代表的二线城市(成都、重庆、杭州、西安等)租金以下跌为主,且多数未达到去年同期水平。近期随着毕业季到来,租赁市场活跃度上升,自 5 月以来武汉市住房租赁价格有所回升,较年初上涨 1.42%。

(四)住房保障体系

1. 一批民生保障项目重点推进

2022 年,全省 17 个市州、60 个县(市)积极推进试点工作,累计收购房源 44576 套,分配 28148 套,为解决新市民、青年人等群体住房困难问题提供了新路径。稳步推进保障性安居工程,全省开工(筹集)保障性租赁住房 6.96 万套,开工棚户区改造 3.64 万套。全年开工城镇老旧小区改造 3248 个,开工率居全国前列。同时,有效提升住房公积金保障能力,新增归集住房公积金 1039 亿元,支持住房消费总额 1068 亿元,实现"双千亿"目标。2023 年湖北省计划推动保障性住房建设、旧城改造和适老化改造,建设筹集保障性租赁住房 10 万套,改造棚户区住房 4.8 万套,改造城镇老旧小区 4000 个以上,完成适老化改造 2.5 万户。截至 2023 年 3 月底,宜昌市完成棚户区住房改造开工 2142 套,完成率 48.33%;筹集保障性租赁住房 4971 套,完成率 79.26%;公租房项目 500 套已主体封顶;发放城镇住房保障家庭租赁补贴 1888 户,完成率 75.37%。

2. 住房公积金惠及面扩大

2022 年,全省新开户单位 23537 家,净增单位 16885 家,同比增长

17.68%；新开户职工 67.71 万人，净增职工 28.48 万人，同比增长 5.29%；实缴单位 112388 家，实缴职工 566.91 万人，缴存额 1142.73 亿元，同比增长 9.86%。2022 年，全省 187.44 万名缴存职工提取住房公积金；提取额 726.57 亿元，同比增长 10.64%。2022 年，全省发放个人住房贷款 12.47 万笔 613.50 亿元，同比增长 -3.11%、1.53%。2023 年 1—4 月，襄阳市发放住房公积金贷款 4425 笔 21.87 亿元，其中：一手房 1745 笔 9.55 亿元，业务量占比 39.44%，金额占比 43.69%；二手房 539 笔 2.75 亿元，业务量占比 12.18%，金额占比 12.61%；商转公 2141 笔 9.56 亿元，业务量占比 48.38%，金额占比 43.7%。宜昌市 2023 年 1—4 月新增实缴人数 20997 人，同比增长 6.18%；新增住房公积金归集额 27.46 亿元，同比增长 12.86%；发放个人住房公积金贷款 5133 笔 23.53 亿元，同比增长 91.92%。

三、湖北省房地产发展存在的问题

（一）"高负债、高杠杆、高周转"的开发模式难以为继

自 2010 年万科等龙头房企通过"高负债、高杠杆、高周转"的模式获得巨大利润，开启房企"三高"模式至今已有十余年时间。在房地产高速发展时期，大量房企通过连续同时开发多个项目，不断加大杠杆的方式进行滚动开发。同时，企业通过预售制度加快周转速度，房企加快开工建设进程获得预售资格，销售"期房"迅速回笼大量资金，再使用预收款进行下一阶段的购地和新开工等项目的推进工作，实现资产的快速周转。相较于现货销售，预售方式开放项目的动态回收期要减少 10 个月左右，能够迅速帮助房企解决资金来源问题。2008 年到 2021 年，房企的期房销售占比从 64.4% 增加至 87%，房企融资结构中其他资金来源占比由 2012 年的 43.79% 上升至 2021 年的 55.83%。

其中，定金及预收款、个人按揭贷款占比由 62.82%、24.89% 上升到 65.84%、28.84%，高周转模式在房企中得到了广泛应用。在加高杠杆与连续预售推进项目建设的情况下，房企为了推动多元化发展，四面出击，扩大资产规模，上市房企的资产负债率从 2005 年的 59.98% 上升至 2021 年的 79.19%，远超世界主流发达国家房企最高 70% 的资产负债率水平。最终形成了当前"高负债、高杠杆、高周转"的开发模式。

但是为了避免房地产系统性风险，防止资金链断裂对经济产生的巨大冲击，保证经济的稳定发展和高质量发展的要求，当前我国的房地产调控政策日益趋于严格，"三高"模式导致的各种债务风险问题越来越多，不可持续。自 2020 年下半年至今，中央对于房地产市场调控力度不断加大，包括但不限于供给端的针对房企的"三道红线"，针对资金供给商业银行房地产贷款的"两条红线"，针对土地供应的"两集中供地"等政策。房企融资渠道的全面收缩让许多龙头企业出现流动性危机，房地产市场的运行逻辑开始出现深刻变化。多数房企在疫情冲击、收入受限、融资渠道收窄、预期转弱等多重因素下，面临转型阵痛。2021 年，申请破产倒闭的房企数量达到 396 家，房企融资状况依旧不容乐观。根据 2022 年上市房企公布的数据以及"三道红线"标准显示，绿档房企数量占比从 2020 年的 34% 降低到 2022 年的 30%，橙档与红档房企占比持续增加，数量占比由 18% 提升至 33%，大量房企面临更大的"监管红线"约束。

2021—2022 年度，房地产负债率基本保持稳定维持在 80% 以下，湖北省 5 家上市房企总负债规模 2021 年合计约为 728 亿，平均负债率相较于 2019 年的 74.29% 降低了 27.17%，其余中小型房地产开发企业整体负债率仍然维持在 70% 以上。但是由于房地产行业庞大的市场规模产生的巨大惯性，不可持续的发展模式短期难以改变，房企转型举步维艰、异常困难。

（二）城市间与城市内结构性矛盾凸显

根据2023年3月国家统计局70个大中城市新建商品住宅价格指数数据显示，一线城市房价当月同比呈现上升状态，相较于2022年上升1.70%，开始呈现出一定的复苏态势；而二三线城市房价仍然处于下行阶段，相较于2022年当月同比，二线城市下降0.2%，三线城市下降2.7%。湖北省2023年6月平均房价数据显示（见图7-25），武汉市平均房价为15757元/平方米，其余市、州、县房价则均低于10000元/平方米，其中最低的咸宁市为4402元/平方米。湖北省内城市之间分化严重，结构性矛盾凸显，武汉市房地产市场需求回暖，房价稳中向好；省内其他城市房地产市场需求端短期内仍将出现震荡并保持低迷态势，购房信心恢复缓慢。

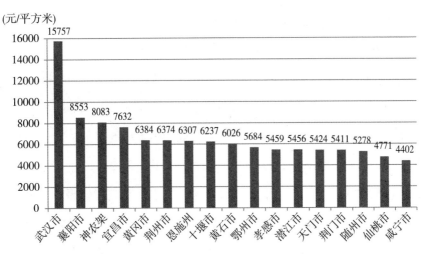

图7-25　湖北省各市州2023年6月平均房价（单位：元/平方米）

（数据来源：安居客）

武汉市的优质资源和人口优势决定了房地产市场的回暖是必然的，而大部分省内其他城市由于库存高、城市基础建设水平不高、经济水平落后、城市吸引力不足等原因，房价短期内难以回升，房地产市场回暖缓慢，信心恢复需要较长时间。尽管房价降幅在逐渐收窄，但是省内其他城市与武汉市的差距仍然在不断拉大，结构性矛盾仍然日益严重。在湖北省武汉市与其他市、州、自治区经济发展严重不平衡的情况下，房地产市场的差异更加明显，武汉市的房价回升、需求增加与其他城市房价长时间低迷、需求不足形成巨大反差，城市间房地产市场发展严重不均衡，区域间市场分化显性化，三四五线城市房地产市场崩盘风险始终存在。

同样的，在城市内部也存在结构性问题，其主要体现在租赁住房市场体系的不健全和供给侧结构的失衡。以宜昌市与襄阳市房地产市场为例，目前宜昌市新市民对住房租赁的需求大，但租赁市场存在以下几个方面的问题：一是经营主体少，以房屋租赁为主要业务的企业仅 12 家；二是投资收益低，社会投资积极性不高；三是房源多为私人住房，规范化、专业化程度低；四是政府监管制度不健全，租户权益难以保障等。此外，目前住房的结构性过剩与结构性短缺并存，住房市场地域性差异显著。以襄阳市为例，尽管其市区房地产市场预期已有所好转，但市区商品房销售面积同比降幅低于县（市）6.4 个百分点，市区房地产开发投资持续保持正增长，县（市）投资总体已出现负增长；建筑业方面，县（市）完成建筑业产值 69.35 亿元，对全市建筑业产值增长贡献率仅为 38.23%，其中，谷城县同比下降 22.2%。受土地价格和配套设施等影响，部分地区住房短期内建设过多，而销售缓慢；部分地区住房供应不足，资源稀缺，引起房价过高。此外，受学区房、设施配套等关联配置资源影响，区域价格差异较大，住房存在供需端失衡问题，对城市的发展秩序产生影响。

（三）市场预期减弱，复苏后劲不足

大量经验事实表明，市场预期对于房地产市场运行具有强力影响，公众预期与房价波动存在紧密的关联性，对于未来经济状况预期的变化会通过改变公众的经济行为决策以及对于未来住房价格的评估影响当期的房市运行。而公众对市场的预期主要体现在两个方面：一方面是对于房地产价格的预期，另一方面是对自身收入的预期。具有投资性需求的消费者对于房价继续提升持悲观预期，除去一线城市以外，其余二三四线城市的房地产价格仍然整体处于缓慢下行的状态。具有投资性需求的消费者市场预期减弱。

具有刚性需求与改善性需求的消费者更多地集中在一二线城市，其主要原因一方面在于一二线城市的人口基数大，另一方面在于一二线城市的人口年龄结构更为年轻化，具有改善性住房需求与刚性住房需求的人口比例较高。而他们由于年龄以及工作经历等原因使得年轻人的收入预期远低于中老年人，尽管相对来说年轻人薪酬发展空间更大，但是由于其不稳定性和对于经济下行趋势产生的恐慌，中青年人对于自身收入水平的未来预期普遍呈现较为悲观的态度。同时，一二线城市带来的公共设施与环境优势使一二线城市优势区位的房地产还是呈现出供不应求的状态，而且保障性住房也相对较为紧缺，房价始终呈现出上涨趋势。主要消费群体对房地产价格呈现出看高的预期。尽管这有利于一二线城市房地产市场价格保持稳定与缓慢上涨的趋势，但当前过高的价格产生的门槛效应阻挡了最具有刚性需求与保障性需求的消费群体，造成了严重的民生问题，同时也为房地产市场供求关系的失衡埋下了巨大的隐患。

以襄阳市为例，在新襄七条政策拉动和春节返乡置业潮的影响下，2023年第一季度市区房地产市场呈现弱回暖态势，1月、2月、3月商品住房网签销售面积分别环比增长18.99%、43.51%、19.33%，连续3个月环比上涨。但随着积压需求释放，自4月开始市场又逐步降温，4月商品住房网签销售面积环比下降8.46%，房地产市场还处于筑底阶段，整体市场预期仍然处于低迷状态，复苏后劲不足。

最后，由于湖北省当前仍然存在限制性政策限制居民购房需求，部分有能力进行投资性住房购置的消费者基于限制降低了购买预期。我省限购、限贷、限价、限售等政策仍然在限制居民购房需求，例如武汉住房限购范围为江岸、江汉、硚口、汉阳、武昌、青山、洪山区，东湖新技术开发区、武汉经济技术开发区、东湖生态旅游风景区，以及东西湖区、江夏区、黄陂区的部分区域，整体限制范围较广。

（四）人口周期性问题开始显现

随着 2022 年全国常住人口自然增长率首次呈现出负增长的情况，人口周期性问题开始正式显现。2022 年全国常住人口增长率为-0.6‰，而湖北省常住人口自然增长率为-2.01‰，相较于全国的人口负增长趋势来说，湖北省除生育率导致的人口负增长问题以外，人口流失问题导致湖北省的常住人口自然增长率显著低于全国总体水平，人口周期性问题显得更为严峻(见图 7-26)。

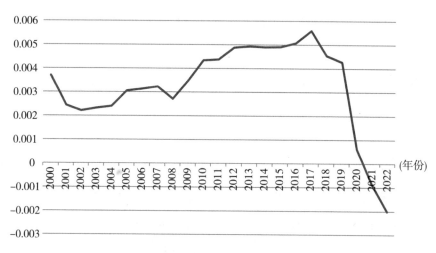

图 7-26 湖北省常住人口自然增长率（2000—2022 年）

（数据来源：Wind 数据库）

此外，我国当前的人口老龄化问题逐渐严重，截至第七次全国人口普查数据，中国60岁以上人口占比已经超过18%，老龄化程度进一步加深，我国已经进入快速老龄化的进程。全国人口周期性增长导致人口结构向老龄化转变，初次生育年龄的推迟，人口发展趋势也难以在短时间内产生逆转。

人口的周期性问题对于房地产市场发展的影响不仅仅在于需求的减少，更是对房地产市场需求结构产生了深远的影响。根据贝壳研究院等相关研究机构调查结果显示，当前我国的购房人群主要为25岁到45岁有安家置业需求的青年与中年群体，而在45岁以上的因为投资需求而进行购房的群体比例相较于中青年群体明显要低。而依照当前我国现有的退休政策，60岁以上的老龄人口在无特殊情况的条件下均已进入退休行列，收入主要来源为退休金与投资收益，收入增长显著低于中青年时期，非必要支出减少，生活支出重心转移到医疗服务、养生保健等方面。

从宏观层面来看，我国人口的周期性问题，尤其是老龄化问题在为社会保障方面带来更大负担的同时，房地产市场面临着市场需求结构转型的重大问题，老龄化的必然趋势意味着房地产产业革命势在必行，但是在经济下行的情况下房地产行业刚刚进入复苏阶段，对于房地产市场的需求结构转型显然还没有准备。从微观层面来看，老年群体除去改善性住房需求以外，其对于房地产市场的影响同样与养老方式高度相关，而当前的家庭养老模式很难刺激老龄人口产生新的非投资性需求外的购房需求。因此当前的人口结构很难支持湖北省房地产再次回到高速发展阶段。

（五）保障性住房市场制度不完善

首先，目前，全省的保障性住房在建设过程中往往存在资金难落实、选址不合理、建设管理难等问题。保障性住房的聚集，容易形成"贫民窟"现象，给后续的住房管理增加难度，不利于社会的长治久安。此外，保障性租赁住房因涉及大量资金投入，收益资金回笼慢，因此即便政策有优惠，但市场主体投资积极性仍然不高。而仅仅依靠政府投资建设易出现资金落实难、建设管理难、建设周期较长，难以弥补现阶段租赁市场短缺等问题。现阶段利用闲置用地、低效用房、存量房屋等途径筹集保障性租赁住房，虽具有成效快、市场积极性高等优点，但也面临用途变更无政策依据、改建安全难以保障、房源筹集进度缓慢等问题。

其次，作为省会的武汉市由于其经济发展水平与城市地位等原因具有相对较为完善的保障性住房市场制度体系。而除去省会武汉以外，湖北省内其他市、州、林区的保障性住房市场制度仍然存在较大缺陷。以宜昌市为例，宜昌房屋建设成本与武汉基本持平，但租赁价格水平远低于武汉（武昌区 15~30 元/平方米·月，宜昌主城区 8~18 元/平方米·月）。2022 年，中央预算内资金仅支持武汉市等 40 个大城市（其中工业用地配建保障性租赁住房每套 1 万~2 万元，国有出让土地新建保障性租赁住房每套达 6 万~7 万元），且武汉市同时享受中央财政补贴资金，而宜昌仅享受中央财政补助资金（每套约 1.97 万元），宜昌资金压力与可持续运营的难度较大。

最后，在保障性住房政策体系方面，《湖北省城镇保障性住房管理办法》于 2018 年出台，2021 年发布《湖北省住建厅关于加快发展保障性租赁住房的通知》，但目前暂未出台共有产权住房相关指导性文件。

（六）市场供需不匹配

市场供需不匹配是房地产市场问题最明显的表现，供给主体和渠道单一，保障性住房与高品质住房不足。房地产市场经过 20 多年的快速发展，在解决住房短缺问题上发挥了重要作用。但也形成了"单一产品、单一主体、单一市场、单一机制"的房地产供给模式，市场普遍重售轻租，租赁住房发展存在短板。其供需不匹配的主要原因就是由上述讨论的四个问题构成。"高负债、高杠杆、高周转"开发模式的不可持续导致房地产企业资金链断裂，开发周期停滞，企业周转困难，大量开发中房地产不能及时保证交付，供给端出现问题。"烂尾楼"的存在不仅让企业的资金周转出现问题导致供给减少，同时还占据土地资源，增加土地再开发成本，减少土地供给。据中指研究院统计，2022年下半年短期库存出清周期为 16.9 个月，较 2021 年末延长 3.1 个月。以武汉为例，主城区商品住宅出清周期达 14.5 个月，而远城区为 22.6 个月，远超过合理区间，市场库存去化压力较大。其次，受融资通道收缩和销售行情下行影响，房地产企业债务危机频发。保交楼工作仍面临不小压力，截至目前，全省共有 146 个存在逾期交付风险的项目，其中，红档项目 9 个，重大风险项目 2 个，涉及已售未交付套数 9.58 万套，146 个项目资金缺口约 214 亿元，风险项目资金缺口多，防范化解风险压力大。

各线城市间结构性问题的凸显是房地产供需不匹配的一个最为典型的表现。一二线城市的优质环境和良好的公共基础设施让其房地产市场有了基础性的保障，优质地区的房地产市场仍然呈现出供不应求的状况。而三四五线城市以及一线城市的边缘地带由于经济发展问题以及区位因素势必导致其房地产市场优质产品较少，区位属性作为房地产商品最为重要的属性之一，其对于当前我国房地产市场的价格与供需关系产生了非常大的影响。以湖北省为例，武汉市平均房价至少是湖北省其他市、州、自治区的 2 倍以上，最高可达 4~5 倍水平。武汉市与其他城市结构分化的状况愈演愈烈，市场供需地区间差距逐渐拉大，供需不匹配的情况日益严重。

而人口的周期性问题同样对房地产市场的供需不匹配产生很大影响。2022 年，湖北省保障性租赁住房已开工(筹集)6.93 万套，新市民、青年人住房困难问题得到一定程度缓解，但解决刚性住房需求仍存在较大困难，租购并举住房制度亟待加快建立；住房保障体系有待完善，保障性租赁住房和共有产权住房供给要进一步加大；多孩、适老等改善性住房需求仍待满足，市场普遍反映高品质商品住房供给不够。不仅仅是供给端缺少高品质的商品住房，同时从需求端来看，对于高品质租赁与保障性住房的强烈需求难以得到满足，购房群体普遍面临着购房成本高、支付能力不足、压力大的问题。从首付比例看，以武汉为例，首套房最低首付比例仍为30%，而部分城市如河南南阳、山东潍坊、湖北宜昌等地区已降低至20%，武汉购房压力仍较大。从贷款利率看，2023年4月，新建商品住宅销售价格同环比均连续3个月下降的城市共有38个，武汉也在列。然而与郑州首套房贷款利率降至3.8%相比，武汉利率仍较高。同时在2022年，面对风急浪高的国际环境，多重超预期因素的严重冲击，经济下行压力仍然存在。2022年湖北省人均可支配收入32914元，低于全国总体水平3969元，全国排名第十三，中部六省中排名第二，且距离全国第一的上海市有较大差距。目前就业形势依然严峻，市场主体特别是量大面广的民营经济、中小微企业和个体工商户困难较多，吸纳就业能力下降，稳就业任务艰巨，降低了居民的购房能力和意愿。

　　市场预期则是从整体上对房地产市场产生综合性的影响。房地产供给端对于房地产市场的低预期会减少房地产商品的供应。2022年1—10月，湖北省房地产施工面积为25777.5万平方米，同比下降7.9%；商品住宅的新开工面积为2854.8万平方米，同比下降49.4%；商品房住宅竣工面积共1721.3万平方米，同比下降10.8%。整体而言，房地产业规模有所倒退，供给减少。而需求端消费者对于自身收入的预期不足和对房价过高的未来预期同样会减弱整体需求水平。因此，低迷的市场预期对整个房地产市场的供给与需求两端都产生了消极的影响，导致了市场供需整体性的低迷。

四、湖北房地产发展的对策建议

　　我国房地产市场正经历政策调整的震荡期，处于从旧发展模式换道到新发展模式的窗口期。立足当前阶段，提出以下对策建议。

（一）保交楼稳定市场预期

尽管中央和地方都出台了一系列稳地产政策，但房地产市场持续下行，市场预期持续减弱。房价预期是影响住房需求的首要因素，应抓住稳预期这一稳地产政策的"牛鼻子"。"房住不炒"的定位是在"跨周期"视角下提出的。在坚持"房住不炒"定位的同时，也需要营造房地产平稳发展态势，宣传好项目及好品牌，给行业发展维持必要的发展信心。

牢牢抓住"保交楼"关键，不能让购房者的利益蒙受损失。继续加大"保交楼"金融支持。建立金融机构支持开发企业"白名单"制度，发布金融重点支持房地产开发企业名单。在新区的建设工程施工许可的商品住房项目中推行"购房人先验房后收房，收房即拿证"制度，从制度上维护购房人"收房"和"拿证"两大核心利益。每月定期发布房地产市场"红黑榜"。

探索建立商品住房网签单套价格区间指导制度，确保商品住房均价整体平稳，传递市场企稳上升信心。高标准举办住博会、建博会，集中展示房地产业、建筑产业高质量发展成果。

（二）促进改善性需求释放

对拥有一套住房并已结清相应购房贷款的家庭，再次申请贷款购买普通商品住房，银行业金融机构执行首套住房贷款政策。

加大税费优惠力度。探索第二套改善性住房契税优惠、居民换购住房个人所得税退税优惠，支持居民合理住房消费。建议调整契税政策，不区分面积90平方米以上和以下，也不分第一套和第二套。推行居民换购住房退税优惠政策，对一定时间范围内出售自有住房并在现住房出售后一年内重新购买住房（新房及二手房均可）的纳税人，对其出售现住房已缴纳的个人所得税予以退税优惠。

优化换房置业流程。实施二手房"带押过户"交易登记新模式，促进一、二手房良性循环。

优化个人住房公积金贷款"认房认贷"标准，对缴存职工既无住房公积金贷款记录，又无尚未结清住房商业贷款的，比照首套住房贷款政策执行。实行家庭住房公积金使用代际互助，公积金缴存职工购买住房可提取配偶及双方直系亲属的住房公积金用于购房首付款和偿还贷款。提高首套住房和多孩家庭住房公积金贷款额度，有序推进第二套住房"商转公"。放宽公积金使用方式，让公积金既可以贷款，又可以提取，而不是提取和贷款只能二选一。

引导改善型住房产品增加供给。在规划源头控制密度，降低高层住宅占比，增加洋房及小高层住宅占比。引导企业建设差异化、宜居性、智能化的住宅产品。开展商品房销售进重点企业、进重点县市、进征收工地等形式多样的营销活动，推出团购优惠。

推行"房票"安置政策，开展房屋征收和住房消费精准对接。适度控制安置房、还建房，鼓励被征收人购买商品住房或存量住房。

(三)加大保障性住房政策支持力度

引导供给主体多元化。保障性租赁住房因涉及大量资金投入，而收益回笼较慢，投资吸引力有限。要鼓励"多主体供给"，支持农村集体经济组织、企事业单位、园区企业、住房租赁企业、房地产开发企业等主体参与供给。集体经营性建设用地、企事业单位自有闲置土地、产业园区配套用地、存量闲置房屋、新供应国有建设用地等均可筹集为保障性租赁住房房源。对符合规定的保障性租赁住房项目予以补助。大型企业、产业园区、用人单位通过改建、新建、收购等方式筹集的保障性租赁住房，可优先或定向供应本企业、本园区、本单位、本体系符合条件的职工。

探索可持续运营模式。支持市场主体、国有平台公司,通过以非居住存量房屋改建、闲置存量住房改造和非居住存量土地新建为主的方式筹集只租不售房源,通过新供应国有建设用地新建和收购存量住房为主的方式筹集先租后售房源。支持专业化规模化住房租赁企业建设和运营管理保障性租赁住房。严格控制收购成本,降低融资成本,拓展增值服务渠道,降低运营成本。承租人可凭住房租赁合同备案证明,申领居住证,按规定享受义务教育、医疗卫生、住房公积金等基本公共服务。

(四)实施以需定供、精准招商土地出让模式

实行土地出让预公告。变"项目等地"为"地等项目",充分披露土地面积、位置、规划用途等基本信息,并接受公开咨询,保证市场信息的公开透明,拓宽企业的信息获取渠道。根据项目需求启动供地程序,为企业选址布点、资金筹措留下充足时间,确保土地供应工作平稳有序开展。

建立科学的土地供应监测机制,完善房地产行业统计分析预测预警机制。根据企业意愿和市场需求合理确定规划指标。让土地供应更好地迎合需求,促进土地市场健康发展。激发市场活力,激发企业投资热情。

优化房地产项目规划管理措施,《建设用地规划许可证》可随土地出让合同一并发放,土地出让价款缴纳比例不低于50%后发放《建设工程规划许可证》和《建设工程施工许可证》,降低开发企业拿地成本,提升开发企业投资信心。

专题五　助推我省由竹资源大省向竹产业强省转变研究

（报告完成时间：2023 年 4 月）

　　竹子是速生经济物种之一，在材用、食用、景观利用等方面具有显著特点和优势。推进竹产业高质量发展是践行习近平生态文明思想的重要举措，是服务碳达峰、碳中和战略目标的具体行动，是巩固拓展脱贫攻坚成果、助力乡村振兴的有效途径，是传承弘扬中华优秀传统文化的有效载体。2021 年 11 月，国家林草局、国家发改委等 10 个部门联合印发了《关于加快推进竹产业创新发展的意见》，明确提出要大力保护和培育优质竹林资源，构建完备的现代竹产业体系。同时湖北省林业局印发了《湖北省推进竹产业高质量发展的意见》，明确提出推动我省由竹资源大省向竹产业强省转变，使竹产业成为湖北实现绿色崛起、促进乡村振兴的重要支柱产业，更好地服务"建成支点、走在前列、谱写新篇"和美丽湖北建设。

　　咸宁市竹类资源丰富，作为湖北省楠竹主产区，竹类资源约占到了全省的 80%。竹子种质资源丰富，拥有竹类 12 属 150 余种，其中分布面积较大的为楠竹、慈竹、刚竹、雷竹等。其中楠竹种植面积 183.7 万亩、4.4 亿株，年可产竹 3000 万支以上。咸宁市在全省推进竹产业高质量发展中走在了前列，但与浙江、福建、四川等地的竹产业发展相比，还有较大差距。生产方式粗放、产业化程度不高、产业附加值低、科技创新和可持续发展能力不足等诸多问题在全省竹产业发展方面具有普遍性，使得我省竹资源优势未能转化为经济优势，竹资源的经济效益没有充分发挥。

一、我省竹产业存在的问题

（一）一产栽培管理粗放，基础设施滞后

1. 栽培管理粗放

竹林丰产技术推广力量不够，号竹钩梢等实用技术推广难度大，绝大部分竹农沿袭传统的粗放管理方式，选择"望天收"，对竹林投入少，无垦复。竹林抚育管理差，施肥严重不足、竹林采伐过量，立竹度不高，楠竹径级越来越小，竹肉薄、材质差，楠竹资源扩张不快。

2. 基础设施滞后

竹林多分布于边远山区，林区公路和机耕路密度低，通信设施不足，竹工机械发展缓慢，灌溉设施严重滞后，人工采伐和车辆转运困难。当前农村青壮劳动力大量流失，留守劳动力老龄化严重。竹子供给过剩、市场需求不高，竹子的价格相对较低，上下游产业不配套，竹产品人力成本高，生产效率和综合利用率低下。

（二）二产市场萎缩，产品附加价值低

1. 竹市场萎缩

居家生活生产竹制品被钢材、塑料等化工产品取代，原有市场逐渐丢失。

竹初级加工门槛低，利润微薄，竞争激烈，初级加工企业难以形成品牌效应。新兴竹制产品发展缓慢，相关规模较小，出口企业受疫情影响较大。

2. 竹企业竞争力差

竹类加工企业大多规模较小，门槛很低，没有品牌，各自为战，同行竞争，利润微薄。产品质量参差不齐，半成品居多，终端产品、精细产品极少，新产品开发能力弱，市场竞争力差。现有竹产品档次较低，竹筷、竹丝、竹签等初级竹产品加工、代工企业占比较高，具有明显优势的拳头产品和名牌产品少，拥有自主知识产权的产品少，市场竞争力和发展带动能力弱。

3. 竹科技创新欠缺

咸宁市现有科研机构较少，主要研究内容为竹的栽培、抚育、品质改良及竹工艺，解决农业生产和小手工生产问题，在机械化和工业化方面基本没有涉足。当下热门的竹产品新技术引进应用不多，比如竹缠绕、竹饮料、竹纤维及竹纸等技术，咸宁市企业处于相对空白阶段。

（三）三产发育不足，价值功能开发不充分

1. 金融对产业支撑不足

金融机构数量、种类，以及服务功能上相对欠缺，对于中小型竹企业、竹农等群体支持力度不足，一定程度上制约了竹产业金融产品和服务的供给。

2. 竹文化发展需要创新

竹文化传播与发展主要依靠民间艺人创作竹雕、竹刻等竹产品和书画等文艺作品，内容较为传统、单一。传播形式缺乏创新，不适应新的传播规律，

缺乏对互联网传播路径的利用。

3. 景区建设不完善

目前景区的基础设施建设普遍不健全，大多数景区餐饮、住宿、文化娱乐等配套服务层次较低，旅游公共服务内容单一，形式陈旧，不能有效满足人民群众多样化、个性化的需求，很难吸引游客、留住游客。

二、做大做强我省竹产业的对策建议

坚持龙头带动，提升竹产业的市场竞争力和辐射带动力。坚持政策推动，调动各方面发展竹产业的积极性。按照"稳定优化一产、主攻突破二产、提升发展三产"的总体思路，抢抓机遇，做大做强我省竹产业，以实现一产提质增效，二产强链延链，三产突破发展。

（一）稳定优化一产

1. 加强竹资源培育管理

推广竹林精细化种植方法。重点推广深翻垦复、压青覆盖、平衡施肥、号竹钩梢、除虫防病等丰产技术，全面深垦，清除灌丛杂草，合理施肥，调整竹林结构，伐竹时做到伐密不伐稀，伐小不伐大，伐病不伐壮，伐劣不伐优，处理好大小年出笋量及留新竹数的关系，小年不挖笋或少挖笋，大年挖部分笋。促进材用林转为笋用及笋材两用林。大力发展楠竹笋用林、笋材两用林、雷竹笋用林和其他优良笋用竹，提高竹林资源经营效益，同时推动竹笋食品类加工制造企业良好发展。按照笋用林、笋材两用林、高效材用林等不同经营目的，分别采取定向培育措施，努力实现现代化经营。鼓励龙头企业和有特殊需要的竹加工企业建立自己的原料林基地。探索立体种植模式。建立楠竹科技示范园区，通过科技示范，引导群众精细管理，发展林下多种经营，积极探索"竹—药、竹—菌、竹—禽"等复合经营模式，实现竹林立体高效开发。

2. 标准化生产，集约化经营

实行竹子栽培标准化生产。继续坚持咸宁市国家楠竹生产综合标准化示范区建设，实行竹子栽培标准化生产提高笋材产量、质量和经营效益。启动全市毛竹林通过 FSC 认证试点工作，帮助外贸企业解决对竹材的培育、采伐、利用及仓储等生产环节与国际市场准入的问题。实行集约经营。大力推进竹林种植由过去的各家各户"望天收"向竹农大户规模化、标准化经营方式转变，采取承包、租赁、股份合作等方式促进竹林合理流转，实现规模效应。鼓励主要竹产区培育家庭林场、合作经济组织等规模经营主体承包经营。重点扶持国有竹资源经营公司和经营大户，激励竹户集中连片经营，形成整体效应。完善竹林基础设施建设。由林业、交通和财政部门争取竹产业发展项目专项资金，采取财政以奖代补、群众集资投劳等办法，加快修建竹林道路或林区公路，降低采伐运输成本，改善竹业种植条件。

（二）主攻突破二产

1. 拓展竹市场，延长竹产业链条

主动发掘市场需求。以市场需求为导向，充分了解市场对竹产品的需求并挖掘市场需求潜力，围绕竹兜、竹笋、竹干、竹枝、竹叶，分层次、全方位拓展竹市场，扩大竹制品的种类和竹企业的数量，让竹资源"吃干榨尽"。扩大食品饮料产业。加大对竹饮料企业招商和扶持力度，重点支持崇阳县雷

竹基地建设，加快推进赤壁利源林农楠竹笋加工项目建设，建优建强桂花泉雷竹小镇，引进和发展一批竹笋加工企业，做大做强竹笋加工产业。升级竹家居建材产业。要做大做强特色主导产业，加速发展竹地板、竹材加工、竹家具、竹装饰品、竹炭等特色优势产业，重点推动竹纤维加工转型升级，扩大建筑装饰品、餐具和容器制品的生产及市场推广。

2. 整合竹产业链，加强竹产业园区建设

建立竹分级加工链条。根据竹林分布及交通状况，建立村一级竹材分解加工点，将竹材进行堆放及物理分解（切分、剖片、拉丝或竹笋剥衣）；建立乡镇二级加工厂，完善配套水、电气及环保设施，开展竹片的脱糖、烘干及竹笋的保鲜、包装等工序；在县市区城区所在地或竹资源特别丰富的乡镇，建设功能完备、产业链长、生态环保，从叶到根综合利用的竹产业园区，努力构建竹企业集聚发展平台，增强产业集聚效应，让企业互补。龙头企业引领竹产业园区发展。指导巨宁竹业、汇源科技、骧腾科技、绿圣源等现有龙头企业，整合利用周边"低小散"工厂（作坊），优化原有产业园区布局。围绕玖龙纸业项目，聚焦企业上下游产业链，建设以竹子为原料，"以竹代塑""以竹代木"的绿色低碳、环保节能的包装造纸产业园区。围绕竹浓缩液利用、竹子炭基肥产业、生物医药等技术领域，着眼于竹子萃取产业、竹子养生等系列产品，建设以产业科技创新研究与技术产品研发推广相融合的综合性园区。依托生物质颗粒、竹盐、竹酒等优势产品，通过竹笋和竹子食品产业链及林下经济的建设完善，建设一个竹子食品技术领先、产业链完整、效益优良的竹子食品产业园区。

3. 加强人才培养与技术攻关，培育竹产业人才

将竹产业研究院打造成省内乃至全国聚集竹产业人才的优质平台，加强

与国际竹藤中心、中国林科院、高等院校开展合作，为中小微林竹企业提供林竹产业规划、技术研究、人才培育等服务。坚持创新驱动竹产业发展。采取"政府+企业+项目+科研院所"模式，以局省共建竹产业科技创新高地和咸宁市竹产业研究院建设为契机，加强与龙头企业、高校、科研院所等产学研合作，重点围绕竹产业发展核心技术联合攻关，如工艺革新、产品研发、产品保鲜、环保处理等技术，不断提高竹产业新技术研发能力和技术成果转化应用水平，提升竹产品质量档次，降低生产成本。

4. 完善政府服务体系，营造产业发展环境

优化政务服务生态。完善规划指导服务体系，保证产业规划和扶持政策的连续性；完善宣传推广服务体系、交流合作服务体系、人才培养和技术培训体系和涉竹产业保险体系等。加大竹产业招商引资力度。围绕竹加工、竹文化、竹康养和技术支撑等方面开展招商引资，重点做好玖龙纸业落户咸安相关服务工作，跟踪促进竹缠绕项目早日落户咸宁市，挖掘青源生物质能源项目潜力，打造咸宁市优质品牌，加强对接金色盆地项目实现互利共赢，深化与中国林产工业协会、中林集团、泛华集团、和其昌竹业等知名协会、企业交流谋求合作新机遇。出台竹产业发展奖补政策。加强与市财政局对接沟通，争取尽快出台竹产业发展奖补办法，予以解决示范竹林基地、林区道路建设、笋竹资源培训、竹林认证、技术推广和攻关、园区基础设施、名优品牌创建、竹产品专业市场建设等方面问题。

（三）提升发展三产

1. 加大供应链金融支持

争取金融机构开发与竹产业建设相适应的金融产品，落实面向中小微企

业、个体工商户和农户的金融服务优惠政策与贷款扶持机制。建立竹产业投融资项目储备库，助推竹产品企业与金融机构对接。拓展直接融资渠道，支持符合条件的竹产品企业在境内外上市和发行债券。探索建立竹林资源资产证券化制度。健全竹林资源资产评估，培育发展竹林信托机构和林权交易市场，推动竹林资源资产转化为可流通的债券、基金和股票。

设立政府产业引导基金，具体来讲：一是建议财政部门统筹中央和省级财政转移支付资金，充分发挥财政资金的撬动和放大作用，省级以上财政每年安排不低于1亿元竹产业发展专项资金，鼓励各地创新建立多元化投入机制，完善财政支持政策。二是建议金融部门引入金融机构围绕竹产业的抚育、生产、销售环节设立现代竹产业发展基金，进行分类指导，加快中小微竹企业的周转流动性，以此解决长期掣肘竹产业发展的金融问题。三是建议林业部门牵头制定出台竹产业发展引导基金实施方案，并将符合条件的竹林培育，按规定纳入森林抚育补助等范围，对于符合政府绿色采购政策要求的竹质建材、竹家具、竹制品等产品，优先纳入政府采购目录，加大政府采购力度。

2. 延伸竹文化产业

加强竹文化创意研究与开发，把文化、技术、服务和市场有机结合起来，为人们提供富有文化内涵的产品和服务，满足市场需求。积极发掘民间竹艺文化，以文化发展促产业发展，在城区建成一批生态科普、文化创意、工业设计、影视文化等竹文化展示利用空间，推动竹文化产品设计生产，传承发展竹刻、竹编、竹雕、竹纸制作等非物质文化遗产。

3. 大力开发旅游业

完善景区建设。加大提供景区基本公共服务的力度，优化景区基础设施和环境建设，完善吃、住、游、购等相关环节体验，丰富竹林景区旅游内涵，拓展延伸产业链和服务链。整合市内旅游资源。以咸安星星、大幕，赤壁随阳、陆水湖，通山九宫山，崇阳金沙、洪下等竹文化旅游资源为基础，打响"鄂南大竹海"旅游品牌，扩大旅游产品规模，提升旅游服务质量。推动文化和旅游融合发展。积极引进旅游开发企业，深入挖掘竹子的景观观赏、生态养生、文化艺术、文明承载等价值，将竹文化与发展旅游结合起来，开展竹乡观光休闲、民俗风情游、科普教育游、文化购物游、竹笋采挖体验游、竹海漂流游等，推动咸宁市特色的竹文化旅游产业快速发展。

专题六　积极推进武汉新城高起点
发展战略研究

（报告完成时间：2023年5月）

一、武汉新城高起点发展的背景和意义

（一）武汉新城高起点发展的背景

1. 高质量发展是实现现代化的必然要求

当今世界正面临着百年未有之大变局，逆全球化思潮抬头，俄乌冲突导致能源粮食等大宗商品价格大涨，美国财政和货币政策史无前例扩张的影响持续发酵，金融行业恐慌情绪蔓延，在能源价格波动、粮食短缺、供应链阻碍等全球性供给冲击下，全球通胀持续难以降温。同时，中美战略博弈进入深水区，以美西方为首的昂撒集团持续拉帮结派，搞排中反华小圈子，泛化国家安全概念，动辄发动脱钩断链，构筑核心技术和关键供应链壁垒，给地区粮食安全、能源安全、资源安全、产业链供应链安全等方面带来不利影响。

我国作为发展中的大国，应对各种风险挑战、维护国家安全的任务依然紧迫。2017年，习近平总书记在党的十九大报告中指出，中国特色社会主义

进入新时代，我国社会主要矛盾已经转化为人民日益增长的美好生活需要和不平衡不充分的发展之间的矛盾。在新的主要矛盾下，党的十九大报告首次提出"高质量发展"的新表述，中国经济由高速增长阶段开始转向高质量发展阶段。习近平总书记在党的二十大报告中指出："高质量发展是全面建设社会主义现代化国家的首要任务。"要全面建设社会主义现代化国家，推动高质量发展，要统筹发展和安全，实现重要产业、基础设施、战略资源、重大科技等关键领域安全可控，完善防范和化解重大风险的制度和政策，坚决守住安全底线，确保现代化事业不会错失机遇、不会被打断进程，在坚定维护世界和平与发展中谋求自身发展，并以自身发展更好地维护世界和平与发展。当前，我国经济发展中的矛盾和问题集中体现在推进高质量发展还有许多瓶颈，主要是科技创新能力还不强，供给体系质量还不高，资源要素投入消耗较大，绿色生产生活方式还未完全形成，等等。如果创新驱动、节约集约、绿色低碳的高质量发展方式不能尽快形成，发展中的矛盾和问题进一步累积，就可能影响到经济持续健康发展乃至现代化建设顺利推进。

2. 区域协调发展是高质量发展的重要内涵

经过几十年的建设和发展，我国工业化和城镇化取得了巨大成就，基本上形成了有利于未来发展的国土空间开发结构和经济社会分布格局，但也累积形成了生产力布局与生态环境安全格局、发展规模与资源环境承载这两对尖锐矛盾。长江流域、黄河流域、珠江流域、淮河流域、辽河流域等流域性区域，生产力布局与生态环境安全格局矛盾突出；京津冀、长三角、珠三角、长江中游、成渝、中原等城市群为代表的经济社会集中发展区域，发展规模与资源环境承载矛盾突出。因此，在新时代、新环境下，为不断增强我国经济创新力和竞争力，破解上述两对矛盾，实施区域协调发展战略已成为高质量发展的重要内涵。

　　进入 21 世纪，我国逐步形成了西部大开发、东北振兴、中部崛起和东部率先发展的区域发展总体战略。这一总体战略至今仍是我国区域发展的重要指导性战略。同时，在总体战略的基础上，我国区域协调发展战略与政策也在不断深化和完善。2013—2014 年，中央相继提出"一带一路"倡议、京津冀协同发展和长江经济带发展三大战略，形成了"四大板块＋三大战略"的区域发展战略体系。此外，十八大以来，中央高度重视革命老区、民族地区、边疆地区、贫困地区的发展，精准扶贫战略是最有代表性的扶持政策，有力促进了上述区域的发展。党的十九大以来，在不断深化和落实上述战略的基础上，中央又先后提出了"粤港澳大湾区建设""长三角一体化发展"和"黄河流域生态保护和高质量发展"国家战略，构成了"四大板块＋四大战略＋两大引领区"的区域发展战略体系。"四大板块"即"西部开发、东北振兴、中部崛起、东部率先"总体战略，"四大战略"即"'一带一路'倡议、京津冀协同发展、长江经济带发展、黄河流域生态保护和高质量发展"战略，"两大引领区"即"粤港澳大湾区建设和长三角一体化发展"。

　　以区域发展战略为依据和前进方向，我国逐步推动形成优势互补、高质量发展的区域经济布局，动力源地区引擎作用不断增强，区域发展相对差距也持续缩小。2021 年，京津冀、长三角、粤港澳大湾区内地 9 市地区生产总值分别达 9.6 万亿元、27.6 万亿元、10.1 万亿元，总量超过了全国的 40%，发挥了全国经济压舱石、高质量发展动力源、改革试验田的重要作用。中部和西部地区生产总值占全国的比重由 2012 年的 21.3%、19.6% 提高到 2022 年的 22.1%、21.40%。东部与中、西部人均地区生产总值比分别从 2012 年的 1.69、1.87 下降至 2022 年的 1.50、1.64。中西部地区经济增速连续多年高于东部地区，区域发展相对差距持续缩小。立足不同区域主体功能定位，充分发挥重要功能区关键作用，中西部地区铁路营业总里程达到 9 万公里，占全国比重近 60%，西部地区在建高速公路、国省干线公路规模超过东中部总和。

西部地区清洁能源、数字经济等新经济蓬勃发展；中部地区粮食生产基地、能源原材料基地、现代装备制造及高技术产业基地建设成效显著，资源型城市资源产出率累计提高超过36%，粮食产量占全国比重多年稳定在30%以上，黑龙江、河南、山东、安徽、吉林5个产粮大省2021年产量超过全国40%，粮食安全"压舱石"地位更加巩固。

党的十八大以来，在以习近平同志为核心的党中央坚强领导下，中部地区经济社会发展取得重大成就。但是，中部地区发展不平衡不充分问题依然突出，内陆开放水平有待提高，制造业创新能力有待增强，生态绿色发展格局有待巩固，公共服务保障特别是应对公共卫生等重大突发事件能力有待提升。受新冠疫情等影响，中部地区特别是湖北省经济高质量发展和民生改善需要作出更大努力。顺应新时代新要求，为推动中部地区高质量发展，中共中央、国务院在2021年8月发布了《关于新时代推动中部地区高质量发展的意见》。随着东强西弱、南强北弱态势的不断强化，区域发展不平衡不充分的问题更加突出。推动中部地区高质量发展，有利于进一步发挥中部地区比较优势，着力推进共同富裕，全面促进消费、拓展投资空间，加快培育完整内需体系，形成强大国内市场。

3. 都市圈建设已成为湖北区域协调发展的主战场

都市圈作为城市群下具体运作的空间形态，其发展将对区域乃至全国的经济发展起到至关重要的作用。都市圈建设对湖北区域协调发展的重要性已上升到前所未有的高度，武汉都市圈逐渐成为中部崛起中的关键环节和长江经济带发展中的重要支撑。早在2006年4月，中共中央、国务院《关于促进中部地区崛起的若干意见》出台后，湖北武汉城市圈获批成为全国"两型社会"建设综合配套改革试验区之一。经过近十年的发展，到2015年3月26日，国务院发布《国务院关于长江中游城市群发展规划的批复》，范围涵盖湖北、湖南、江西三省，标志着长江中游城市群"中三角"格局正式得到国家批复。长江中游城市群以武汉为中心，以武汉城市圈、环长株潭城市群、环鄱阳湖城市群为主体形成的特大型国家级城市群，是长江经济带的重要组成部分，亦是实施促进中部地区崛起战略、全方位深化改革开放和推进新型城镇化的重点区域，在中国区域发展格局中占有重要地位。为贯彻落实习近平总书记对湖北提出的"建成支点、走在前列、谱写新篇"重要要求，湖北省第十二次党代会上，省委书记王蒙徽指出："要推进区域协调发展和新型城镇化，提高经济集聚度和城市竞争力。完善'一主引领、两翼驱动、全域协同'区域发展布局，健全区域协调发展政策机制，推动中心城市和都市圈高质量发展。"实现这一目标，主要通过三条路径：一是大力发展三大都市圈。加快建设以武汉、襄阳、宜昌为中心的三大都市圈，增强中心城市及城市群等经济发展优势区域的经济和人口承载能力。二是加快推进长江中游城市群协同发展。落实中部地区崛起、长江经济带发展等国家重大战略，以武汉都市圈为中心，推进长江中游城市群联动发展。三是实施城市更新行动。2022 年 12 月初，《武汉都市圈发展规划》获国家发改委正式批复，成为继南京、福州、成都、长株潭、西安、重庆都市圈后，第 7 个获批的国家级都市圈发展规划，紧接着湖北省发布了《武鄂黄黄规划建设纲要大纲》。在此之后，2023 年 3 月，湖北又先后迅速发布了《襄阳都市圈发展规划》《宜荆荆都市圈发展规划》以及《武汉都市圈发展三年行动方案（2023—2025 年）》3 个涉及都市圈发展的重要文件。可见，都市圈建设已成为湖北区域协调发展的主战场，而武汉都市圈更是湖北都市圈发展的中心和重要增长极。

4. 武汉新城是武汉都市圈建设的主引擎

武汉都市圈的核心区包含武鄂黄黄 4 个城市，而规划的武汉新城则是核心中的核心。2023 年 1 月 31 日，武汉新城建设推进会举行。湖北省委常委、武汉市委书记郭元强出席会议并强调要高标准启动武汉新城建设，打造武汉都市圈高质量发展主引擎，推动以武鄂黄黄为核心的武汉都市圈同城一体化发展。2023年4月6日，湖北省委召开专题会议，研究武鄂黄黄和武汉新城规划建设。省委书记王蒙徽指出，推动以武鄂黄黄为核心的武汉都市圈高质量发展，是湖北加快建设全国构建新发展格局先行区，加快建成中部地区崛起重要战略支点的关键性、战略性举措，武汉新城是武汉都市圈建设的主引擎。

武汉新城的主引擎作用主要体现在以下三个方面：一是武汉新城是湖北省高质量协同的动力源。武汉新城高起点发展，有利于释放武汉特别是光谷地区的科技创新势能，解决了光谷未来发展的空间瓶颈制约问题，更有利于进一步发挥武汉作为龙头城市的辐射带动作用，真正从根本上解决了核心城市武汉辐射带动作用还不够强、同城协作关系还不够紧密、生产要素还未实现充分流动等掣肘问题。解决这些问题，推动同城一体化是湖北省城市高质量协同发展的重要举措。二是武汉新城高起点发展有助于优化湖北城市空间布局。武汉新城横跨武汉、鄂州两市，是武汉连接鄂州的枢纽，有了武汉新城，从武汉光谷出发，经过华容，就可直达鄂州，从而连通鄂东三市，不仅在地理位置上拉近了武汉与鄂州花湖机场的距离，将四城紧密相连，更为重要的是打破了传统的行政区划，破除了因行政壁垒带来的资源配置不均衡不科学等一系列弊端。武汉新城构建了山水城融合的空间布局，统筹"三区三线"划定，构建山湖相映、组团发展的空间结构，形成产城融合、功能复合的空间布局，对于优化湖北城市的空间布局有着重要意义。三是武汉新城建设有助于缩小区域发展差距。武汉到鄂州主城之间仍有较大的空白区域，这块空白导致武汉与鄂州、黄冈、黄石在空间上断裂，交通一体化尚未形成，在同城一体化发展上也壁垒高筑、四城产业融合欠缺，无法成为一个真正意义上的整体，而武汉新城正好可以填补这一片空白，将四座城市串联捆绑起来。武汉新城高起点发展，将形成辐射圈，带动四城产业发展；依托辐射原理，四城又将分别带动周边城市，从而使湖北省 17 个城市发展差距进一步缩小。

建设武汉新城，就是集中优势资源来发展，立足高起点，打造重要增长极，从而增强整个武汉都市圈的核心竞争力和引领带动力。高标准、高起点启动武汉新城建设，将有助于武鄂黄黄在同城一体化发展方面取得更大突破，加快湖北建设全国构建新发展格局先行区步伐。

(二)武汉新城高起点发展意义

1. 武汉新城高起点发展对全国的意义

(1)有助于促进国家中部崛起战略实施

2022 年是党和国家历史上极为重要的一年。党的二十大胜利召开，描绘了全面建设社会主义现代化国家的宏伟蓝图，为新时代新征程党和国家事业发展、实现第二个百年奋斗目标指明了前进方向，确立了行动指南。中部崛起是全面小康的重要支撑，是国家战略的重要组成部分。中部崛起直接关联着中国的安全战略，中国经济的高速、持续、健康发展。面对新的发展主题和发展要求，中部崛起战略无论是在发展目标和发展路径上，还是在服务国家战略布局上，其深度和广度都将进一步拓展。推进武汉新城高起点发展，对于推动武鄂黄黄一体化建设，引领武汉都市圈高质量发展，发挥辐射带动作用，推动湖北高起点发展，推进区域协调发展有着重要意义。湖北作为中部六省之一，湖北的发展是中部崛起的重要一步。因此，武汉新城高起点发展有助于国家中部崛起战略的实施。

(2)有助于落实国家打造"高质量发展先行区"目标

党的二十大对科技创新有了新摆位新部署新要求，要找准国家高新区工作的切入点和着力点，奋力打造创新驱动高质量发展的区域引擎。武汉新城高起点发展正是落实国家高新区定位，保持创新定力，始终不渝打造创新驱动发展示范区和高质量发展先行区进程中的一步。将承担高能级主体集聚和高效能区域协调的重要使命。

2. 高起点建设武汉新城对湖北的意义

为全面贯彻落实党的二十大精神和习近平总书记关于湖北工作的重要讲话和指示批示精神，探索中国式现代化建设湖北实践，省第十二次党代会提出建设全国构建新发展格局先行区的目标任务。2023 年 4 月 18 日，湖北省政府印发《关于加快建设全国构建新发展格局先行区的实施意见》，其中提出：三大都市圈是先行区建设的主战场。但从全国都市圈建设来看，湖北省都市圈建设还存在一定的差距。清华大学中国新型城镇化研究院组编的《中国都市圈发展报告 2021》对中国都市圈进行了一定的划分，其中广州都市圈、上海都市圈、杭州都市圈、深圳都市圈、北京都市圈和宁波都市圈六大都市圈经过多年的发展已成为成熟型都市圈，而作为湖北省努力建设全国构建新发展格局先行区"排头兵"的武汉都市圈处于发展型都市圈阶段，距离成熟型都市圈还有一定的差距。此外，成都都市圈、西安都市圈、重庆都市圈等同类发展型都市圈在不断前进，大连都市圈等培育型都市圈也在奋力追赶。前有标兵，后有追兵。武汉都市圈是国家发改委批复同意的全国第 7 个都市圈发展规划，需要发挥出其在湖北作为火车头的引领带动作用，时刻具有危机意识，奋力发展。武汉新城是引领以武鄂黄黄为核心的武汉都市圈高质量发展的龙头，是武汉都市圈的主引擎。高标准、高起点建设武汉新城，对湖北加快建设全国构建新发展格局先行区具有重要意义。

二、武汉新城高起点的发展目标及发展方向

（一）基本思路

以习近平新时代中国特色社会主义思想为指导，深入贯彻党的二十大

精神和习近平总书记关于湖北武汉工作的重要讲话和指示批示精神，按照省第十二次党代会决策部署，在湖北建设全国构建新发展格局先行区中当先锋打头阵，立足全国全省发展大局，统筹流域综合治理、城乡区域和资源环境，以武汉新城高起点发展为引领，以改革创新和对外开放为动力，以满足人民日益增长的美好生活需要为目的，着力构建高效率科技创新体系、高能级现代化产业体系、高水平生态环境保护体系、高品质公共服务体系、高效能城乡基层治理体系，全面提升发展能力和综合竞争力，持续发挥武汉新城高能级引力场作用，引领湖北、支撑中部、辐射全国、融入世界，奋力打造世界可持续发展的新城方案、彰显中国特色社会主义优越性的未来城市样板。

（二）基本原则

一是坚持绿色发展，突出山水城的有机融合。统筹治山、理水、营城，布局人与自然和谐共生、产城融合发展的空间单元，打造宜居宜业宜游城市样板。

二是坚持创新驱动，突出城市功能的区域引领。强化战略科技力量布局，做优战略性新兴产业集群，补齐高端生产性服务和区域综合服务功能，辐射带动武汉都市圈打造全国重要增长极。

三是坚持人民至上，突出各类设施的高效支撑。重点关注人居环境品质提升，构建高品质的公共服务设施体系，谋划枢纽引领、内外通达的综合交通网络，建设高效安全、智慧韧性的基础设施体系。四是坚持系统观念，突出规划战略的有序实施。统筹好整体和局部、当前和长远、发展和安全、形态和功能、战略突破和整体推进的关系，高标准高水平开展规划建设，确保"一张蓝图干到底"。

（三）新城概况

武汉新城规划范围含中心片区、光谷片区、葛华片区、花山片区、龙泉山片区、红莲湖片区、梧桐湖片区、滨湖半岛片区八大片区，位于武汉、鄂州两地交界处，东至鄂咸高速，南至梁子湖，西至京广铁路，北至长江南岸，规划面积约 719 平方公里。武汉新城管控范围拓展至环梁子湖区域，规划面积约 1689 平方公里。规划期限至 2035 年。

武汉新城位于武鄂黄黄地理中心，区位优势明显，自然人文资源丰富，人口增长动力强劲，科技创新优势显著，新兴产业基础雄厚，协同发展空间较大，是武鄂黄黄地区发展活力强、潜力大的重要地区，具备引领武汉都市圈高质量发展的良好基础。

（四）发展目标

对标深圳都市圈、南沙新城、苏州都市圈"十四五"规划发展指标，按照武汉新城管委会关于贯彻落实党的二十大精神和习近平总书记视察湖北的系列重要讲话精神，全面落实中央、省、市经济社会发展战略部署，锚定到2035 年与全国同步基本实现社会主义现代化的远景目标，统筹考虑湖北省和武汉新城发展阶段、环境、条件，依据湖北省"十四五"规划、武汉市"十四五"规划、华容区"十四五"规划、《武汉市推进武汉新城 2023 年工作要点》，量化武汉新城的奋斗目标，课题组建议，到 2025 年，武汉新城力争地区生产总值达到 1500 亿元，人均地区生产总值增长超过 7%，规上工业总产值在2022 年基础上翻一番，第三产业增加值增长年均增速超过 10%，高新技术产业增加值增长年均增速超过 15%，数字经济核心产业增加值占地区生产总值比重超过 50%；常住人口城镇化率超过 85%；在自然资源方面，主要湖泊水质优良率由 66% 提升至 85%，拓展绿道至 200 公里；在交通方面，实现市政路网密度由 3.4 公里/平方公里提升至 5.1 公里/平方公里，高速路网密度翻一番，轨道交通密度提升至 2022 年的 150%。通过建立健全工作推进机制，大力实施体制机制创新深化、基础设施互联互通、科技策源能力提升、产业能力提升、公共服务共建共享、生态环境共治共保、对外开放提质增效、深化改革赋能、科创金融创新示范、重大项目攻坚等十大行动，武汉新城打造"两高地、两中心、一样板"取得新进展，世界级科技创新策源高地建设取得新进展，世界级战略性新兴产业集群培育取得新突破，对外开放水平和国际影响力不断提高，生态环境质量显著提升，湿地特色风貌日益凸显，基本公共服务均等化水平明显提高，成为更具科技竞争力、区域影响力、人才吸引力、人与自然和谐共生、人人共享品质生活的现代化科技新城。

到 2035 年，武汉新城高起点发展带动武汉都市圈高质量发展主引擎作用更加完善，各项经济社会发展指标达到国际领先水平，世界级科技创新策源高地基本建成，国家战略性新兴产业高地基本建成，治理体系和治理能力实现现代化，高水平的全国科创金融中心和国际交往中心基本形成，高水平的中国式现代化宜居湿地城市全面建成，成为引领武汉都市圈高质量发展、支撑长江中游世界级城市群建设的重要极核。

（五）发展方向

1. 聚焦城市交通建设，构筑高效畅达的综合交通体系

一是打造四向通达的高速铁路系统。区域内规划 4 条高铁，分别是既有的京广高铁，"十四五"规划建设的沿江高铁、京九高铁、福银高铁。远期规划对福银高铁和京九高铁进行延伸补强。首先是福银高铁补强工程。新建武汉新城站—黄石白沙铺，长约 75 千米；黄石白沙铺—南昌，长约 170 千米，实现福银高铁高标准(时速 350km/h)全线贯通。其次是京九高铁南延经花湖

机场至黄石，长约 43 千米，提升花湖机场战略投送能力。

二是构建区域高速轨道系统。新建 2 条时速 140～160 公里的高速轨道，形成"鱼"形骨架网络，在武汉新城核心实现交叉，支撑都市圈实现"3045"时空联系目标。新建武冈市域（郊）铁路，与武汉轨道交通 13 号线形成高速轨道线路一；通过武黄城际铁路市域化改造，并结合武汉轨道交通 10 号线和 19 号线形成高速轨道线路二。

三是建设"三横三纵"快速道路系统。"三横"之北通道贯穿武汉新城组团光谷片区、中心片区，经吴楚大道联通鄂州主城组团，到达花湖机场，连接 203 省道沿江经过黄石—大冶组团北部至黄石新港；南通道利用凤莲大道（武阳高速辅道）贯穿武汉新城南部、龙泉山片区、梧桐湖片区，经锦冶公路联通保安湖片区、黄石临空片区，连接钟山大道穿过大冶湖新区至黄石新港；中通道为未来规划建设通道，通过武黄高速城市快速路改造西连高新三路，东接 348 省道到达花湖机场。"三纵"之中，"纵一"利用创业大道贯穿武汉新城葛华片区，连接 257 省道联通武汉新城中心片区、红莲湖片区；"纵二"贯穿黄冈主城组团，经鄂黄大桥连接鄂州主城组团，南向通过 106 国道接锦冶公路，联通黄石临空片区、黄石—大冶组团；"纵三"利用燕矶大桥连接黄冈主城组团和鄂州主城组团，向南经过花湖机场西侧连接 201 省道，贯穿黄石—大冶组团接入钟山大道。

2. 聚焦八大片区产业协调发展，建成多元化、高端化产业体系

新城中心片区，打造中央商务区和科技服务中心，全面提升高端要素、核心功能、规模人口的集聚能力，重点发展现代金融、高端商务、数字经济、科技服务等功能，与光谷中心城错位发展。

光谷片区和葛华片区，打造高端制造业及科技创新的综合性片区，建设高精尖产业承载地和技术创新策源地、新兴产业集聚区和未来产业先导区。

其中光谷将打造全国科技创新高地和现代化产业体系，制造业提质增效，突破性发展光电子信息产业，壮大生命健康产业能级，加快发展新能源智能网联终端产业，推进智能制造；服务业发展能级提升，加快小米科技园、泰康科技和大健康总部等重点项目建设；布局人工智能、脑科学、量子信息、6G、氢能与储能、元宇宙等未来产业，建设未来产业园区。华容区"十四五"规划中明确指出，要加快发展新型功能材料，积极发展半导体新材料、新能源材料、生态环境材料等新材料产业，鼓励纺织服装企业运用新技术、新业态、新模式，促进建材、纺织服装等传统产业转型升级。此外，华容还将全力打造武鄂融合创"芯"示范区，承接国家存储器项目辐射，依托中国地质大学纳米矿物材料应用工程研究中心科研资源，重点发展集成电路方向的芯片设计。并进一步加快发展智能终端产品制造，重点发展通信电子方向的光通信、5G通信。

龙泉山片区、滨湖半岛片区、红莲湖片区、花山片区、梧桐湖片区等，强化特色功能集聚，分别打造科学研究承载区和文化旅游休闲区、国际会客厅和生态绿心、数字创意宜居区、健康智慧宜居区和科教文化宜居区。

3. 聚焦城市高颜值，打造绿色好生态

一是构建开门见山、出门见绿的公园体系。结合城市地形地貌、水体植被等强化自然景观资源保护利用，建设由郊野公园、综合公园、社区公园、口袋公园等构成的多层次公园体系，实现城市"300米见绿，500米见园"。依托九峰山、龙泉山等山体和梁子湖、牛山湖等湖泊建设郊野公园，以生态保护、市民休憩、自然教育功能为主。规划各片区至少建设一处城市综合公园，满足不同人群的户外活动需求。加强社区公园建设，满足居民日常的休闲健身和社会交往需求。利用街角空间建设口袋公园等小型绿地，提升城市空间品质。

二是构建宜居宜游特色游憩网络。依托生态廊道网络和城市道路系统，串联各类公园，建设新城绿道体系，构建区域、片区和单元三级慢行游憩网络。区域级和片区级慢行网络，连通自然山水，打造骑行、步行、慢跑、登山、观光、休闲等多元功能，引导市民亲近、感受自然生态山水。单元级慢行网络串联社区公服、居住、就业功能，重点关注通勤通学、社区生活、休闲健身等诉求，解决城市生活"最后一公里"交通通勤。

三是营造显山达湖连江的生态环境。首先，构建新城生态安全格局。延续武鄂黄黄地区东西横贯山系、南北通江达湖的自然基底，重点保护白浒山、九峰山、长山、龙泉山、沼山等主要山系，以及梁子湖、严西湖、严东湖、严家湖、五四湖、武城湖、红莲湖、豹澥湖、牛山湖等主要湖泊，形成区域、片区、单元三级生态廊道网络。其次，加强生态要素管控。包括完善山体保护和规划管控体系以及加强湖泊湿地保育。最后，推进生态环境治理。推进系统性生态修复。分类开展受损山体修复，完善各类湖泊的蓄滞洪能力，统筹湖泊湿地生态修复与保护，维护水生态系统功能。

4. 聚焦人民生活高品质，打造宜居环境

一是建设安全韧性的市政基础设施。构建蓄排并举、洪涝兼治的防洪排涝安全体系，保障防洪排涝安全。按照多源互补、分类分质的供水原则，形成技术先进、安全可靠、适度超前的供水保障体系，提高供应系统品质。增强区域电力供应，增加变电站空间布局，完善配套电力通道，形成有韧性的供电网络，打造能源充足、绿色智能的供电系统。大力发展清洁能源，建设多源互补、清洁高效的燃气系统。充分利用鄂州电厂余热，统筹天然气、电力、地热、江水源等能源供给方式，形成多能互补的清洁供热系统。构建流域统筹、量质并举的污水收集处理系统，建设统筹协调、共建共享的环卫系统，提升环境治理效能。

二是提升公共服务能级和水平。构建满足"国际标准、优质均衡、便捷共享"基本公共服务设施网络。建设高水平、现代化的教育体系，高品质、多层次的公共文化服务体系，完善的全民健身服务体系，高质量的卫生健康服务体系，普惠多样的社会福利与保障体系以及多元住房供应体系。

三、先行地区发展的经验及启示

自工业革命以来，经济现代化水平不断提升，我国区域经济一体化进程不断推进，部分城市圈、都市圈建设在区域经济中起到引领发展的作用。其中，深圳都市圈、广州都市圈和苏州都市圈都是我国目前发展得较成熟的都市圈，在这些都市圈的发展历程中，一些普遍的发展规律和经验值得总结。广州南沙新区作为"三区一中心"与武汉新城总体定位有相似之处，亦可将其作为对标地区。湖北省委常委、武汉市委书记郭元强出席武汉新城建设推进会时强调，要推进产城融合，要强化市区协同，要敢于改革创新，要加快基础设施建设，将武汉新城建设成为世界级科技创新策源高地、国家战略性新兴产业高地、全国科创金融中心、国际交往中心、中国式现代化宜居湿地城市样板。基于对武汉新城高起点的战略要求，我们借鉴了以上先行地区在管理体制、空间整合、交通对接、产业协同、人才引进和培育、营商环境等方面的经验，以期为武汉新城建设提供参考。

（一）深圳都市圈的发展经验

深圳都市圈作为国内成熟型都市圈的典型代表，是较早探索区域协同发展的地区之一。大湾区规划纲要以及深圳先行示范区意见这两份国家顶层文件，都赋予了深圳极高的地位，尤其是先行示范区文件，把深圳推向了全国新时代更大力度改革开放的唯一综合实验城市的地位，这就决定了深圳都市圈不是一般意义上的都市圈，而是一定会在大湾区政策辐射范围内起到引领性作用的都市圈，因此，深圳都市圈区域协同治理的经验对武汉新城高起点发展乃至武汉都市圈协同发展都有一定的借鉴意义。

深圳都市圈在 2020 年首次由广东省发改委提出，经过发展沿革，2022 年 7 月 20 日，广东省自然资源厅印发的《广东省都市圈国土空间规划协调指引》（以下简称《指引》）中进一步划分深圳都市圈范围，包括深圳市（含深汕特别合作区），东莞市全域，以及惠州市的惠城区、惠阳区、惠东县、博罗县。在深圳都市圈成为正式规划之前，深莞惠作为全国市场化程度最高的地区之一，早在 2006 年，为寻求新的发展空间，深圳的企业便开始自发地寻求与周边地区开展技术和市场合作。到如今规划进一步落实实施，深圳都市圈在多方面积累了一定的经验。

一是坚持市场主导、政府引导及社会参与，实现政府、市场和社会多方协同。深莞惠，民营经济发达，自下而上的企业、民间力量活跃，呈现出"大市场小政府"特征，与长三角、京津冀地区呈现出明显的差异。早在 2006 年，深圳的企业便开始自发地寻求与周边地区开展技术和市场合作，机械、玩具和仪器仪表等传统制造业企业纷纷外迁，部分优势产业的龙头企业也不断向外扩张。面对企业的不断外迁，深圳并没有设置障碍，而是选择积极不干预政策，以政府公共服务为保障，致力于服务深圳企业和市民，主动推动本地企业"走出去"。一方面，建立以党政主要领导联席会与专责小组为核心的协作制度和框架，2009 年 2 月深莞惠首次召开三市党政主要领导联席会议，截至目前形成一系列共识框架，催生了广泛的区域事务性合作。另一方面，通过政府搭台、企业唱戏的方式，积极推动招商、华侨城、特建发等国有企业与周边区域和帮扶城市开展各种形式的合作共建，形成了一系列区域合作共建模式，总体上形成了市场核心驱动、政府高效有为，兼顾市场、社会、政府三大主体的良好协作关系。

二是坚持产业先行，通过产业区域化布局，形成紧密联动的产业共同体。深圳都市圈最初的发展动力源于香港的产业扩散。2008 年后，深圳的成功转型进一步加强了与东莞、惠州的产业联系，开始出现深圳居住地向东莞、惠州扩散的趋势，进而推动生活的互动和都市圈的一体化，呈现出"产业扩散—人口扩散—空间重构—高频通勤"的发展特征。从深圳都市圈新增制造业企业分布看，2000—2005 年，新增企业布局高度集中于深圳原特区；2005—2010年，新增企业布局逐渐向深莞交界转移；2010—2015 年，新增企业布局逐渐向深惠交界地区、珠江西岸的顺德中山地区扩散。深莞、深惠交界及珠江西岸的顺德、中山等非核心城市地区成为新的热点空间。而服务业，特别是高端服务职能则呈现高度集聚和垂直分工的态势。分析 2005 年、2010 年、2015年珠三角生产性服务业空间可以发现，珠三角生产性服务业一直延续并强化以广深为双中心的空间格局，尚未培育新兴增长点。随着制造业的扩散和服务业的进一步集聚，深圳都市圈总体上形成了"深圳总部—莞惠基地、深圳研发—莞惠生产"的分工格局。2022 年 7 月 20 日，广东省自然资源厅印发的《指引》中提出以深莞惠中心区为核心，构建多中心的现代服务业体系。沿深圳—东莞和深圳—惠州边界，自西向东构建，将深圳会展海洋城—东莞滨海湾新区打造为国家科创头部企业与现代服务业节点、将松山湖科学城—光明科学城建设成国家综合性科学创新中心节点、将塘厦—平湖北/坂雪岗—大运新城建设成湾区制造总部技术转换节点以及将坪山—惠阳—大亚湾建设成湾区先进制造产城融合节点。此外，沿东莞—惠州边界，重点构建潼湖—常平智慧产业新城节点。

三是坚持模式创新，探索多元区域合作共建模式。2010 年以来，深圳都市圈通过区域合作示范区的建设，形成了三种类型的区域合作共建模式。第一种类型是全面托管型，以深汕合作区为代表。2017 年，广东省委、省政府批复《深汕特别合作区体制机制调整方案》，明确提出深汕合作区由"深圳全面主导、汕尾积极配合"，标志着深汕合作区从"深汕合作共建"到"深圳全面管理"转变。第二种类型是对口帮扶型，以深圳(河源)产业城转移工业园为代表。2013年，根据广东省对口帮扶工作要求，深河两地谋划建设深圳(河源)产业城转移工业园，并成立深圳对口帮扶河源指挥部，具体负责对口帮扶合作事宜及深圳(河源)产业城转移工业园的建设工作。第三种类型是合作共建型。2018年4月，深莞惠经济圈(3+2)党政主要领导第十一次联席会议提出，在东莞、惠州邻深地区划出一定区域建设跨行政边界的区域协同发展试验区，试验区地区生产总值、税收存量归当地所有，增量部分由三地政府在协商基础上按比例分成。

四是坚持制度保障，不断创新体制机制，完善利益协调共享机制。之前的区域合作往往只注重空间、产业、生态环境和设施的协调，而忽视了利益的协调，导致合作效果往往不尽如人意，最终的结果是使整体目标流于形式。2017年，广东省委、省政府决定改变原有的深汕两地共管模式，由"深圳主导经济管理和建设，汕尾负责征地拆迁和社会事务"改变为深圳全权主导经济社会管理，并提出在GDP统计、户籍、财政、土地出让和行政管理等方面体制机制调整的具体方案，由此，深汕特别合作区开启了快速发展的新篇章，实现了责、权、利的高度统一。

(二)广州都市圈与南沙新城的发展经验

1. 广州都市圈

广州都市圈包括广州市、佛山市全域，以及肇庆市的端州区、鼎湖区、高要区、四会市，清远市的清城区、清新区、佛冈县，协同构建"一核六极、十字主轴、网络辐辏"空间格局。广州都市圈是广东省最大的都市圈，拥有全省最大的城市广州和第三大城市佛山，且历史文化内涵丰富、教科文卫实力出众，交通优越，地位高于其他都市圈。

一是交通基础设施的互通互联。作为拉动投资的重要增长领域，交通基础设施建设有利于扩大有效投资，能够产生明显的"乘数效应"。《粤港澳大湾区城际铁路建设规划》中指出，广州市牵头推进的广州都市圈项目共 13 个，包括 8 个城际项目和 5 个枢纽工程，总里程约 660 公里，总投资约 3783 亿元。在各方的大力支持和共同推动下，13 个项目已基本形成"在建一批、开工一批、前期一批、储备一批"的梯次有序推进局面。广州都市圈正加快谋划干线铁路、城际铁路、市域（郊）铁路、城市轨道交通"四网融合"，构建了由广州中心辐射至周边城市中心"两纵两横"的十字形广州都市圈轨道交通快线网络，打造自广州中心至佛山、东莞中心 30 分钟，至中山、珠海、清远中心 60 分钟的轨道经济生活通勤圈，助力粤港澳大湾区实现"一张网，一张票，一串城"的轨道交通愿景。围绕基本建成全球重要交通枢纽目标，广州还将通过加快实施白云国际机场三期扩建工程、南沙港区国际通用码头、"五主四辅"铁路客运枢纽等重大项目，构建起"畅通全市、贯通全省、联通全国、融通全球"的广州综合立体交通网。"十四五"期间，广州将全力推进 300 项重大基础设施项目，总投资估算约 20400 亿元。

二是积极培育产业平台，加强产业深度对接。整合优势产业资源，推动都市圈外圈层平台建设。加快建设南沙—滨海湾新区—翠亨新区、南沙广深双城联动先行示范区以及庆盛区块、南沙枢纽区块、南沙湾区块三个粤港澳合作平台，推动战略地区和平台一体化高质量发展。加强广清、佛肇和跨省边界地区产业深度对接，引导广州空港经济区向北辐射清远，重点推动清远南部重大产业平台与广州协作，全面统筹广清经济特别合作区（三园一城）协调发展，谋划清远北部"三连一阳"地区增加跨省产业合作区。强化广州—湛江深度协作，以联合共建、飞地等多种方式灵活对接，探索建立国家海洋高新技术产业基地。推动佛山大型产业集聚区（佛北战新产业园）、肇庆大型产业集聚区协同建设，佛山高新区（南海园、三水园）、肇庆高新区、金利高新区联动发展。

2. 南沙新城

南沙新区地处广州南部，隶属广州都市圈，是国家新区、自贸试验区、粤港澳全面合作示范区，与深圳前海、珠海横琴并列为粤港澳合作的三个重大平台。南沙区也是大湾区的几何中心。2019 年 12 月发布的《粤港澳大湾区发展规划纲要》中指出，"南沙的定位是'三区一中心'"，"三区"分别是国家新区、自贸试验区、粤港澳全面合作示范区，"一中心"指承载门户枢纽功能的广州城市副中心。2022 年 8 月 5 日出台的《广东省都市圈国土空间规划协调指引》中特别强调，要"高水平建设广州南沙中心区，重点建设南沙科学城，强化科研创新资源区域整体协调和功能互补；充分发挥南沙自贸片区政策优势，打造粤港澳全面合作示范区"。南沙新区挂牌成立 7 余年，取得了丰硕的成绩，在制度创新、人才引进、产业扶助、优化营商环境等方面的经验可以为武汉新城建设提供启示。

一是持续深化制度创新，进一步探索集成性创新。2020 年，南沙以制度创新为核心，累计形成 685 项制度创新成果，196 项在全市推广实施，112 项在全省复制推广，更有 43 个"南沙经验"走向全国，逐渐彰显全面深化改革和扩大开放的"试验田"作用。"搭建首个全球溯源体系"就是南沙新区制度创新成果之一。2016 年，全球溯源体系在南沙自贸区进行首创发布，以物联网、云计算的手段，分级采集贸易商品生产、流通、分配和消费全生命周期的数据，秉持"共建共享、真实安全、开放便利"的原则，以最低成本完成商品价值的真实传递。目前全链条溯源体系初步成型，京东、天猫、唯品会、美赞臣等全球 14954 家企业参与溯源，涉及的商品品牌达 8716 个，溯源商品货值达 605.337 亿美元。其应用实例"跨境电商监管模式"入选商务部"最佳实践案例"。

二是扶助青年创业就业，推动国际化高端人才聚集南沙。南沙新区实施港澳青年学生南沙"百企千人"实习计划，集聚"创享湾"等11个青创基地，累计入驻超过400个港澳台青创团队(企业)。2022年12月31日发布《广州南沙新区(自贸片区)鼓励支持港澳青年创业就业实施办法》(以下简称《实施办法》)，着力在就业发展、实习研修、创新创业、交流交往、便利生活、服务平台搭建等方面实施积极行动，为港澳青年来南沙区发展提供优质环境、便利服务和有力保障，促进港澳青年更好融入粤港澳大湾区建设和发展，努力把南沙打造成为立足湾区、协同港澳、面向世界的重大战略平台。《实施办法》包括五大章十小条，囊括就业补贴、招聘录用、实习支持、技术技能提升补贴等，支持港澳青年施展才华。2023年3月8日，广州市人社局与国家税务总局广州市税务局发布《关于推进香港科技大学(广州)等机构组织未建立劳动关系的港澳籍(含外籍)临时教学科研人员工伤保险保障工作的通知》(以下简称《通知》)，推进在南沙工作的港澳居民享有"市民待遇"。《通知》具体从"增强责任担当，迅速发动有关人员参加工伤保险"、"扎实做好工伤认定和劳动能力鉴定工作"和"开辟绿色通道优化服务措施"三大方面列举如何加强在南沙工作的香港科技大学(广州)、发展咨询委员会等机构组织未建立劳动关系的港澳籍(含外籍)临时教学科研等工作人员工伤保险保障相关工作。

三是加大产业扶持力度，完善出台政策。2023年2月25日，广州南沙经济技术开发区出台《广州南沙企业所得税优惠目录(2022版)界定指引》(以下简称《界定指引》)，将有力推动广州南沙企业所得税优惠政策落地实施，更好服务企业及回应相关诉求。《界定指引》将《广州南沙企业所得税优惠产业目录(2022版)》的八大类140条产业目录细化形成528项二级目录，并明确了行业描述、界定要点等内容，为企业对照自身经营业务是否符合优惠目录、自行判断是否享受优惠政策提供了重要参照。2023年2月28日，广州市南沙区税务局挂网发布《广州南沙先行启动区鼓励类产业企业实质性运营有关问题的公告(征求意见稿)》通知，此征集公告根据《南沙方案》要求，对广州南沙企业所得税优惠政策提出实质性运营的要求，确保国家税收优惠政策落实、落细、落准，支持南沙先行启动区做大产业"增量"。

四是优化营商环境，提升改革效能，打造南沙"金字招牌"。南沙新区深化"放管服"改革，提升"拿地即开工"、商事登记确认制等改革效能，完善企业全生命周期服务体系，把营商环境打造成为南沙的"金字招牌"。商事登记制度改革是南沙自贸区创新的标志性名片，也是营造国际一流营商环境的重要举措。2017年7月，南沙自贸片区管委会出台《中国(广东)自由贸易试验区广州南沙新区片区深化商事制度改革先行先试若干规定》，提出对不涉及负面清单、前置许可的一般企业的设立试行确认制。2019年3月，商事登记确认制度改革范围拓展至南沙行政区和全部商事主体类型。商事登记确认制度实行后，企业在登记注册过程中，市场监管部门仅需重点审查申请人身份的真实性，以及相关人员是否涉及失信禁入、限入等情形，不再审查企业章程中的特殊规定、住所租赁合同等内容。同时，实行企业开办智能全程电子化登记，通过数据共享以及信用承诺等方式，对提交材料进行精简，做到"零见面""少参与""减材料""优流程""强信用"。试点商事登记确认制，市场主体进入更便利，更多的企业愿意进入南沙，市场主体数量明显提升，刺激了市场主体的活跃度。

(三)苏州都市圈的发展经验

苏州在经济总量上一直居江苏省首位、长三角第二位。尽管经济实力强、经济规模大，但苏州市区经济实力弱，不足以对市域经济起带动作用。苏州定位为综合性全球城市，并与上海临港新片区、宁波一样，列为第二方阵，但它与其他两个又有不同之处，苏州没有门户功能。因此，苏州不能以门户城市定位为综合性全球城市，而需通过市域一体化，由"散装城市"变为中心城市。通过梳理苏州区位、交通、资源、产业，苏州锚定五大综合性全球城市功能定位：全球著名制造业基地、全球重要产业科技创新中心、以吴文化中心为核心的世界历史文化名城、中国重要大宗商品交易中心、上海大都市圈"陆上丝绸之路"与"海上丝绸之路"交汇点。同时，为推进市域一体化，区市要由"县域经济"发展思维改为都市圈经济发展思维，以每个区市为板块，通过科技创新资源(大学、科研机构)导入，明确各个区市未来产业发展方向。苏州都市圈在市域一体化、产城融合发展上均取得了傲人的成绩，将为武汉新城建设提供非常启示。

一是按照市域一体化布局，明确"三横两纵"发展格局，建设网络型城市。苏州以现代轨道交通和高速公路为通道，建立沿江经济发展走廊、沪宁经济发展走廊、沪苏湖经济发展走廊三条横向经济发展带，以及通苏嘉甬经济发展走廊、环沪经济发展走廊两条纵向经济发展带。其中，沿江经济发展带，以张家港、常熟、太仓的临港开发区为发展载体，开发区之间为长江滨江湿地，产业发展以绿色钢铁、绿色化工、大型装备制造等为主；沪宁经济发展带，以昆山、苏州市区的各类开发区为发展载体，产业发展以新一代信息技术、生物医药及高端医疗器械、智能装备、智能网联新能源汽车为主；沪苏湖经济发展带，主要为吴江区汾湖、平望、盛泽、震泽等镇，产业发展以高端电梯、高端纺织面料、通信光缆为主；通苏嘉甬经济发展带，以张家港高新区、常熟高新区、相城经济开发区、苏州工业园、吴中经济开发区、吴江经济开发区、汾湖开发区为主体，重点发展新一代信息技术、高端医疗器械、人工智能、大数据、智能网联汽车等产业；环沪经济发展带以太仓、昆山、吴江环绕上海的开发区为重点，对接嘉定、青浦重点发展新兴产业，发展智能网联新能源汽车关键零部件、传感器、高性能医疗器械、数字经济为主。

二是立足板块特色形成错位发展格局，产业创新集群与市域一体化联动。为了有效地促进产业创新集群的发展，苏州加快市域一体化发展，十大板块大力发展各具优势的产业创新集群，通过空间重构，实现产业布局更加合理化，实现错位发展、协调联动。张家港市聚力构建以新能源、特色半导体、智能高端装备三大产业为引领的高水平产业创新集群，成功获批创建全省县（市）首家省级技术创新中心——江苏省氢能技术创新中心；常熟市结合"三区三线"划定，加快工业用地结构调整，为产业发展腾挪空间资源；太仓市加快国家物流枢纽建设，依托西北工业大学长三角研究院等平台着力推动航空航天、新材料、创新药物及器械等产业发展；昆山市出台《新一代信息技术产业、装备制造、小核酸及生物医药三大产业创新集群建设实施意见》；吴江区聚焦先进材料产业创新集群，累计培育世界500强2家、上市企业8家；吴中区着力打造机器人与智能制造、生物医药及大健康、检验检测认证三大产业创新集群；相城区召开多次行业大会，重点推动数字金融、先进材料、智能车联网三大创新集群发展；姑苏区通过实施"百强千企"培育、创新人才集聚等"六大行动"，推动数字创意和高技术服务两大重点产业创新集群发展；苏州工业园区加快"一区两中心"建设，打造开放创新的世界一流高科技园区；虎丘区召开光子产业创新集群发展大会，加快形成"东纳米、西光子"的产业发展格局。全市产业创新集群融合发展形成不同区域之间紧密合作，更加突出协同发展，产业布局趋于完善。

三是探索"产城人"融合发展路径，积极构建多维度综合型发展模式。现阶段，苏州产业创新集群建设、城市功能转型、人口结构提升共同构成了"增长三角"关系，强调"产城人"融合发展，是产城融合的2.0版本。当前，苏州把"产城人"融合作为服务全局的一项基础性工程来重点推进，积极构建产业发展、城市发展、人口结构提升的相互影响、相互支撑、良性互动的多维度综合型发展模式，以"探路者"的姿态，继续在高质量发展上走在前列。以产聚人、以人兴产，以产兴城、以城留人，2022年苏州市以创建高水平人才集聚平台为总牵引，通过加快布局建设一批宜居宜业的高品质人才社区，统筹谋划人才驿站、人才公寓、人才社区建设，探索了面向国际引才聚才的新"打法"，推动"产城人"融合发展。2023 年 1 月 11 日，《苏州市高品质人才社区建设指南》《苏州市人才公寓设计指引》《苏州市人才公寓运营管理与服务规范》系列政策相继出台，苏州市高品质人才社区布局地图发布，高品质人才社区示范点、苏州人才会客厅被授牌，市域一体、全域推进，苏州各县区都在积极探索高品质人才社区建设。苏州以建设高品质人才社区为契机，不断推动全市人才生态优化升级，大力吸引集聚国际化高端人才，为在新征程上全面推进中国式现代化苏州新实践提供强有力的人才支撑。

（四）先行地区经验对武汉新城的启示

一是促进有效市场与有为部门相结合。武汉新城高起点发展离不开要素配置高效化、资源流动有序化的有效市场，也离不开有为的负责武汉新城发展的管委会，保证各政策的执行落地、各项基础设施的建设，为武汉新城高起点发展提供设施和政策保障。高起点发展武汉新城的关键是充分发挥市场的决定性作用和政府的重要作用，执政机关科学地进行宏观调控，以合适的时机和方式介入市场，明确行政监管边界，形成市场机制更加有效、微观主体更有活力、宏观调控更为有度的格局。

二是借鉴现有我国成熟都市圈及新城新区的成功经验。参照我国如深圳都市圈，坚持制度保障，不断创新体制机制，完善利益协调共享机制；坚持市场主导、政府引导及市场核心驱动、政府高效有为，兼顾市场、社会、政府三大主体的良好协作关系；广州都市圈和南沙新城积极培育产业平台，加大产业扶持力度，完善和出台配套政策，加强产业紧密联系；苏州都市圈探索"产城人"融合发展路径，积极构建多维度综合型发展模式。借鉴我国成熟都市圈及新城新区的优秀经验，提出立足我省实际状况和经济发展阶段的武汉新城高起点发展推进方案。

三是开展示范试点引领各方协同合作。将政策文件从试点到地方渐行推进、逐步细化：首先是认真贯彻中央政策《方案》中的措施并进行一定程度的移植、调整和本地化创新，提升行动方案的政策弹性，鼓励具有较好创新产业基础的片区开展创新产业集群示范试点。其次是充分发挥试点的示范引领作用，并及时跟踪评估、督促指导各试点有效落实政策，切实解决实践过程中的问题，建立经验收集和分析系统，便于各片区试点及时总结，推广好的经验做法；最后是健全政策执行的保障机制，各方需要明确自己的职责，重视政策执行的部门联动机制和协同治理的长效机制，推动武汉新城高起点发展。

四、武汉新城建设需注意的问题

(一)需从顶层设计着手建立利益共享机制

从各地新城建设或都市圈建设实践来看，一体化发展较为成功的地区，均有力地减少了行政壁垒的影响。当前，武汉都市圈已建立成熟的协调机制，武汉新城区域在互联互通、产业互补等领域取得一定突破，多个片区也已开始开展多方面合作。但合作的层次、内容还不够深入，区域发展主要以基础设施项目合作为主体，多年来在项目落地、资源整合等方面合作成果较少，滞后于国内先进地区。武汉新城区域内尚未形成完善的合作投入机制、整体搬迁机制等，对合作互利共赢的税收利益分享机制、征管协调机制及税收优惠协调机制等方面的探索也不足，未来需要补齐短板，确保心往一处想，劲往一处使，从体制机制上破除行政壁垒对新城发展的制约。

(二)需避免同质化竞争和无序发展

外省先进地区一体化发展的重要启示是要规避产业同质化竞争。在都市圈发展早期，京津唐都市圈即北京、天津及周边城市由于发展方式粗放，产业产能未合理规划，生态环境系统缺乏总体引导控制，导致各地各自为政，整个区域资源浪费，要素配置不够高效。光谷科创大走廊战略提出以来，"武鄂黄黄咸"五市均将大走廊建设列为中心工作，各地围绕"光芯屏端网"、生命健康等产业集群开展招商与谈判。在实践中，葛华与光谷产业目标相近、地域紧邻，未来要避免出现无序竞争，减少资源原地空转和内耗情况，合理规划产能与配套，优化存量，做大增量，形成产业合力，打造高质量产业集群。

（三）需加强产城融合，注重完善城市功能

各地新城建设实践中，一些城市新城中心城区缺乏产业和人口支撑，新城、园区生产生活配套能力不足，产业规模参差不齐，地区活力不够。当前，武汉新城区域内，存在部分利用效率不高的地块，需提前规划、统筹管理。进一步总结梳理经开区与光谷等地产城融合经验，注重工业化与城镇化发展的统筹平衡，打造具有武汉新城区域特色的文化、商业、居住氛围，注重武汉新城软实力、文化吸引力的建设，构建产、城、生态融合典范，建设一座创新创业之城、现代产业之城、生态宜居之城、文化魅力之城及和谐幸福之城。

五、推动武汉新城高起点发展的对策建议

（一）落实管理体制和专项规划，构建多方共建共赢格局

一是深化研究管理体制和政策法规。尽快研究明确武汉新城管理体制和运行机制，组建副省级实体化武汉新城管委会，专职开展区域开发管理和日常事务性工作，或其他协调机构。探索差异化供地政策，研究多元化土地利

用和土地供应模式，探索低效用地整理和退出机制。深化财税金融改革，建立长期稳定的资金筹措机制。研究出台支持武汉新城建设的省级地方性法规，为区域一体化制度创新提供法治依据。

二是研究制定区域专项规划和目标。尽快研究编制武汉新城基础设施发展规划、交通发展规划、科技创新协同规划、生态环境建设规划、片区产业发展规划等专项规划，及时修编武汉市城市轨道交通线网规划和第五期建设规划。尽快摸清武汉新城现状底数，制定武汉新城经济社会发展目标，实施武汉新城经济总量、规上工业总值、第三产业增加值、高新技术产业增加值等关键指标 3 年倍增计划。

三是打造科创金融创新示范区。建立省级金融发展协调机制，常设武汉新城科创金融工作办公室，统筹武汉新城金融资源，强化区域金融创新协作。打造武汉新城科技保险创新示范区、科创金融总部集聚区，争创全国科创金融改革试验区，积极争取"一行两局"等中央驻鄂金融监管部门入驻武汉新城核心区，优先推动省级、市级国有金融企业入驻，引导金融资源向武汉新城集聚。

四是积极争取央企和国家部委支持。争取国家发改委尽快批复《中国（光谷）建设方案》，持续优化国家科技创新平台功能，提升武汉新城科技影响力。争取网络游戏属地管理试点、首次进口药品和生物制品口岸等改革事项落地，争取设立药品及医疗器械审评检查华中分中心。积极引入和鼓励央企在武汉新城建立分部或分公司，带动片区发展。

（二）建立区域合作长效机制，推动武汉新城高起点发展

一是建立具有多向激励作用的利益共享机制。武汉新城要实现一体发展，利益共享是催化剂。探索"财税统一"或对新落地企业采取"合作导入""整体搬迁"等个性化创新模式，制定不同税收分享机制、征管协调机制、税收优惠

条件机制、统计数据核算机制，增强片区之间合作力度，盘活存量税收，确保实现合作共赢。

二是建立资源统筹机制。根据区域一体化发展需要，建立不同层级、不同主体参与的沟通协调机制。探索成立武汉新城建设专家咨询委员会、组建武汉新城发展投资集团，搭建行业信息交流平台，引导行业资源区域内合理分配、流动，共同参与重大平台建设、争取专项资金、政策支持和重大项目布局，积极推动形成政府、行业协会、集群促进组织等多元主体参与的产业共治共享机制，实现区域协同发展。

三是建立考核评估和督办落实机制。每年度制定建设任务清单、项目清单、责任清单，纳入相关单位年度目标绩效综合考评，强化动态跟踪督查，通报工作进展。针对招商引资、企业培育、创新投入、成果转移转化、产出效益、产业竞争能力等方面，加强数据统计和定期评估，确保各项支持措施落实到位。

（三）立足片区特色错位发展，联动区域产业创新集群

一是立足片区特色构建错位发展格局。新城中心片区积极布局企业总部、科技服务、交易、交流中心，突出高端商务服务、高效能科创服务、高品质生活服务的城市功能，与光谷中心城错位发展。光谷片区积极布局提升行政办公、金融服务、文化体育、会议展览等综合职能，强化打造公共服务中心。葛华片区聚焦冶金建材、纺织制线等传统优势产业发展，同时大力推进在光电信息、大数据等领域发展。红莲湖片区围绕应用创新、转化创新与配套技术创新发展，布局大数据与云计算、5G通信网络等新一代信息技术产业。花山片区、龙泉山片区、梧桐湖片区和滨湖半岛片区依托自身优越的自然资源，重点发展文化创意、文化旅游、康养休闲、生态观光等功能，着力培育本地化旅游产业链。

二是加强产业创新集群区域联动。光谷片区与葛华片区在激光、芯片、显示屏、生物医药、医疗器械等领域已经形成一定的产业合作基础，以葛店国家级光电子及信息产业基地、葛店大健康产业园等园区建设为抓手，积极探索飞地园区在协同招商、项目落地、利益协调等方面的创新。推动自贸区联动创新区建设，鼓励片区共同参与经济全球化和国际产业分工，聚焦关键技术突破和战略性产品开发，持续推进集成电路、新型显示器件、下一代信息网络等世界级产业集群建设，加快医药医疗产业技术前沿创新和集聚发展，深挖各自的产业资源优势，紧密未来产业中的合作。

三是实现武汉新城数字化转型。抢抓国家实施"东数西算"工程机遇，依托武汉超算中心、全国一体化算力网络国家枢纽节点，培育发展数据、算力、算法、应用资源协同的产业生态。完善大数据辅助科学决策机制，加快提高治理数字化水平，促进公共服务、社会运行和治理方式创新。推动数字技术与实体经济深度融合，促进新一代信息技术与实体经济深度融合发展，打造供需直连型数字供应链。

(四)持续吸引和培育高端人才，打造科技创新高地

一是实施更具吸引力的人才政策。深入实施人才计划，优化整合重大人才工程，打造开放包容先行的世界一流创新创业人才高地。探索设立武汉新区人才专项资金，对顶尖人才和优秀创新团队给予支持，着力构建分阶段全链条青年人才资助培养体系。将人才培养与重大科研成果研发相结合，探索共同负责任制、项目经理制、举荐推荐制等创新科研机制。

二是尽快着手完善人才配套公共服务。推动武汉市教育、医疗资源向新城倾斜，引导支持优质教育资源在新城共建共享，医疗机构在新城设立分支机构。构建"城市—片区—社区"三级公共服务设施体系，优化武汉新城公共服务资源配置，提高文化服务供给，提升政务服务效能，形成多层次、全覆

盖、人性化的基本公共服务网络。

三是加强产业人才共享，共建"人才走廊"。打通片区人才政策，实现高层次人才往来不受限制，实现人才互留互通。共建"人才走廊"，推动成立人才创新联盟，常态化组织开展高层次人才座谈会、产学研对接会、科技成果路演会、科技金融对接会和高科技产品推介会。争取落户一批优势产业所在片区的科研机构或龙头企业的人才培训基地、实训基地，促进产业人才培养。

四是做优科创平台持续集聚优秀科研人才。积极布局世界级大科学装置，做好重大科技基础设施立项审批，加大力度支持高水平大学、产学研结合的科研机构、共享实验室、产业转化孵化平台等科技创新设施，建设武汉新城国家级吸引和集聚人才平台，布局建设一批海外"人才飞地"和离岸创新中心，探索建立"武汉新城高端人才合伙人"制度，提升高端科研人才吸引力。

五是建立武汉新城高端人才招引项目库。建立招才大数据平台，精准绘制招才地图，围绕"领军型+青年型+技能型"的人才金字塔发展体系，建立武汉新城高端人才项目库，制定高端人才招引计划，主动出击合力攻坚。大力培育和引进各类创投机构、人力资源服务机构、众创孵化机构，引导优质人才资源向武汉新城聚集。

（五）推进高质量产城融合，打造生态宜居宜业示范城

一是打造高标准流域综合治理典范。加快建立武汉新城流域生态补偿机制，支持生态资源丰富片区高质量低碳发展。建立武汉新城跨片区生态环境联防联治机制，加强流域交界处日常执法合作和交流，推动流域水生态环境综合治理，统筹发展和安全，守牢发展底线。

二是构建绿色出行交通网络。积极提升轨道交通等低碳公共交通线网覆盖率，鼓励和支持"互联网+"交通出行方式，促进定制公交、共享汽车、无人驾驶等新型交通模式的健康发展。构建智能网联汽车示范城市，大力推动城

市充电站、停车场充电桩等设施建设。建设步行和自行车友好城市，推动丰富多元的绿色出行。

三是合理引导产城人相互协调促进。全面启动产才融合示范高地建设，积极通过提升武汉新城魅力吸引人才，以人才聚集促进产业升级，以产业高质量发展增强武汉新城竞争力，动态优化调整产业结构与发展层次，提高与产业园区城市功能和品质提升相匹配的产业和配套，根据产业实际需求科学确定空间资源配置，实现产业空间与城市空间的耦合。

四是加快提升生态价值转化能力。加快建立武汉新城绿色产业结构，提高经济发展绿色化程度，提供更多优质物质产品和服务，构建生态产品体系。着力营造山水生态、武汉新城绿道等公园场景，积极发展"绿道+""公园+""森林+"等模式，创新创造生态产品。推动生态价值创造性转化，培育壮大生态旅游、生态康养等产业，深化农商文旅体融合发展机制，激发生态产业发展动力活力，探索"绿道+赛事""公园+产业""场景+消费"等生态价值转化形式。

专题七　　以深化产才融合为重点加快创建武汉国家级吸引和集聚人才平台研究

（报告完成时间：2023 年 6 月）

省第十二次党代会提出"实施新时代人才强省战略，支持武汉建设国家级吸引和集聚人才平台，打造全国重要人才中心和创新高地"，同时也明确要求"充分发挥我省的科教、人才、产业等比较优势，着力解决一批国家急迫需要和长远发展中的重大'卡脖子'问题，推动'三高地、两基地'建设，加快形成若干个具有全国辐射力和国际竞争力的骨干产业和产业集群"。

根据省第十二次党代会的要求，湖北将持续着力培育和发展先进制造业、现代服务业、高技术产业等领域，不断推动产业结构的优化和升级。人才促进产业发展，产业助推人才成长。人才的引领和集聚是现代化产业体系建设的关键所在，只有通过产才深度融合，充分发挥人才在创新、研发和技术应用等方面的作用，才能实现产业的快速发展和提升。由此，要把武汉建设成国家级吸引和集聚人才平台，关键就要做好产才融合这篇文章。只有深化产才融合发展，才能更多地吸引和集聚广大人才为武汉及湖北的发展贡献力量。

为深入了解和掌握武汉市重点产业领域和科研领域高层次人才引进现状、相关企业和高层次人才的相互需求情况，为武汉市建设国家级吸引和集聚人才平台建言献策，本课题组以武汉市重点产业中具有代表性的 19 家企业（光芯屏端网企业 6 家、汽车制造企业 3 家、现代化工及能源企业 2 家、大健康企业 6 家、现代农产品加工企业 2 家），以及武汉市某人才计划资助的 35 位青年人才（企业就职 31 人、科研院所就职 2 人、国防科工单位就职 2 人）为研究对象，于 2023 年 3—5 月对相关企业和人才展开了实地调研和问卷调查。本次调研旨在了解武汉市重点产业引进高层次人才的总体状况，剖析引才工作中存在的问题，同时掌握重点人才在企发展现状、存在的困难与诉求，为武汉深化产才融合发展并加快创建国家级吸引和集聚人才平台提出对策建议，为湖北建设全国构建新发展格局先行区提供人才支撑。

一、武汉市推进产才融合存在的问题

（一）产才融合发展的体制机制不健全

产才融合包括人才和产业两方面。产业为人才提供良好的发展平台和工作环境，人才则为产业发展提供高素质的人力资源保障。目前，武汉市的产才融合体制机制还不够健全，政策导向不够精准，人才部门和产业部门尚未形成密切配合的工作格局，缺少推动产才融合发展政策、制度等方面的顶层设计，人才和产业的耦合度仍有待进一步提高。

一是政府统筹协调力度不够。全市目前没有明确产才融合的专门管理机构，对产才融合发展的统筹协调力度不够，相关部门在产才融合的政策制定、战略规划、资金扶持等方面存在条块分割、各自为战的情况。如市科技局负责全市科技创新平台建设；市经信局负责推进战略性新兴产业发展和传统产业改造升级；市人社局负责统筹全市人力资源工作；市委组织部负责统筹协调全市人才队伍建设。相关部门对各自职能范围内的产业融合工作没有形成有效的联动机制。

二是社会多方面参与度不够。全市目前还没有建立起以企业为主体、市场为导向、产学研相结合的技术创新体系，在成果转化上也存在"重论文轻专利"现象，企业作为研发创新主体的作用没有得到充分发挥。调研显示，有42%的被访青年人才认为高校、科研院所和企业之间的关系没有充分理顺，54%的青年人才认为缺乏大规模、高质量的产学研协同创新平台，60%的青年人才认为创新链、产业链、资金链、人才链融合不够。在调研企业中，研发人员所占比例较低，全市从事研发活动的科技人员仅占全国同类城市平均值的25%左右；同时，企业科研人员多为兼职人员、生产人员，从事基础研究的科技人员比重偏低。

(二)产才融合的平台载体建设滞后

产才融合是一个动态发展的过程，需要不断地将新技术、新模式、新理念融入其中，其平台载体建设是促进人才与产业、企业深度融合的基础。当前，武汉市的产业载体建设相对滞后，缺乏对人才需求的科学研判，产业载体的特色优势不够突出。

一是武汉市产业载体数量较多，但是尚未形成系统、科学的产业载体建设规划。没有从产业人才需求出发进行产业载体规划，造成了一些平台建设同武汉市现有的产业发展不匹配。比如，新能源汽车战略性新兴产业是武汉市重点打造的主导产业之一，但目前武汉市尚未形成以新能源汽车产业为核心的全产业链，与其相关的零部件企业、动力电池企业、整车制造企业、配套企业等企业数量较少，企业规模小，产业链不完善。

二是缺乏对产才融合特色优势的有效识别。产才融合是一种发展思维的创新，需要不断地对各种信息进行科学分析、综合研判、准确识别。如果产才融合的平台载体缺乏特色优势，就难以与人才需求精准对接。目前武汉市在平台载体建设中还存在着一定程度上的盲目跟风现象，没有充分考虑自身及所处区域的特点、优势、基础和发展方向，没有从实际出发进行产才融合平台载体建设规划设计。比如，武汉市在智能制造领域没有形成集聚效应，在航空航天领域没有形成规模效应等。

（三）产业人才结构性矛盾突出

产才融合是人才和产业的双向融合，产业发展需要人才，人才也需要产业发展。当前，武汉市人才引进与产业发展对接不畅，结构性矛盾突出。调研显示，65.71%的武汉市青年人才指出现有人才培养结构与产业发展、社会需求不相适应，48.57%的青年人才认为人才和专业人才培养发现机制不健全。

一是产业发展对人才的需求与武汉市人才供给存在错位。随着武汉市经济社会的发展和转型升级，产业结构发生了深刻变化。在新旧动能转换的过程中，战略性新兴产业成为拉动经济增长的新动力，对高级技能人才的需求也越来越大。然而，武汉市大量高技能人才分布在教育、卫生、医疗、文化等事业单位，市内基层和经济一线人才严重不足，紧缺高层次创新创业人才。调查显示，武汉市创新人才主要分布在高校和国有企业，占比分别为42%、36%，而民营企业人才占比竟不足20%。如湖北英才开发计划中民营企业所占比例不足4%。

二是武汉市高端技能人才培养机制不健全。武汉市现有的技能人才培养机制难以适应新时代经济社会发展需求。从企业来看，企业对于技能人才培养和使用上缺乏动力，在现有的技能人才培养体制机制下，企业投入成本大、周期长、见效慢，而对技能人才的培养又无法实现按需培养，这使得企业在人力资源管理方面面临较大压力。从高校来看，武汉市具有丰富的教育资源，但大多高校对于专业或行业人才需求市场的调研不足，产业结构和专业结构不对接，很少开设在"互联网+"背景下出现的物联网、大数据、人工智能等新兴专业，缺乏对于战略性新兴产业人才的专门培养计划。同时，大多高校培养人才相对单一化，即学生在入学时选择了哪个专业，就只能在本专业得到培养，学习单一的专业技能，难以产生复合型人才。

（四）引才留才政策吸引力不足

武汉市虽然在地理位置、科教资源、工业基础等方面具有一定优势，但地处内陆，开放程度不够，整体经济的发展环境不及东部沿海，政策优惠、税收优惠等支持不及西部地区。随着城市经济的不断发展，竞争日趋激烈，各种形式的人才争夺也随之产生。沿海地区城市以及杭州、合肥、成都等新一线城市地方政府人才政策补贴力度都很大，因此吸引了许多高水平人才。虽然近年来武汉市一直在加大力度引才用才，但对于人才的吸引力依旧不足，甚至武汉市人才待遇与沿海发达地区的差距还在持续扩大，特别是高层次人才方面，一些地区的政府层面给的政策非常优惠，从市到区（县）、乡镇（街）都有相关配套资金和优惠政策。调研显示，86%的青年人才觉得武汉的引才政策和条件吸引力不够，43%的青年人才认为引才政策不够灵活，还有20%认为引才的积极性不够。

在吸引具有海外背景的高层次创新创业人才方面，武汉市虽然推动建设了武汉留学生创业园、硅谷小镇等创业载体，实施了"3551光谷人才计划"，出台了"光谷人才11条"等一系列政策支持人才建设，但尚未出台针对海外高层次人才的完善的政策体系保障，海外高层次人才入境管理以及全面性引进海外人才政策等领域发展不足。除此之外，很多海外引才政策虽然对相关优惠条款进行了明确的规定，但是由于行政色彩较浓，政策在实际执行过程中会受到实际情况的影响而难以妥善落实。例如，某显示屏企业在为韩国专家办理入职流程过程中就遇到过这种情况：海外专家过华前需要申请邀请函，其家属希望一同来华，但出入境机构只为专家本人办理邀请函，家属则办理受阻。上述案例说明，引才优惠政策在实际执行过程中存在问题，完善相关措施以保证政策准确落地应成为武汉市未来在海外人才引进领域的工作重点之一。

在引进"千人计划"和"长江学者"等重点工程项目方面，虽然已出台《武汉市高技能人才引进工作实施办法》等措施，但总体来说还没有形成系统的支持措施。调研样本显示，57.14%的青年人才对于我省激励人才创新创造的相关政策措施还不太了解，40%以上的青年人才面临项目资金较少、供需信息对接不顺、转化服务体系不完善等问题。一些创新人才培养的条件限制过于苛刻，如青年英才开发计划要求年龄在35周岁以下，学历为博士研究生以上，还要有承担大型国家科研项目的经历，这样就将大批人才排除在外。按照人才成长规律，37岁是创新人才的黄金期和成果高峰期，45岁以前都是创新人才成长的快车道，35岁的门槛限制过于"一刀切"。而且，创新人才多源于实践，成果在一线产生，发明在一线运用，而一线人员往往缺少高学历。同时，当前的创新人才培养考核指标多是已经"功成名就"、获得国家科研项目的人员，奖励也是"马太效应"，已有成果的人奖励更多。而将急需外界支持的潜在创新人则排除在外、不予重视，造成一批未来的创新项目和人才缺少扶持。

在创新人才激励保障方面，人才培养、评价、使用、流动、激励政策体系不健全。调研显示，有74%的受访青年人才认为安居、子女入学、就医、出行等服务保障不够，有51%的青年人才认为学术"近亲繁殖"现象仍然存在，还有31%的青年人才认为缺少头部人力资源服务机构。例如，作为高端人才的湖北省青年英才开发计划获得省财政的科研经费支持仅有5万元/人，2年总共投入275万元，只是江苏、浙江、广东等省份的"零头"。武汉市还出台了人才落户、资金扶持、平台建设、住房优惠等一系列促进创新的措施，但是资金扶持力度小，程序审批繁，创新平台小、数量少，无法形成创新人才成长的"集聚效应"。如人才住房优惠政策中，人才安居补贴申请条件苛刻、发放周期长，而人才落户、子女教育等配套政策又难以及时跟进，造成部分优秀人才流失。据武汉市大学生择业调查显示，制约其留在武汉的因素中，"适合的岗位少"和"缺少实践经验"占比最大，均为23%。在创新人才求职考虑因素调查中，排名前两位的分别是薪酬福利（23%）和个人发展位列（22%）。而武汉的人才政策没有更进一步的配套措施，更多地关注短期收益，缺乏长期规划和动态调整，导致政策具有滞后性和不可持续性，无法形成强有力的长效措施。

二、武汉市深化产才融合为重点加快创建国家级吸引和集聚人才平台的对策建议

（一）加快建设现代产业体系，增强产业聚才汇智实效

突破性发展光电子信息、新能源与智能网联汽车、生命健康、高端装备、北斗等五大产业，着力打造世界级产业集群。实施新一轮大规模技术改造行动和数字经济跃升工程，推动产业数字化、数字产业化，推动产业结构加速迈向中高端。聚焦产业发展配置人才资源，重点围绕打造万亿级汽车产业走廊，引进和培育创新型、应用型、技能型人才；围绕打造全国数字产业化引领区和产业数字化先导区，引进和培育高层次、复合型人才。加强产学研用一体化布局，以领军和核心骨干创新企业为主体，联合上下游企业组建人才创新联合体，解决一批制约产业发展的关键共性技术问题。着眼"高精尖缺"，深入对接龙头企业、高新技术企业等"人才富矿"，瞄准产业技术关键领域，大力招引高层次专家、科技创新人才等顶级资源，撬动产业能级加速跃升。围绕重要产业、重点项目，优化政策，拓宽渠道，加速引进高层次急需紧缺人才，形成人才集聚洼地。

（二）全力打造宜居宜业生态，聚焦人才发展环境赋能

聚焦环境生态打造，不断完善生态功能配套，加强人才安居保障，解决人才后顾之忧，以专业的服务、宜居的环境赢得人才信任，抢占发展先机。优化生活环境，持续完善产业园区绿化设施建设、交通条件，提供多种类型、不同档次的住房，满足人才的基础性居住需求。优化工作环境，持续改善工作条件，确保办公用房、电子计算机及其网络系统等办公系统设施的数量与质量，为相应的科研工作提高启动资金支持。大力提倡创新及产权申报，针对申报国家、省、市各类研究计划项目成功者，予以适量的资金支持。适当放宽人才流动的自由性，对于有意调出单位者，应给予必要的方便。依据相关法律及政策，创新职称评定方式，打破国籍、户籍、体制、学历、资历等限制，对取得重大创新成果、为经济社会发展作出突出贡献、市场认可度高的科技创新人才，可直接认定职称，赋予重点企业职称评审自主权。

（三）积极推动人才优势转化，释放人才引领驱动效能

加强高层次人才选拔培养，积极发挥高端人才的引领示范作用，培养造就一大批具有全球视野和国际水平的战略科技人才、科技领军人才、青年科技人才和高水平创新团队。聚焦科技成果转化，探索产学研用深度融合的组织和激励机制，加快建设高效可靠的科技创新和成果转化体系，让更多的科技成果尽快地转化为实实在在的生产力和竞争力。充分发挥专家工作站在成果转化、学科建设和人才培养等方面的示范引领作用，推进产业转型升级，实现"产学研"深度融合。紧扣发展大局，坚持人才引领驱动，聚焦重点领域人才需求，着眼发挥人才的实际效用，积极探索引才、育才、用才新路径，推动人才价值充分释放，最大限度地将人才优势转化为产业优势。

（四）持续建全人才培养机制，加强产业优化升级保障

建立定期调度、定期督导、年终考核的推进机制，切实做到产业布局、项目推进、人才引育同频共振，实现全线推进、同向发力。根据国家人社部的工作部署，加强人才的选拔与培养工作，建设专家服务平台，给予专项课题及经费支持。建立党委政府领导干部联系高层次人才常态化制度，既方便经常性咨询，也能及时准确反映人才心声及遇到的困难，使困难得到及时解决。持续加大青年人才培养工作力度，激励青年人才脱颖而出。建立健全以创新能力、质量、实效、贡献为导向的科技人才评价体系。构建充分体现知识、技术等创新要素价值的收益分配机制，探索股权、期权和分红激励机制，针对不同类型人才可根据实际情况实行年薪制、协议工资制、项目工资等灵活多样的分配形式，建立当期和长期相结合的支付方式，建立人才薪酬待遇与其履职年限、长期贡献相匹配的机制。高效汇聚高端人才资源，全面梳理凝练"高精尖缺"人才目录清单，精准编制人才图谱，引入先进的人力资源服务理念，建立健全全国一流的人才政策体系，着眼长远抓好接续人才培养，大力实施人才培养系统工程，选树和支持一批高水平的管理、专业、技能人才，储备一批青年后备人才，推动各类人才向产业集聚，助力产业升级发展。

（五）不断优化交流合作载体，促进产才双向互通活力

聚焦载体平台建设，以园区为依托，加大产业龙头企业引进培养力度，建设一批"双创"基地、众创空间、科技企业孵化器等创新孵化平台。推动各类创业创新要素的在线汇聚和开放共享，促进上下齐动、区域联动、行业互动的协同推进体系，实现创新链、产业链、政策链、资金链深度融合。支持高校院所与企业联合开展中青年科技人才团队培养，为其开展探索性、原创性研究提供良好条件。鼓励高校院所开设前沿交叉学科，加强跨学科人才培

养。支持龙头企业与高校共建人才培养培训基地，加快培养一批素质优良、技能过硬的工匠型人才。积极构建产业链、创新链与教育链有机衔接的育才模式，鼓励头部企业面向社会培养"急需紧缺"的专业实用人才，驻青高校增设"急需紧缺"专业，重点企业与高校科研院所联合培养应用型硕博研究生，实现学校与企业同向发力、同频共振。真正实现根据产业和市场需求培育人才，不断深化校企合作共建新模式。建设一批跨高校院所企业新型研发机构和中试平台，常态化组织"联百校、转千果""智慧之光"等人才智力成果对接活动，打通"源头创新—技术开发—成果转化—产业聚集"转化链条。

（六）协同推进产才高效联动，凝聚产才融合发展合力

推动产业布局与人才发展同步规划，人才职能部门与行业主管部门共同制定产业发展规划，确保人才工作嵌入产业发展战略、定位布局、项目建设、政策保障，形成"抓人才不离开产业，抓产业不脱离人才"的良好格局。推动招商引资与招才引智同步部署，建立健全"双招双引"机制，在招商引资中同步安排招才引智活动，实现人才、技术、资本、项目"同声相应，同气相求"。打造一支崇尚自主创新、熟悉行业规律、了解国际规则、精通现代管理的企业家队伍。对发展潜力大、科技含量高、产业带动能力强的"链主"企业和高端人才项目实行"一事一办"，不看头衔、不看称号，契合企业需求，"量身定制"政策，实现对产业发展的靶向支持。推动产业资金与人才资金同步落实，构建从技术孵化到创新融资到产业扩张的全生命周期资金扶持体系，推动人才链、产业链、资金链深度融合。依托龙头企业，引进一批能够突破"卡脖子"的技术，以光电、集成电路、生物育种等领域为重点，实现人才招引与产业发展"同频共振"。

专题八　推动湖北县域科技创新能力跃升研究

（报告完成时间：2023 年 7 月）

党的二十大报告提出，加快实施创新驱动发展战略，坚持创新在我国现代化建设全局中的核心地位，形成支持全面创新的基础制度。2017 年国务院办公厅下发《国务院办公厅关于县域创新驱动发展的若干意见》，明确了创新驱动发展的基础在县域，活力在县域，难点也在县域。新形势下，支持县域层面开展好以科技创新能力提升为核心的全面创新，对于打造发展新引擎，实现县域经济社会协调全面可持续发展具有重大的现实意义。

一、推动湖北县域科技创新能力跃升的现实困境

（一）部分好政策落地难且有些政策覆盖面不足

研发经费加计扣除与高企所得税减免政策在部分县（市/区）落地难。部分县（市/区）反映研发费用加计扣除、高企所得税减免政策落实后会影响当地税源及绩效，税务部门站在自身立场的一些行为导致该政策落实难。

缺乏化工中试基地建设的具体规定。目前，我省出台了《湖北省科技成果

转化中试研究基地备案管理办法》，但未对化工中试基地建设作出明确规定。有些企业以"科技研发公司"建设化工中试基地和开展中试项目时，有以下两个方面的困难：一是在省应急管理厅为解读《省应急管理厅办公室关于切实做好化工（危险化学品）和烟花爆竹安全生产工作的紧急通知》而召开的全省危化品（烟花）安全监管重点工作部署推进视频会上，明确提出"企业中试环节、科研环节，在省里具体管理办法出台之前，一律按'三同时'要求，严格按生产程序管理"。二是研发中试项目未开展环境影响评价。根据《建设项目环境影响评价分类管理名录（2021 年版）》的要求，企业在以"科技研发公司"名义办理中试环评时需编制环境影响评价报告书并报送至市级环保机构审批。但目前却没有以"科技研发公司"为名义办理中试环评的相关规定。因此，迫切需要省级层面出台《省化工中试基地和中试项目管理办法》以支持、规范化工类中试项目的开展。

（二）科技创新要素支撑乏力

科技创新治理力量和能力相对较弱。全省 80 个县（市、区）仅有 17 个县（市、区）单设科技局，机构改革背景下县级科技局"撤并"后，部分县（市、区）专职从事科技管理工作的人员不超过 3 名，不仅科技口人员少，而且面临机构合并后人员变动较大，相关工作人员专业知识薄弱、工作经历欠缺的现状。

县域科技创新投入水平相对较低。全省 80 个县（市、区）本级财政科技支出占本级财政一般公共预算支出比重的平均值为 1.62%，不足全省平均值（3.67%）的一半。2022 年，湖北省市县科技创新综合考评结果显示（见表 7-3），80 个县（市、区）的规模以上工业企业 R&D 经费占主营业务收入的比重均值也明显低于 22 个中心城区。

表 7-3　　　　　　　　　　**2022 年湖北省市县科技创新情况**

	高新技术产业增加值占 GDP 的比重均值(%)	规模以上工业企业 R&D 经费占主营业务收入的比重(%)	规模以上工业企业研发人员占企业从业人员比重(%)
13 个市(州)	17.04	1.38	6.75
22 个中心城区	24.64	1.84	7.74
80 个县(市/区)	12.31	1.42	6.25

科技人才尤其是高层次科技人才储备不足且人才引进难、留不住。调研发现，与大城市及中心城区相比，各县(市)普遍存在科技人才尤其是高层次科技人才更为缺乏的现象。从表 7-3 可以看出，80 个县(市/区)规模以上工业企业研发人员占企业从业人员比重的均值低于 22 个中心城区。这不仅是由于县域产业多处于转型升级阶段，可提供的优质就业岗位数量有限，而且县域内能起到引领带动作用的高端研究机构比较欠缺，难以聚集高层次人才。加上县(市)普遍存在高校与科研院所稀缺的现象，导致县(市)受资源环境等各方面限制，人才有效供给不足与人才引进难、留不住成为普遍难题。

科技创新平台层次较低且互联不够。各县(市)创新平台数量众多，但大多规模较小、层次不高、引领能力不强。产业层面，主导产业缺乏研究产业前沿技术和共性技术的高能级创新平台；企业层面，国家级创新平台不多，规上高企研发平台还未实现全覆盖；孵化层面，孵化平台能级不高，产业辐射能力不强，缺乏后端的加速器、专业园，专业化、市场化运营服务能力还需提升。此外，现有创新平台中，由企业主导建设的占据绝大多数，即使有些企业主导建设的平台数量多且层次高，尤其是优质的专精特新企业所建立的平台，但因其他工业企业与其产业链关联度不紧密等，其他工业企业难以互联共享。

（三）企业主体创新能力较弱

县域内高新企业数量普遍较少，普遍缺乏高能级的企业研发机构。全省80个县（市、区）高新技术企业数仅为4589家，占全省高新技术企业数的32%；高新技术产业增加值占GDP比重约为12%，低于全省高新技术产业增加值占GDP比重8个百分点；万人发明专利拥有量均值约为4件，仅为全省万人发明专利拥有量的1/4。另外，从省级重点实验室来看，2022年，湖北省重点实验室共201家（见表7-4），依托单位为企业的仅有23家，远低于依托高校与科研院所的数量。

表7-4　　　　　　　**2022年湖北省重点实验室依托单位**　　　（单位：家）

省重点实验室数量	依托部属高校	依托省属高校	依托科研院所	依托企业
201	87	63	26	23

从调研来看，县域创新能力强的企业较少，高端要素集聚能力弱，辐射效应不强，科技孵化能力偏弱，"快增长"本土企业较少，未能形成"多点开花"。虽然部分县域内龙头企业的创新能力相对较强，但一方面这类企业数量较少（见表7-5），对产业的引领带动作用还不够强，在科技创新方面与科技领军企业相比还有较大差距；另一方面，县域内高精尖特企业培育不足，未形成科技创新体集群，缺乏带动产业链协同创新的产业技术研究院、产业技术联合体等公共研发服务平台。

表7-5　　　　　　**2022年湖北省高新技术企业百强榜单**

行政区域	所在地域	数量（家）
黄冈市	黄冈市中心城区	1

续表

行政区域	所在地域	数量(家)
十堰市	十堰市中心城区	2
黄石市	黄石市中心城区	2
	大冶市	1
襄阳市	襄阳市中心城区	6
	谷城县	1
宜昌市	宜昌市中心城区	6
	枝江市	1
	宜都市	1
	兴山县	1
荆州市	荆州市中心城区	2
荆门市	荆门市中心城区	3
	京山县	1
潜江市	潜江市	1
东湖高新	东湖高新	34
武汉市	武汉市	36

　　此外，县域内企业主体创新意识不强。一方面，县域内传统资源型生产企业较多，传统产业的创新辐射产业处于价值链曲线的底端及两翼的下部，容易造成创新活动的内生动力不足。另一方面，县域内中小企业较多，部分中小微企业大多还处于求生存阶段，对科研创新有心无力而持谨慎保守的观望态度。另有部分企业存在小富即安、因循守旧的思想，看补贴报项目，满足于短平快。有些企业申请高新技术企业，出发点是为争取政策补贴，并非完全基于生产发展需求。县域内开展研发活动的企业比例相对较低，影响了企业技术创新与成果转化产业化能力。

　　科研成果转化薄弱。产业链上下游企业与高校及科研院所等创新资源对接不够。一方面，县域普遍缺乏专业的技术经纪人，既对高校院所的科技成果了解不深，又在指导企业挖掘技术需求上专业度、成熟度不高，导致挖掘的产业技术需求不深入、不全面，难以形成有效产需精准对接。另一方面，县域普遍缺乏专业人才，对于先进创新成果的价值判断不准，难以找到适应行业需求和生产实际的科技成果。此外，现有政策激励措施只对技术成果的直接交易金额进行补贴，采用直接买卖的形式转化科技成果，转化方一次性投入较大，成果方跟踪服务积极性偏低，为成果转化带来阻碍。

二、推动湖北县域科技创新能力跃升的建议

（一）构建高效统一的科技创新管理体系

以组织变革推动县域全面创新。创新设立县级科技创新委员会，由县（市）委、政府主要负责人担任科创委主任，常务县（市）长、高新区常务副主任、发改局局长担任副主任，每季度至少召开一次科创委全体会议，学习、研究、制定科技创新相关政策，围绕县域主导产业，推动创新驱动发展，构建全链条创新体系。这一组织创建和变革，将科技局主抓创新变为县域全面创新。实现高新区和科技局合署办公，由科技局局长兼任高新区副主任，改变以往县级科技部门缺抓手、缺实务的局面，也使得科技局能够直达企业一线服务，真正作用于科技创新的全流程，而不仅仅是项目审批申报。

稳步推进机构改革。建议全省科技创新机构改革工作由省推进科技创新领导小组统筹，为地方机构改革工作提供指导。在本轮机构改革中进一步强化县级科技部门，压紧压实"管行业必须管创新"的部门责任，把推动创新驱动发展作为高质量发展的关键举措，促进县域创新能力提升。

科学制定"工分+排名"的实施细则，激发工作人员的工作积极性。积极开

展县域主导产业的调查研究，深入进行全县产城融合、特色生态产业平台等方面的策划研究，激发工作人员主动扛起干科技要先懂产业的担当作为。

多部门联动促进政策落地。科技部门积极与税务部门进行协商，会同财政、税务等有关部门积极推动落实研发费用加计扣除、研发投入财政补助、研发平台建设奖励等各级各类优惠政策，推动无研发投入规上工业"全清零"。

(二)加快培育以特色产业企业为主导的创新体系

壮大企业创新主体。培育壮大一批科技型企业，打造县域科技创新生力军。完善科技型企业梯度培育体系，深入实施县域特色产业集群"领跑者"企业培育行动，以重大科技项目为牵引，推动更多高新技术企业、"专精特新"企业、"小巨人"企业成长为行业科技领军企业，培育更多创新发展的领头雁。

提升企业科技创新能力。立足强化企业创新主体地位，坚持围绕产业链部署创新链，以自主研发能力强、产业拉动作用大的行业龙头骨干企业为依托，支持企业自建或与高校、科研机构、产业链上下游企业共建研发机构、创新联合体或创新联盟，加大重要产品和关键核心技术攻关力度，促进各类创新要素向企业集聚。发挥科技领军企业产业链整合和龙头带动作用，构建产业链上中下游、产学研各方主体、大中小型企业融通创新生态。

(三)强化县域科技创新服务体系建设

发挥科技中介组织作用，强化与外部资源联结。依靠社会力量大力发展面向市场、从事科技咨询、科技评估、科技培训、信息服务、专利服务等特色业务的科技中介机构。各县(市、区)应持续提升自身在我省乃至我国科技创新网络中的地位和作用，积极对接科技特派员、科技特派团，加强对外科技合作，提升县域科技创新品牌效应和声誉，吸引人才、资本和技术涌入。

再造服务流程，提升县域科技创新服务水平。尊重创新规律，明确部门分工与职责，加快推进县域科技领域"放管服"改革。完善科技人才"引育留用"服务机制，全面深入推行科技特派员制度，构建面向基层、协同高效的科技创新综合服务体系。加快服务流程再造，建立贯通各部门业务接口的"一站式"服务平台，提高科技治理数字化水平和服务效率，确保科研人员、企业将更多的精力投入到科技创新活动上。

合作建设一批创新平台，提升县域科技创新承载力。聚焦县域特色产业创新发展的科技需求，高效整合资源，加快推进科技创新平台和产业技术创新战略联盟布局，推动建设一批能落地、高效能的科技创新合作平台，提升县域特色产业技术创新能力。

此外，县域缺少前沿的研发机构，因此还需关注科技成果转移转化。政府部门应发挥出重要的导向作用，围绕县域主导产业，加强顶层设计，围绕县域发展产业链布局创新链，制定切实可行的发展规划和方案。增加对科技成果转化的政策激励，对科技成果转化科研人员项目的收益分红给予一定比例加额抵扣，鼓励通过收益分红的形式转化科技成果，激发科研人员的积极性。支持企业技术经纪人队伍建设，将技术经纪人纳入职称评价体系，鼓励企业科技人才学习掌握技术成果转化的知识和技能。

专题九　激发湖北企业科技创新活力研究

（报告发表时间：2023 年 7 月）

创新是我国现代化建设全局的核心，是引领发展的第一动力。企业作为技术创新的核心主体，是科技创新事业的重要策源地，其创新活力对于实现科技和经济有机结合，提升湖北整体创新效能，建设科技强省至关重要。近年来，我省不断强化企业科技创新的紧迫感、使命感、责任感，持续强化科技创新，推动企业科技创新取得了显著进展，但企业创新活力依然有待激发。如何在新发展格局下聚焦我省"51020"现代产业体系、激发企业创新活力，使企业真正产出能够推动社会进步、实现经济高质量发展、促进产业转型升级且具有竞争力的科技成果，是当前我省发展需要面对的重要命题。

一、湖北企业创新发展面临的主要问题

（一）企业创新意愿和创新能力均有待提升

面对相对较高的创新风险，一些企业安于现状，缺乏创新意愿。创新研究具有研发投入大、周期长、风险大的特征，面对国内国际市场的激烈竞争，企业的首要任务是利润最大化，追求短期利润的企业更多会考虑创新研究为企业带来的财务风险和融资困境，因此大部分中小企业长期选择引进消化吸

收的路径，高质量的原创性科技成果严重不足。同时，有些企业虽然有创新意愿，但创新能力较差，特别是中小微企业普遍规模小、实力弱，占有创新要素少，很难独立开展科技创新。根据火炬统计样本数据，我省规上工业企业研发机构建有率、研发活动开展率等均低于全国平均水平，全省建有研发机构的企业数为2693家，远低于安徽（5601家）、山东（3966家）、广东（25602家）、浙江（17344家）等地；有R&D活动的规上工业企业5649家，低于安徽（6918家）、山东（11604家）、湖南（7969家）。（见表7-6）

表7-6　　　　　　　　　　规上工业企业研发情况

地区	建有研发机构的规上企业（家）	有R&D活动的规上工业企业（家）
湖北	2693	5649
安徽	5601	6918
山东	3966	11604

（二）企业创新投入不足

从投入资金的结构来源看，湖北的基础研究主要依靠财政投入，而创新型企业和社会机构对基础研究重视普遍不够且投入偏低。湖北企业研发投入中用于基础研究的比例不到1%，而主要创新型国家基本在6%以上。《2022中国统计年鉴》显示，我省规模以上工业企业R&D经费7235941万元，R&D项目数22613项，有效发明专利61986件，远低于安徽和山东，与浙江和江苏的差距更大（见表7-7）。根据最新的火炬统计样本数据，我省高新技术企业的R&D经费内部支出为552.3亿元，远低于浙江的1206.4元、江苏的1651.5亿元、广东的3179.4亿元，领军型企业、骨干企业较少。

表 7-7 规模以上工业企业 **R&D** 活动及专利情况

地区	R&D 经费(万元)	R&D 项目数(项)	有效发明专利数(件)
湖北	7235941	22613	61986
山东	15653402	87598	103410
安徽	7391200	34354	78480
浙江	15916604	124853	120873
江苏	27166319	113523	242423

(三)企业在组织实施创新中作用发挥不够

在创新组织建设上,企业牵头和参与建立的创新载体严重不足,从 2022 年领域方向符合我省创新战略需求、基础条件较为成熟的省重点实验室分布来看,依托单位为高校的有 150 家,依托单位为科研院所的有 26 家,而依托企业的仅有 23 家。从我省建有的 30 家国家重点实验室来看,其中学科类国家重点实验室 18 家,企业类国家重点实验室仅 7 家,企业在组织实施创新中的作用发挥不够。

在产学研合作的过程中,根据《2022 湖北科技统计年鉴》,从普通高等学校科技项目的情况来看,普通高校承担的课题数总计 49689 项,而来源于企事业单位委托的科技项目仅 108 项,占 0.22%;而从普通高等学校科技活动机构的情况来看,普通高校共有科技活动机构 659 个,从组成方式上讲,与境内各类企业合办的有 65 个,仅占 9.86%;从国有独立研究开发机构的科技活动情况来看,其承担的课题数合计 5858 项,来源于企业委托的有 1566 项,占比 26.73%;其 R&D 经费内部支出总计 354683 万元,其中企业资金 52254 万元,占比 14.73%。

（四）一些核心技术受制于人

湖北科技创新要素资源丰富，但主要集中在高校和科研院所，尚未形成创新要素向企业集中的态势。一些产业偏重于产业链中后端，其主要原因在于关键核心技术未完全掌握，自主知识、自主技术及自主专利积累不足。一方面，一些基础技术支撑乏力，企业基础研究和原始创新能力不足，导致底层技术和配套产业基础技术支撑乏力。以新能源和智能网联汽车为例，2022年湖北新能源汽车的专利量不及广东的1/3、江苏的1/2，智能网联汽车的专利量不及广东的1/4、北京的1/3。另一方面，技术供需仍存在鸿沟。大部分企业实现其关键技术突破主要通过自主研发获得，产学研结合低。各类产学研合作平台发布信息不及时，不利于企业了解各高校技术项目研究现状。数据显示，2022年企业发明专利产业化率为48.1%，高校发明专利产业化率为3.9%，科研单位发明专利产业化率为13.3%，可见高校和科研院所牵头产出的科技成果产业化率较低。此外，供应链"难替代"。一些产品在寻求国际第三方或国内替代产品后，导致质量下降或成本上升，降低了企业市场竞争能力。由于一些领域缺乏关键核心技术，我省制造业发展的质量和效益受到限制。

二、"四个增强"助推湖北企业创新迈上新台阶

（一）增强技术创新力，激发企业创新潜能

一是创新对关键核心技术的支持模式。集中组织战略力量，实施"卡脖子技术攻关工程"，制定科学合理的技术路线图和攻关计划。引导行业龙头企业研发布局前移，加强基础研究和创新性、引领性科技攻关。二是构建产学研

创新圈层。构建大学师生、科研机构人员、企业家和风险投资家等创新核心圈层，进一步推动企业科技创新与研发。允许高校把科研成果的专利权以独家许可或非独家许可的形式授予企业，加快高科技项目的产业化速度。三是建设重大项目攻关平台。启动关键领域核心技术验证平台建设，优化重点领域科研平台研发布局和力量部署，建立技术需求库和科创供给库，进一步促进科技创新资源的有效流动和利用。

(二)增强资金支持力，提升企业创新韧性

一是畅通信息渠道实现"精准画像"。组织利用税务、工商、司法、环保等信息，建立大数据服务平台和信息共享机制，搭建企业信息综合服务平台，提升对市场主体画像的精准度，提高融资审批的便利性。二是创新支付方式实现"精准滴灌"。积极引导我省产业链核心企业以及政府采购部门，按照合约如期支付企业账款；鼓励银行设立承兑贴现窗口，进一步降低贴现利率。三是创新金融产品实现"精准对接"。积极运用营收账款质押、存货质押等质押产品，推广上游供应链企业保证贷款模式。

(三)增强组织作用力，强化企业创新动能

一是支持企业牵头组织产学研合作，强化企业科技创新主体地位，发挥企业作为"出题者"和场景建设主体的作用。推动企业与高校、院所等多元主体"同题共答"，支持企业参与重大科技项目、重大创新场景和科技项目等的设置与决策。二是支持企业牵头组建创新联合体。依托企业主导的创新联合体，培育和发挥战略科学家、战略型企业家的引领性作用于产教融合科技支撑作用，以市场化手段推动科技成果转化与产业化。三是支持企业积极承担国家重点科研项目和课题。依靠国家平台的制度优势、资源优势，以科研项目和课题为契机，整合企业产业链上下游资源。

（四）增强创新协同力，优化企业创新生态

一是建立多层次的创新协同机制。根据不同层面和领域的创新需求和特点，建立多层次的创新协同机制。如建立跨地区产业技术创新中心，推动产业链上下游企业、高校、科研院所等多方主体的联合攻关和成果转化。二是完善多元化的创新协同平台。利用现代信息技术手段，构建覆盖全省的创新协同平台，为企业提供科技需求发布等一站式服务、实现科技资源和信息的共享和流动提供便捷高效的创新服务和支撑。三是深度融入全球创新网络。聚焦优势领域，加快国际科技合作"布点组网"。利用国际大科学计划、国际科技交流活动等平台，推动技术对接与合作。建立并完善与世界主要创新型国家和"一带一路"沿线国家科技合作机制。推进打造"长江中游协同创新共同体"。加强与国内科技创新中心交流合作，主动对接国家区域发展战略，与北京、上海、粤港澳国际科技创新中心等开展交流合作，支持企业开展跨区域跨境技术转移转化。

专题十　以降成本促进实体经济
高质量发展研究

（报告完成时间：2023 年 7 月）

党的二十大报告指出，建设现代化产业体系，坚持把发展经济的着力点放在实体经济上，推进新型工业化。这是党中央从全面建设社会主义现代化国家的高度作出的重大战略部署。大力发展实体经济是现代化产业体系的坚实基础，也是为实现第二个百年奋斗目标提供坚强的物质支撑。制造业是实体经济最主要的部分，受国内外宏观经济环境影响，成本高位运行和大幅上涨已经深刻影响到现阶段湖北制造业企业的投资意愿和投资能力，在暂时不能改变市场有效供给的情况下，提高实体经济的生产效率、降低企业经营的综合成本是释放市场活力，促进制造业发展的较主动、有效和积极的一种手段。

一、总结与分析

以下是课题组通过访谈调研对当前湖北省制造业企业经营成本的总结与分析。

(一)制度性交易成本仍是现阶段企业主要的成本压力之一

近年来，政府强化"放管服"改革，围绕政务服务、市场监管等进行了较多制度、体制、机制方面的创新，企业办事效率得到了大幅度提高，"放管服"改革的获得感较强。但与经济发达地区相比，湖北的制度性交易成本仍然不低，政府与企业之间沟通不畅，信息共享不及时，且有些环节审批周期仍然过长。

（二）原材料成本和人力成本是制造业企业运营的最大成本项

由于近几年原材料价格持续上涨，原材料成本占营业收入的比重不断提高，企业人力成本的压力仍然较为突出。企业认为，降低人力成本的重点在于调整与工资挂钩的"五险一金"。虽然近年来政府对社保费率进行了下调，但幅度不大，加上社保缴费基数逐年增加，带给企业的减负效应很有限，原材料价格及生产成本上升仍然是企业生产经营的主要压力来源。

（三）用地用能成本还有一定的压缩空间

2022 年，湖北省出台"自然资源十条"，推行工程建设项目"多测合一"改革，进一步降低了企业用地成本和测绘费用。用能方面，广大的中小制造业企业最为关注电价成本，目前全省正落实用水用气报装"零收费"，推广水电气联动报装，以更大力度降低用能成本。自 2018 年以来，湖北省工商业及其他用电类企业用电价格数次下调，对制造业企业缓解用电成本压力有一定的帮助，但被调查湖北企业用电成本在全国仍处中游水平，企业普遍反映输配电价改革还有很大提升空间，需要扩大市场化交易电量等。

（四）物流成本及融资成本压力较小

物流成本方面，近年来，湖北通过构建物流平台，支持重大物流基地、城乡物流配送中心建设，打通物流供应链上下游联通渠道，提高物流运行信息化智能化水平，积极发展多式联运等来降低企业的物流成本。调查发现，目前物流成本并未对企业形成较大压力。融资成本方面，湖北省落实国家政策要求，对民营企业债券融资交易费用能免尽免。同时，鼓励担保公司和合作金融机构探索开展符合条件的"见保即贷"。但由于市场需求下降，民营企业经营压力加大，高负债问题日益突出，债务负担使部分民企面临资金风险。

二、对策与建议

针对以上现状和问题，我们提出如下对策与建议。

（一）持续优化涉企政务服务，降低企业办事成本

一是全面提升线上线下服务能力。进一步提高线下"一窗办理"和线上"一网通办"水平。优化企业全生命周期政务服务体系，将企业从注册开办到清算退出全过程涉及的企业开办、准营、投资建设等关联性强、高频发生的事项进行系统集成，实现涉企事项集成化、场景化服务，尤其是不动产登记、招工用工等企业关注度高的高频事项。构建完善统一的电子证照库，明确各类电子证照信息标准，推广电子营业执照、电子合同、电子签章等应用，推动实现高频事项异地办理、跨省通办。

二是优化投资和建设项目审批服务。深化"多测合一"改革，推进规划选址与用地预审"一次委托、多评合一、成果共享"，探索施工许可分阶段办理新模式，推动各地对用地、环评等投资审批有关事项试行承诺制。建立投资主管部门与金融机构双向对接机制，实现项目审批、资金需求、信贷政策等信息双向共享，提升金融服务水平。推进实现投资项目在线审批监管平台与为企业提供服务的市政系统互联、信息共享。探索推进投资项目在线审批监管平台和"多规合一"、不动产登记等系统互联互通。

(二)进一步规范涉企收费，减轻企业经营负担

一是严格规范政府收费和罚款。严格执行行政事业性收费和政府性基金目录清单，实施部门收费公示制度。严格规范行政处罚行为，制定我省实施行政处罚适用听证程序较大数额标准，开展地方政府规章、行政规范性文件涉及行政处罚内容专项清理。

二是规范市政公用服务价外收费。建立企业缴费负担定点监测机制，加强水、电、气、通信等市政公用服务价格监管，对实行政府定价、政府指导价的服务和收费项目一律进行清单管理。全面推行用电报装容量 160 千瓦以下的小微企业用电报装"零投资"，对符合条件的终端用户实现直供到户和"一户一表"。

三是规范金融服务收费。规范银行服务价格管理和收费行为，加强金融产品和服务收费流程管控，建立健全银行收费监管长效机制，督促银行、支付机构落实小微企业和个体工商户支付手续费降费政策，全省范围内确保政策性融资担保年费率不超过1%。查处转嫁应由银行承担的费用、贷款强制捆绑金融产品或服务、未落实国家相关收费优惠政策措施等行为。鼓励证券公司、基金公司进一步降低股票交易佣金、基金产品费率等服务收费。

四是落实降低物流服务收费。按照《以控制成本为核心优化营商环境的若干措施》要求，免收符合要求车辆的通行费，对符合要求的国际标准集装箱运输车辆执行收费优惠政策。创新推广公铁联运、铁水联运等多式联运组织模式，强化口岸、货场、专用线等货运领域收费监管，定期公布《湖北省政府定价的经营服务性收费目录清单》。依法查处不按规定明码标价、价格欺诈等违法行为。

（三）推动深化能源市场化改革，降低企业用能成本

一是建立健全天然气上下游价格联动机制。按照"管住中间、放开两头"的原则，推进省内市政管网以外的管输环节公平开放，取消省级门站价格，推动城燃、大工业用户直接交易和集团化采购，燃气企业与企业用户可通过多渠道选择上游供气商，充分激活省内下游用气的市场竞争，稳步推进天然气价格市场化。

二是持续深化电力市场化改革。全面取消工商业目录销售电价，推动所有工商业用户进入市场，丰富交易品种，扩大电力市场交易的范围和规模，同时保持居民农业用电价格稳定。推动建立"能跌能涨"的市场化电价机制，发挥市场在电力资源配置中的作用，通过市场化手段切实降低企业用电成本，促进电力行业高质量发展，保障电力安全稳定供应。

（四）帮助企业降低原材料和人力成本

一是加强重要原材料和初级产品保供稳价。建立部门会商机制，加强重要原材料和初级产品市场供需形势和价格监测。加强原材料产需对接，推动产业链上下游衔接联动。鼓励各地围绕主导产业，搭建工业互联网集采平台，引导支持企业扩展大宗原材料供应渠道，积极建设海外原材料供应基地和贸易体系。支持市场主体"抱团取暖"，以集中采购等方式加大原材料采购量，提高议价能力。推动落实阶段性减免微型企业和个体工商户房屋租金，对中小企业和个体工商户租用标准厂房的，优先予以安排并对租金给予一定优惠。在符合国土空间规划、不改变用途的前提下，企业在现有工业用地上通过厂房加层、厂区改造、内部用地整理等途径提高土地利用率和增加容积率的，不再加收土地价款。

二是缓解企业人工成本上升压力。其一，延续部分降低企业用工成本政

策。延续实施阶段性降低失业保险、工伤保险费率政策。对不裁员、少裁员的企业，继续实施普惠性失业保险稳岗返还政策。其二，实施困难行业缓缴失业保险、工伤保险费政策。允许失业保险、工伤保险基金结余较多的省份对餐饮、零售、旅游企业阶段性实施缓缴失业保险、工伤保险费政策，缓缴期限不超过一年，缓缴期间免收滞纳金。其三，加强职业技能培训。开展大规模职业技能培训，共建共享一批公共实训基地，加快培养制造业高质量发展的急需人才。

(五)建立健全惠企政策精准直达落实机制

一是加强网络政策宣传。县级以上政府及其有关部门在政府门户网站、政务服务平台等醒目位置设置惠企政策专区，集中发布惠企政策措施，公开惠企政策申请条件、办理流程等信息，加强政策解读宣传，为企业享受政策红利提供便利。

二是实现政策精准送达。完善"一企一档"功能，对企业进行分类"画像"，实现惠企政策精准匹配、快速直达、一键兑现。

三是完善政策落实服务体系。鼓励各级政务服务大厅设立惠企政策集中办理窗口，健全完善惠企政策移动端服务体系，加强惠企政策归集共享，推动实施惠企政策"免申即享"，提供在线申请、在线反馈、应享未享提醒等服务，确保财政补贴、税费减免、稳岗扩岗等惠企政策落实到位。

专题十一 湖北科技型民营企业的
经营发展研究

（报告完成时间：2023 年 9 月）

2023 年 7 月 19 日，国务院印发了《关于促进民营经济发展壮大的意见》（以下简称《意见》），其内容包括民营经济的发展环境、政策支持、法治保障、社会支持以及促进民营经济人士健康成长等八个方面，共 31 条。为让《意见》落实落地，国家发改委等八个部门于 8 月 1 日提出了促进民营经济发展的 28 条具体措施，其内容聚焦促进市场公平准入、强化要素支持、加强法治保障、优化涉企服务、营造良好氛围等方面。《意见》的出台充分体现了以习近平同志为核心的党中央对民营企业的关心，为民营经济定位和发展提供了根本遵循。28 条措施为破解民营经济发展中面临的突出问题提供了具体操作指南。国家密集出台政策，全方位支持民营经济发展，为提振民营企业发展信心、激发民营经济发展活力、促进民营经济发展壮大提供了制度保障。

一、湖北省科技型民营企业遇到的经营困境与发展难题

针对我省科技型民营企业在发展中面临的困境，武汉东湖学院经济学院和湖北省社会科学院经济研究所组成联合课题组走访了湖北省两家科技型民营企业（以下简称"A 类"民企和"B 类"民企）——"A 类"民企是一家科技生产

型中小民营企业;"B类"民企是一家科技服务类民企。同时,调研组还参与了由湖北省建设工程造价咨询协会组织的对本协会内部的140家民营理事单位(这些理事单位都属于科技类民企)的座谈会,并一同讨论了调研报告。经系统梳理,我省科技类民营企业因规模小、资金流量小、技术力量薄弱等先天不足而在市场竞争中处于不利地位外,普遍存在的问题是:市场萎缩、承接业务困难、营利空间收窄、融资及经营过程中交易成本高、发展环境依然不够优化等。突出存在"三高""三难"的发展困境和难题。

(一)科技型民企成本面临"三高"发展困境

1. 融资成本高

这些年,虽然湖北的金融政策支持与过去相比环境改善了许多,但相比国有企业,民营企业的融资成本仍然较高。据调查了解,此次受访的"A类"民企,目前通过抵押贷款和信用贷款两种方式向当地银行贷款3000多万元,贷款利率一般为4%左右。实际上该类民企现有资产不足以抵押3000多万元的货款,很大一部分需要借用股东等第三方的个人资产作抵押,这给民营企业家施加了很大的经济压力。

2. 人力成本高

中小企业面临人力资源竞争不断加剧,造成企业用工成本逐年增加。受访企业普遍反映"用工难、用工贵",尤其是一些技术服务行业的技术人员占比较大,人力成本比一般普通企业的人力成本要高,通常情况下,公司营收的70%以上都用在了人力成本上。尤其是三年疫情期间,为响应政府号召,在企业未正常开工的情况下,仍然履行其社会责任,除了照常发放工资、缴纳社保费还要为员工提供食宿,为此,公司将以前的结余资金几乎消耗殆尽。

3. 运营成本高

运营成本包括办公成本、管理成本、原材料及必要施工工程设备材料成本以及市场交易性成本等。如今,民企运营成本逐年上升已经是普遍现象,但因制度性和政务成本导致的运营成本上升往往被外界忽视。例如,"A 类"民企在建厂房的用地成本从原先 6.3 万/亩增加至 20 万/亩,从而增加了企业额外的运行成本。此外,还有各类税费等制度性成本,如房产税。"B 类"民企虽然有自己的办公房产,但每年还要按房屋价格的 4%缴纳房产契税,按6%缴纳增值税,还有企业所得税以及个人所得税等。另外,"B 类"民企为讨回欠债打官司,在工程项目投标等方面、在攻关上要花费大量的财力与物力,这些造成交易性成本的增加。

(二)科技型民企遇到"三难"发展难题

1. 市场准入难

这主要是受行业内卷与垄断的影响。政府投资建立的平台企业实行所有工程业务内部消化,即基建工程行业的国企老大在内循环政策的影响下成立新的部门或整合成行业航母,打通含设计、施工、监理以及第三方检测等一系列业务内部全部包揽(一家企业自行做第三方检测,在政策上也不合规)。由于国企全链条垄断经营,导致同行业民营企业没有机会参与投标,市场业务骤减,生存环境受到严峻挑战。这种做法导致的结果是:变相改变了政府投资方向,政府财政的钱没有投到社会中去循环,而是在国企内部循环。这种行业内卷与垄断现象不仅严重挤占同行民营企业的发展空间,而且没有真正达到大循环的目的,也严重影响了政府投资效率。

2. 催收欠款难

新冠疫情前，民营企业发展环境较为宽松，能接到一些工程，实际上，前期工程也早已完工，但工程款至今没有全部收回。受访"B 类"民企反映，他们的应收账款收账压力大，欠工程款单位主要是政府投资的平台国企，也有一般国有企业，还有少量私企。例如，"B 类"民企至今未收回将近 1000 万元的工程款，严重影响了企业的正常经营和发展。

3. 人才引进难

中小民企想在未来有更好的发展，必须引进相关技术人才，以提高其核心竞争力。可是在人才招聘方面，受访企业一致认为，由于中小民营企业平台小、市场环境不优，员工待遇以及职业发展都难以满足应聘者的期待。例如，"B 类"民企想要招聘一名和国有企业同等条件的员工，需要付出一倍多的工资。即便高薪招聘，那些高学历、高技术员工还是会优先考虑到国有企业就业。因此，人才引进成为中小民营企业的难题。

二、进一步优化湖北民营经济发展环境的建议

民营经济发展壮大，重点在于提振民营经济人士的信心和优化良好的营商环境，包括市场竞争环境、企业经营环境和法律保护环境等。综合以上湖北省科技型民营企业出现的问题，本课题组提出以下四点对策建议。

一是继续加强金融支持。融资及其融资成本始终是民营企业发展的难题，政府应尽量为中小型民营企业提供更多的融资渠道和便利条件，督促相关部门把湖北近期出台的改善民企金融服务"10 条"、促进个体工商户发展"35条"以及财政贴息奖励奖补等贷款贴息政策落实到位。我省金融机构可学习沿

海省份的经验(比如江苏省昆山市的民营企业贷款利率和我省差不多,但没有任何抵押条件),对那些资产不足以作抵押贷款时,可以适当免除第三方资产作抵押贷款的规定,以减轻经营者的贷款压力。

二是完善市场化重整机制。首先,纠正对内循环客观理解偏差,打破政府投融资平台企业内循环局面,建立充分的市场竞争机制。通过实施市场准入负面清单制度,让民营企业依法平等使用生产要素、公平参与市场竞争,破除各类政策歧视和隐性壁垒,减少市场准入限制,消除行业垄断性行为,打破各种各样的"卷帘门""玻璃门""旋转门",努力营造公平竞争的市场环境。我省可以学习广东省等其他省的经验,将每一项基建工程或是政府项目,包括土地平整、矿山环境修复、湖水污染治理等项目,细分成若干块,留出50%的业务给中小民营企业参与竞争,让各类市场主体都有平等参与竞标的机会。其次,强化民营经济发展的法治保障,要从制度和法律上把平等对待国企民企的要求切实落实下来,依法保护民营企业产权和企业家权益。再次,从政策和舆论上鼓励支持民营经济和民营企业发展壮大。最后,畅通内需循环,定期推出市场干预行为负面清单,及时清理与废除含有地方保护、市场分割等妨碍统一市场和公平竞争的政策,严厉打击在竞标过程中的围标、在市场交易过程中寻租的腐败现象,净化市场环境。

三是建立以降成本为主导的各类政策支持体系。目前,国家的政策支持全面,措施也比较明确。但作为地方政府,应围绕降低民营企业成本等问题作出更细更实的政策支持。(1)建立和完善用地优惠政策支持。为保障民营经济发展空间,围绕降低企业用地成本制定相关举措,遵守政府对企业许下的承诺,从而有效降低企业投资门槛。(2)建立清欠政策支持。针对"清欠难"这一问题,政府应出台相关政策措施,加大力度清理欠款,切实解决拖欠民营企业的欠款问题。(3)完善政务服务政策支持。持续推进政务服务规范化、便利化、高效化,营造良好的服务环境,不让"门难进、脸难看"等重新抬头,从而降低企业的政务成本。在降低企业制度性成本方面，要严格落实近日财政部和国家税务总局出台的一系列促进民营企业发展的税收优惠政策。(4)建立人才引进新政策。畅通人才向民营企业流动渠道。当前，越来越多的民营企业注重对创新型高素质人才的引进。政府为帮助民营企业留住高层次人才，应当积极出台相应的人才引进政策，例如支持各协会开展多层次软件、财务、市场营销、企业管理等专业培训和专业注册考试培训；对硕士博士毕业生提供包含首套住房的购房补贴人才补助金，对应届毕业生提供至少一年的优秀人才租赁住房保障；对高端人才给予科研支持和奖励资助，父母的医疗待遇、子女入学都有相应的资助和政策扶持。通过打好上述政策组合拳，为民营企业家对自身的长远发展预期增添动力和信心。

四是建立政企有效的沟通交流机制。建立政企沟通平台，打通助企纾困、解难政策落地的"最后一公里"，让民营企业遇到困难与问题可以有及时反应和沟通的渠道。通过此平台，政府可以及时了解民营企业家诉求，及时研究出务实管用的政策举措。政府应围绕企业所需，精准助企纾困，切实解决民营企业发展中的困难。沟通方式可以采取与本级政府沟通，也可以采取跨层级沟通，减少沟通过程中的各种阻力，让沟通更加顺畅有效。只有通过政府与企业共同努力，才能真正切实促进民营经济可持续发展壮大，从而推动湖北省经济社会的繁荣与稳定。

总之，湖北省下一步应按照国家发改委等部门提出的促进民营经济发展28条措施，将国务院《意见》的要求落地、落实、落细，有针对性地解决我省科技型民营企业当前面临的实际困难，把广大民营企业家的期盼转化为促进民营经济发展的政策效果，让民营企业有真真切切的获得感。

专题十二 湖北生命健康产业突破性 发展研究

（报告完成时间：2023 年 5 月）

生命健康产业关系国计民生，其覆盖范围广、产业链长，直接影响到国民经济多个行业的发展。全国 29 个省（自治区、直辖市）均在"十四五"规划中明确重点发展生命健康产业或者相关细分领域。湖北省在 2023 年政府工作报告中也明确提出突破性发展生命健康等五大优势产业，抢占产业制高点。

当前，湖北省生命健康产业整体发展态势良好，2022 年，全省健康产业规模近 8100 亿元。在化学原料药、生物疫苗、医疗器械等领域全国靠前，麻醉药、维生素、酵母、生物材料等产品市场占有率全国领先。产业链条、产业体系基本形成，健康新业态不断涌现。近年来，全国大健康产业快速增长，未来发展空间巨大。但是，湖北这一具有明显优势的产业与先进省份比较还存在诸多的不足和问题，而且当前湖北生命健康产业与"十四五"末"产业总规模达到 12000 亿元，总体水平位居全国前列"的目标相比还有约 4000 亿元的差距，要实现湖北生命健康产业突破性发展还需进一步采取突破性措施。

一、湖北生命健康产业发展存在的问题

（一）湖北生命健康产业规模偏小，在全国的位次不高

截至 2021 年底，湖北省生命健康规上企业仅 412 家，其中上市企业 7 家，

数量偏少。从医药工业来看，入选"2021 全国医药工业 100 强"的湖北企业仅 1 家，企业数量全国排名并列第 17，与全国领先的江苏（14 家）、浙江（13 家）、北京（12 家）、山东（12 家）相比差距很大。从多个榜单中可以看到，"2022 中国医药工业综合竞争力 100 强"湖北仅 3 家，"中成药综合竞争力 50 强"湖北仅 2 家。"2022 未来医疗 100 强"的医疗服务、创新器械、数字医疗和创新医药四个子榜单共 400 个企业中，湖北占 6 家。从医疗器械细分行业看，2021 年底湖北省拥有各类医疗器械生产企业 1071 家，全国排名第 7。2021 年湖北省医疗器械出口额为 25.5 亿美元，全国排名第 10。从医药流通看，2021 年，全国七大类医药商品湖北省销售总额为 1114 亿元，在全国排名第 10。

（二）本地龙头企业实力不强

根据 2022 年全国工商联医药业商会发布的"2021 年度中国医药行业最具影响力榜单"，本地龙头企业人福医药在"中国医药制造业百强"中位列第 9 名，九州通在"中国医药商业百强"中位列第 4 名。其他细分领域没有进入全国前十的企业。总体来看，相较北京、上海、江苏等龙头企业较多的省份，湖北生命健康产业本土龙头企业数量偏少，且品牌知名度较低。湖北化学原料药及医药中间体面临激烈竞争，整体处于价值链中低端，中药材资源转化利用不够，中药工业规模和实力与全省中药材资源禀赋不匹配。化学原料药和中药工业企业在全国的实力不强。

（三）部分产业链布局未形成本地合力

湖北省生物医药、医疗器械、健康服务产业链企业分布较集中，已形成产业集群。但中医中药、养生养老、健康食品等产业的产业链，上中下游环节企业地理分散，集聚度不高，入驻产业园的企业规模小，企业之间的关联度较低，无法发挥产业集群的信息共享、共性技术创新等协同作用。在中医中药产业链中，上游的中药材种植集中在黄冈、恩施、神农架，中游的中药饮片、中成药生产企业主要在随州、孝感，下游的医药流通重点企业在十堰、襄阳，产业链上各个环节的企业布局较分散，本地协同效应不佳。此外，健康管理、健康保险、医疗美容等健康新业态领域，由于相关行业联系不强，企业分布分散，尚未形成本地产业链和产业集群。

（四）创新资源与产业链匹配度不高

目前，武汉市生命健康产业发展势头良好，相关研发机构密集，但创新资源较多集中在高校科研院所，企业创新强度不高。同时，为产业配套的药物临床试验机构、安全性评价机构等公共服务平台及金融服务也有所欠缺。湖北省其他城市生命健康企业的技术创新能力不强，自主研发能力较弱。当前，恩施州、黄冈市、咸宁市等地在中医中药、健康养生产业也各有优势，但当地创新平台数量少、创新服务环境不完善，不利于当地优势生命健康产业的突破性发展。

（五）产业融合发展水平有待加强

生命健康各细分产业的融合发展以及生命健康与其他领域融合发展的相关政策制度以及配套服务体系不健全，仍处于探索阶段，缺少长效发展机制。省级链长领导协调、链主导航引领、链创协同攻关的"链长+链主+链创"融合工作机制对生命健康各细分产业的统合不够。各地方的"链长制"主要是针对单一产业链规划和部署，缺乏对全产业链的统筹和协同，基于跨区域的跨界产业链融合对接机制也未建立。医药产业与电子、材料等多个领域的跨界融合程度不高，医工协同、医养融合、智慧医疗等发展水平有待提升。

二、要突破性发展生命健康产业，还需采取突破性措施

一是充分发挥比较优势，重点发展医药工业。主抓医药工业，带动健康服务业，多方布局未来产业。医药工业包括生物医药、医疗器械、中医中药、健康食品，这些都是可以实现短期快速增长的制造业。而健康服务业则由于受限于人才资源供给和市场需求，增长相对较慢，如医疗服务、康体服务、健康新业态等。未来三年内还较难形成爆发式增长点，当前需要多方布局，抢占赛道。

二是找准突破点，着力推动产业链龙头企业做大做强，中小企业加快发展。加强产业链"链主"企业培育。支持"链主"企业加大新产品、新工艺、新技术的开发力度，稳步提升产能、扩大规模，在全球范围内整合创新、市场、资本、人才和品牌等资源，在相互联系的大小细分产业链基础上打造一批"链主"企业。发挥龙头企业引领作用，开展技术和产品协同攻关，构建大中小企业融通创新的产业生态。支持中小医药企业专注细分领域，持续开展技术研发、工艺升级，形成一批专业基础好、市场占有率高、关键环节竞争力强的专精特新"小巨人"和单项冠军企业。推动成立细分产业协作联盟。

三是提升产业创新强度，搭建高水平的创新载体和平台。鼓励企业加大研发投入，围绕医药基础研究、重大新药研发、关键核心技术攻关、高端医疗装备进口替代等方面，力争取得原创成果突破。综合运用竞争立项、定向委托、联合招标、揭榜挂帅等方式，进一步提高企业创新研发组织水平。建设一批先进技术研究院，培育一批区域性创新平台和开放实验室，争取更多的国家级创新平台载体在我省布局。支持企业牵头整合创新资源，建设创新联合体。加强产学研医合作，联合共建研究中心、实验室和临床医学研究中心等协同创新平台，打通科学实验、技术研发、安全评价、临床试验、企业

孵化、产业培育等各个环节，发展一批具有国际资质及水平的研发、检测、认证平台。加快建设面向医药产业的公共服务平台体系，完善医药产业投融资服务、技术转移转化服务、健康医疗大数据应用、医药物流等各类公共服务平台。

四是加快产业数字化转型升级，赋能生命健康产业发展。推动互联网+护理服务、互联网+健康咨询、互联网+健康科普等智慧服务发展，全方位构建大健康产业智慧体系。优化智慧医疗体系，利用新一代信息技术构建由智慧医院、区域卫生和家庭健康组成的智慧医疗健康系统。加快研制导诊、门诊筛查、辅助检验、智能无接触式扫描等医疗机器人，着力发展原创性智慧医疗装备。加速推动数字健康服务基础设施建设，加快建设智能健康体系，为生命健康产业赋能。

五是注重全产业链思维，促进产业融合，打造产业链闭环。鼓励化学药龙头企业推进从原料药到制剂一体化发展。鼓励有实力的医药企业加大与制药装备企业的研发合作，重点攻关制剂制造、药物检测等制药专用装备。推动中药生产企业与中药材基地联合，引导中药材规范化种植养殖，推动特色中药材全产业链发展。推动企业加强与药品器械互联网销售平台战略合作，加快冷链物流仓储布局。大力培育新药研发外包（CRO）、定制研发生产（CDMO）等专业外包服务，培育有竞争力的合同研发企业。依托工业互联网平台和委托生产（CMO）机构，建设区域"共享工厂"，探索药物制备和工艺技术开发，推动临床用药、中间体制造、原料药生产、制剂生产等服务专业化。深入挖掘健康消费潜力，大力发展家用医疗器械、监测设备仪器消费，发放健康消费券。打通生命健康产业要素"堵点"，从人才、科技、资金、标准和监管体系等方面，补齐要素短板，加快实施健康产业人才发展战略，强化财税支持和深化健康产业"放管服"改革。

六是积极融入全球生命健康创新生态，开展高水平开放合作。整合国际国内两种市场资源，聚焦生物医药全产业链，在自贸试验区开展加强政府服务、深化投资改革、推动贸易转型和加强创新驱动发展试点，支持企业加快融入全球产业链、价值链和创新链中高端。深化多层次交流合作，畅通国际资本和海外人才交流渠道，吸引世界知名医药企业、医疗机构。支持创新药全球研发和国际注册，推动中成药、医疗器械等产品出口。支持建立海外研发中心、生产基地、销售网络和服务体系，推动湖北本土生命健康企业加快融入国际市场，打响生命健康国际品牌。

专题十三　湖北建设全国汽车产能基地问题研究

（报告完成时间：2023 年 4 月）

一、湖北建设全国汽车产能基地的背景及目标

建设汽车产能基地是指为汽车产业发展提供良好的产业环境和政策保障，集中配套先进技术和专业化人才，促使汽车产业形成高度的专业化分工，降低制造成本和交易成本，完善汽车产业链条，并形成产业集群效应，快速形成汽车零部件和整车的大批量生产能力，从而提升整个汽车产业的市场竞争力。

汽车产业是湖北的重要经济支柱产业，湖北汽车产业相关人才、文化、生态基础良好，综合实力排名全国第四，具备推动和打造建设全国汽车产能基地的基础和条件。当前，汽车工业正经历电动化和智能化的颠覆性大变革，全球汽车电动化转型进入加速阶段，我国新能源汽车进入全面市场化拓展期。湖北必须以强烈的紧迫感和危机感，在新一轮竞争中奋起直追，力争到2025年湖北省汽车产能继续保持年产量200万辆，且其中新能源汽车占比达到一半。

二、湖北建设全国汽车产能基地存在的问题

一是自主品牌汽车竞争力不足，缺乏高端车型。自主品牌缺少突破，面对行业技术竞赛、服务内卷、定价博弈等更为残酷的竞争环境，慢进则退，处境艰难。自主品牌乘用车在全国自主品牌乘用车中的占比较小，整体仍处于汽车产业链、价值链中低端水平。专用车差异化发展不明显，高端产品较少，产业创新能力不强，品牌建设薄弱。2022年东风自主乘用车销量为68万辆，而比亚迪、吉利汽车、长安乘用车的销量分别为186万辆、143万辆和139万辆。

二是燃油汽车向新能源和智能网联汽车转型升级缓慢，新能源整车产能不高。湖北在新能源汽车领域的产量虽然与自身比增长迅速，但已经明显落后。2022年，湖北新能源汽车产量29.3万辆，在全国排名第十，占全国比重仅为4.18%，与汽车大省的地位不相符。而陕西、江苏、广西等省区在新能源汽车领域进展显著，其新能源汽车产量在全国分别排名第二、第四和第五。从新能源汽车领域和智能网联汽车专利领域专利对比来看，湖北与先进省份在专利数量绝对值上的差距非常巨大。2022年湖北新能源汽车专利数约占第一名广东省的30%；而在新能源汽车下半场的智能网联汽车领域，湖北2022年专利数仅占第一名广东省的22%。新能源汽车产品东风岚图、吉利路特斯由于定位高端，市场遇冷，销量远不及预期；东风风神E70主要面向出租网约车市场，受众消费群体有限；东风本田、小鹏等项目还在推进之中。在全国畅销的新能源汽车中，几乎没有湖北本土品牌的新能源汽车。

三是汽车零部件企业不强不精。尽管零部件企业数量较多，但规模多在亿元以下，不少企业存在规模小且分散、技术落后、投资不足、生产成本高、与汽车企业配套能力差的问题。2022年全国汽车零部件行业百强企业中，湖

北省仅 3 家企业入围，分别为东风汽车零部件(排名第 12 位)、三环集团(排名第 40 位)和恒隆集团(排名第 74 位)，与我省汽车大省的地位严重不符。我省在汽车电子、动力控制系统、安全控制系统等领域技术积累不够，车规级芯片、元器件、关键零部件等供应渠道单一，对外依存度高。

四是研发投入不足，核心技术遭遇"卡脖子"。东风集团在营业收入和净利润均大幅度下滑的背景下，收缩了研发开支。2023 年第一季度，东风汽车研发费用为 7544.334 万元，较去年同期的 8883.18 万元减少了近 1400 万元。新一代汽车的开放系统整体架构能力不足，企业技术迭代升级能力较弱。高压 IGBT 功率元器件、车规级 MCU 功能芯片、高精度激光雷达、高端计算机仿真测试系统、核心算法等智能网联汽车基础支撑薄弱、功能部件匮乏。企业在控制器、芯片等方面自主研发能力较弱。动力电池负极材料、电解液、隔膜等关键原材料省内配套率不高。

五是人才吸引、企业合作机制不完善，产业融合发展不够。高校培养的人才大量流失。企业之间、企业与科研院所之间的合作有待加强，企业与科研院所之间尚未形成良好的合作机制。应用场景缺乏，可持续运营的商业模式有待探索。

三、湖北建设全国汽车产能基地的对策与建议

一是构建区域汽车特色产业基地。加强"汉孝随襄十"汽车走廊节点城市产业布局，促进全域整车和零部件产业协同发展。支持武汉、襄阳、鄂州做强做优智能网联汽车基地，支持武汉、襄阳高标准建设全国汽车检测基地。支持宜昌、荆州、荆门等地加速发展动力电池关键核心产业，完善动力电池再资源化的循环利用体系，打造宜昌广汽集团中西部发展基地、荆门全国动力储能电池产业基地、荆州汽车零部件产业基地，促进"宜荆荆"区域产业配

套水平和新上整车项目达产见效。支持十堰发展新能源物流车和高端商用车，打造商用车生产基地。提升"武鄂黄黄"汽车产业协作水平。

二是做强自主品牌，强化招商引资，优化新能源汽车产能结构。发挥东风易捷特、东风岚图、东风乘用车等新能源整车项目效能，提升其新能源汽车的品牌知名度和市场渗透率。紧盯重点整车厂商、重要供应商和核心技术平台，积极承接新能源汽车产业链扩产转移，策划建立产业项目库，积极招引、促进优质产业链企业落地生根。积极引进国际高端知名整车企业以及国内优势车企投资湖北，提升我省新能源汽车总体规模。增强产业资金保障。完善多元化投资与市场化运营机制，引入社会资本与政府资金合作设立产业投资基金、产业发展专项资金、创新基金等，以市场化方式开展投资。在项目立项、资金、规划、用地报批等方面给予绿色通道支持。可适当采取国有土地作价入股(出资)的方式提供重点企业用地，降低企业用地门槛。协调保障龙头企业生产建设用地计划指标，对重点汽车企业建设用地实行"绿色通道"审批，快速提供用地。

三是加快聚集生产服务型企业，加快供应链平台建设。推动车企的新品发布、研发设计、测试验证等服务环节落地。优化检验机构资质认定制度，简化资质认定流程，压缩许可和技术评审时限，打造面向国际的燃油汽车、新能源汽车、智能网联汽车及相关关键零部件的检验检测基地。推动全程物流、库存管理、供应链金融、供应链数智化、内外贸易等供应链平台企业发展，加大对企业的培育和奖励力度，支持湖北国控供应链集团、楚象供应链集团等龙头企业打造具有全球布局能力、全国竞争力的综合型链主企业。

四是加强技术创新，促进产业融合发展。研究出台新能源汽车关键部件及核心技术支持政策、氢能产业发展适用政策、基础性技术理论研究鼓励政策等。积极助力企业强化汽车半导体和软件领域研发，实现技术突破，打造或引进一批新能源汽车芯片、动力电池、驱动电机、电控系统、车载操作系统等关键技术平台，补齐技术短板。推动汽车零部件巨头投资湖北。引导零部件企业朝"专精特新"方向发展，增强零部件自主开放供给能力。围绕动力系统、转向系统、动力电池等优势领域，打造一批细分领域的"单打冠军""配套专家"和行业"小巨人"。加大汽车关键零部件首台（套）产品奖励力度，完善首台（套）产品认定方法和标准，推动整零企业开展联合示范应用。加强对主导或参与国际、国家和行业标准制定、关键核心零部件国产化配套企业的支持。支持传统燃油汽车企业生产线实施柔性化改造。推动汽车与互联网、大数据、人工智能等领域以及现代服务业深度融合，创新业态模式，构建新型产业生态。

五是加快充换电设施建设，加大自动驾驶应用场景建设。简化充电基础设施规划建设审批手续，加速构建"以居住地、办公地充电为主，社会公用快速补电为辅"的充电设施网络，重点研究现有小区充电基础设施优化布局。加强城际间重要通道高功率（1000伏）充电桩设施建设。支持"光储充换检"综合型充换电场站建设，推动超充设施建设或技术改造，并配建储能等设施。支持桩企、车企研发新型超级快充技术、换电技术，加快推广超充车型和换电版车型。建设充电智能服务平台，提高充电服务智能化水平，提升运营效率和用户体验。建设全面覆盖5G信号、北斗高精度定位系统、路侧感知设备和车路协同系统，促进智能网联汽车的推广应用。扩大智能网联汽车试点范围，实现更多场景商业化应用。

六是提升人才吸引力，加强合作机制。积极引进新能源汽车产业智能化、网联化创业团队和技术优势团队。鼓励企业招引或自主培育掌握行业关键技术的科技领军人才和团队，尽快形成一定规模的具有国内外先进水平专家队伍。对专家团队建设具有较大贡献的企业给予减税奖励。积极协调解决企业招引人才的落户、医疗、配偶就业、子女就学等问题。加快打造新能源汽车产学研一体化集群。推动以网联化、智能化为基础的交叉学科建设和专业布局，深化产教融合，高效贯通技术研发、生产制造、运营服务等环节。推动核心零部件、关键车用材料、信息技术等领域深度技术融合，促进各地行政区(功能区)产业优势互补、协同发展，建设国家级车联网先导区。完善园区布局，增强产业内循环。

专题十四 湖北电竞产业发展研究

（报告完成时间：2023年2月）

党的二十大报告中强调，要加快发展数字经济，促进数字经济和实体经济深度融合，打造具有国际竞争力的数字产业集群。作为数字经济的重要组成部分，近年来电竞产业发展迅猛，热度居高不下。2018年雅加达亚运会将电子竞技纳为表演项目。2019年12月，国际奥委会发布《第八届奥林匹克峰会宣言》，鼓励大力发展电子竞技产业。2020年12月，电子竞技成为亚运会正式比赛项目。2021年11月，杭州亚组委首次公布了8个项目入选杭州亚运会电子竞技小项。

据《2022年中国电竞产业报告》显示，2022年中国电子竞技产业收入为1445.03亿元，电子竞技用户约4.88亿人，各地共举办108项重大赛事活动。电竞产业从起初民间自发的娱乐性项目向现代竞技项目转型，已通过大型赛事和直播建立职业队伍，塑造商业品牌，售卖赛事门票，开发周边产品等，逐渐形成庞大而充满活力的产业链。近几年，各地市场明显活跃，线下赛事复苏，湖北需尽快抓住机遇，大力扶持电竞产业发展，打造数字经济和文旅产业新的增长极。

一、湖北电竞产业现状

湖北电竞产业以武汉市为代表，近年来取得了不小的成绩。2007年，著名赛事 WSVG(世界电竞大赛)落户武汉,武汉首次与世界级电竞大赛结缘。在其后的十几年中,武汉相继举办了《英雄联盟》全球总决赛(LPL)、中国电子竞技大赛总决赛(ECGC)、中国青年电子竞技大赛(CYEC)等各类大型赛事。2021 年,"电竞"被写入武汉市"十四五"规划纲要,产业影响力、关注度进一步提升。在这一年,武汉荣获中国"年度电竞城市",成为湖北电竞产业发展的"里程碑"。据电竞工委统计,2022 年湖北省电竞赛事占全国的 4.48%,武汉位列中国线下电竞赛事举办城市第五,前 4 名分别为上海、杭州、成都和深圳(见图 7-27)。据艾瑞咨询报告数据显示,湖北电竞人口以"95后"为主力,大专和大学毕业生占 84.3%,其中武汉市电竞人口排名全国第七,职业电竞选手输出量全国第二,电竞人口前 6 位的城市分别为上海、北京、广州、重庆、深圳和成都。

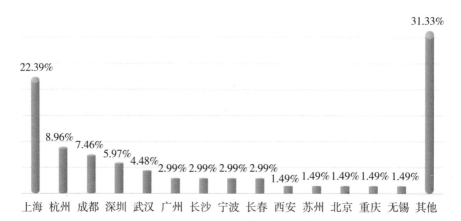

图 7-27　2022 年中国线下电竞赛事举办城市分布情况

(数据来源:中国音数协电竞工委)

同年,《武汉市文化产业发展"十四五"规划》正式发布,其中 11 次提及"电竞",提出要紧盯网络直播、短视频、电子竞技等行业风口,形成覆盖内容生产、传播发行、渠道拓展、衍生品开发等业务的产业链条,增强泛娱乐数字内容创意创新聚集能力。2022年3月，由武汉文投集团投资建设的武汉光谷国际新文化电竞中心项目举行奠基仪式，湖北由此拥有首个赛事级电竞地标场馆。

天眼查数据显示：截至2022年10月，全国已有约6.2万家状态为在业、存续、迁入、迁出的电竞相关企业，超过80%的企业于近3年成立。从地域看，海南、安徽、江苏、湖北、河南的电竞相关企业数量分列全国前5位，其中湖北电竞相关企业超过4500家，电竞企业数量排名全国第四（见图7-28）。

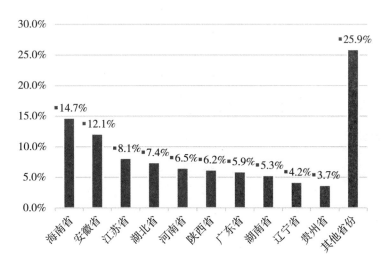

图 7-28　2022 年全国电竞相关企业分布

（数据来源：天眼查）

目前，湖北拥有攀升电脑、宁美国度、京天华盛等一批"专精特新"电竞装备企业，电脑、软件等高端IT产品远销130个国家和地区，"电竞装备"全国独一档。2014年，直播行业龙头企业斗鱼直播在光谷创立；2019年成功在美国纳斯达克上市，打造出斗鱼直播节、中国青年电子竞技大赛和中国游戏节 3 张"城市名片"。国内领先的场景化平台企业盛天网络也在湖北重金布局电竞领域。2020 年，国内电竞行业龙头俱乐部 eStarPro 落户湖北，该俱乐部在电竞热门赛事"王者荣耀"项目中排名世界第一。2021 年，穿越火线职业联盟落户湖北。

二、发达地区的经验与启示

电竞产业前景光明，抢抓产业风口的城市越来越多。据统计，全国已有上海、广州、成都、武汉等超过 20 个城市出台电竞相关政策，竞逐"电竞之都"的名号。2021 年中国音像与数字出版协会发布的《2020 年度全国电竞城市发展指数评估报告》指出，上海在政策环境、基建环境、人才环境等多项指标测评中排名第一，成为"电竞城市发展综合指数"最高的国内城市，北京位于第二位。在《2022 年全球著名电竞城市产业发展指数》综合排名中，上海位列第三。课题组对标上海和北京，梳理其经验做法，以期为我省发展电竞产业提供借鉴。

（一）上海

上海能够在"2022 年全球著名电竞城市产业发展指数"中位列第三，主要是做到了以下几点。

一是打造一流的城市营商环境和加大政策扶持力度。作为国内电竞产业起步最早的城市，2017 年 12 月，上海便发布"文创 50 条"，明确提出要加快"全球电竞之都"的建设目标。2019 年 6 月，上海又发布"电竞 20 条"，指明了电竞产业的发展方向。为打造"全球电竞之都"，继"文创 50 条""电竞 20 条"发布后，浦东、静安、徐汇、杨浦等区也相继出台政策，为电竞产业发展提供企业落地、内容创作、载体建设、赛事活动、人才培养等全方位支持。

二是积极吸纳世界一流的游戏企业及行业人才。上海始终坚持在电竞产业领域大力度进行招商引资，紧盯行业龙头，国内外头部企业争相"落沪"，产业快速集聚，产业配套能力稳步增强。同时，积极出台专项人才引进政策，吸引到了大量内容开发、赛事运营、法律服务等方面的人才，使上海电竞氛围逐渐浓厚，市场越发活跃。

三是构建以赛事为核心的电竞产业链。上海非常重视赛事体系的打造，高水平职业赛事热度始终不减，全民锦标赛、上海电竞大师赛等本土赛事影响力不断提升，休闲益智运动健身类大众赛事的参与也日益广泛。2020年在新冠疫情冲击下，上海也是全球率先启动线上电竞赛事的城市。

(二)北京

北京也拥有大量优质的电竞产业资源和浓厚的电竞氛围，其电竞产业的发展主要依托以下几个方面。

一是发布一系列电竞专项政策。2018年6月，北京发布《关于推进文化创意产业创新发展的意见》，提出要聚焦动漫游戏，支持举办高品质、国际性的电子竞技大赛，促进电竞直播等网络游戏产业健康发展。2021年，海淀区、经开区、石景山区、顺义区纷纷出台《关于支持数字文化产业发展的若干措施(电竞产业篇)》(海淀)、《石景山区促进游戏产业发展实施办法》和《北京经济技术开发区游戏产业政策》等专项政策，从研发创新、场馆建设、俱乐部发展、赛事落地、房租补贴、金融服务等多角度出发，积极培育本土电竞品牌、团队和企业。

二是积极培育电竞市场。北京极为重视扩大市场，经过多年的耐心培育，其电竞市场已位列全国之首。2023年1月发布的《2022北京电竞发展与未来趋势研究报告》显示，北京地区用户线上、线下观赛习惯已初步养成，线下观赛热情和意愿全国最高，并长期保有大型赛事举办、俱乐部交流互动等电竞需求。此外，在拥有自己支持的战队、本地冠名战队和电竞衍生产品的购买意愿上，北京用户占比也名列一线城市之首。

三是积极打造本地电竞品牌。2020年，"电竞北京"活动品牌正式推出，揭牌了北京市电子竞技产业品牌中心及北京市游戏创新体验区，启动了5G云电竞产业联盟，成立了北京市电子竞技产业发展协会。2021年5月，"电竞北京2021"启动盛典上发起了"电竞北京"合作伙伴计划。"电竞北京2022"则将老字号元素充分融入赛事全过程并首次融入VR项目，将前沿高科技与电竞赛事融为一体，品牌影响力进一步增强。

三、壮大电竞产业的若干建议

（一）夯实电竞产业基础，推动行业专业化集群化发展

一是支持专业运营场馆运营建设。鼓励省内新建、改建电竞专业场馆，对举办电竞赛事场次达到相应要求的场馆，最高给予1000万元一次性奖励；对成功举办国际高端电竞赛事并产生较大影响的，每次最高给予200万元奖励；鼓励专业场馆与俱乐部签约，对新引进、入驻国内外领军企业或相关机构、成绩优秀的电竞俱乐部的，每个给予300万元奖励。

二是推动完善电竞组织体系及行业制度。强化电竞行业协会的社会服务功能，鼓励社会力量成立电竞社会团体，加快培育电竞中介服务组织，鼓励成立或引进电竞场馆专业化运营机构，开展连锁运营；引导完善电竞行业制度，对标标杆城市，制定统一的标准体系，规范电竞行业行为，落实电竞从业人员职业保障，提升行业待遇水平，推动行业专业化规范化发展。

三是支持建设电竞产业园区。支持省内规划建设一批电竞研发、版权发售、赛事运营、电竞教育、线上直播、衍生品开发等特色鲜明、优势突出的产业园区，推动电竞相关产业集中、集聚、集群发展；支持省内规划布局电竞企业孵化基地，打造电竞产品研发、俱乐部、经纪人公司、战队等孵化空间。对入驻园区的电竞企业租赁办公用房的，给予一定的租金补贴。

四是搭建电竞公共服务平台。围绕电竞产业发展需求，联合优势龙头企业、产业链上下游企业，搭建公共服务平台，招引提供版权服务、IP 转化、产业研究、科技设备、股权融资、上市辅导、法律援助（维权）等功能在内的第三方社会服务机构进驻，提高资源配置效率，优化服务供给。

(二)推动"电竞+产业"发展，扩展电竞行业市场

一是积极丰富电竞赛事体系。加快构建具有湖北特色的电竞赛事体系，培育有特色、有影响力的自主电竞赛事品牌；鼓励市场主体通过主办、承办等形式，推进国际国内知名电竞赛事或活动落地湖北；积极引进一批国内外知名的第一方和第三方电竞赛事运营组织；支持举办电竞大会、电竞论坛等系列活动，丰富非赛期间的电竞活动。

二是发展休闲电竞产业。推广全民电竞健身活动，鼓励足球、篮球、自行车、棋牌等运动项目使用电竞装备或运用电竞技术，开展线上同步竞赛，扩大参赛人群范围，激发群众参与度与市场活力。

三是发展电竞传媒与培训产业。鼓励电竞市场主体结合国家电子竞技员职业技能标准开展专项技能培训，培育电竞产业人才，促进电竞培训产业健康发展；鼓励电竞战队、俱乐部等运用新媒体平台开展赛事和训练直播，培育电竞明星，推动电竞粉丝经济发展，加快培育电竞主播、赛事解说等电竞传媒人才，做优做强电竞传媒产业。

（三）加速"电竞+文旅"融合，实现线上线下双向赋能

一是推动"电竞+旅游"融合。鼓励省内有条件的地区围绕电竞文化氛围，结合线下实景、动漫发行、周边产品零售、特色美食、主题酒吧等多种时尚业态，开发电竞、文创、休闲、旅游消费等新场景，打造具有高品质、文化氛围浓厚、一站式体验的地标性电竞街区，进一步升级品牌消费链条。

二是推动"电竞+文化"融合。湖北拥有武汉、荆州、襄阳、随州、钟祥5个中国历史文化名城，有丰富的文化底蕴，支持电竞产品研发企业将湖北传统民族文化等元素融入电竞产品，不断探索电竞与文化融合新路径，实现传统文化与流行文化的衔接以及电竞IP与文化IP的双向赋能。

三是推动"电竞+会展"融合。秉持"以展带赛，以赛促展"的理念，支持举办以电竞赛事为核心、辐射电竞产业链的电竞展会；鼓励各类展会期间同步开展电竞嘉年华、电竞动漫展等系列活动，丰富展会内涵，推动电竞与会展业创新融合发展，提升电竞场景的链接能力，提升行业知名度和市场价值。

（四）加强人才队伍建设，提升产业人才保障

一是大力引进电竞人才。鼓励电竞企业积极招引、签约湖北电竞产业紧缺的电竞软件研发、赛事执行及活动运营等高层次人才，对招引人才团队有较大贡献的，除现有人才住房、落户等配套保障奖励，省级层面额外给予企业50万每人的一次性奖励。

二是完善人才培养方案。鼓励高校或职业技术学校设立电竞相关专业，建立电竞实训基地，成立专业教师团队，细化培养方案，围绕电竞编导、电竞演艺与主持、电竞赛事策划与执行、后端运维等电竞上下游产业培养创新型人才。

三是鼓励社会共建。支持企业、行业协会或专业机构针对赛事解说、组

织运营、转播制作、电竞裁判、经纪管理等各类从业人群开展专业技能和行业规范培训；鼓励社会力量参与培育，引进国内外电竞教育资源，设立电竞培训机构；鼓励从业人员主动报考电竞相关职业资格证书，提高电竞从业人员职业素养。

附　录

附录1 2023年度湖北省主要政策文件

2023年湖北省发布的经济相关政策文件汇总（共计29份）

类别	文号	发文日期	名　　称
鄂政办函	鄂政办函〔2023〕1号	2023年1月10日	省人民政府办公厅关于印发2023年全省"稳预期、扩内需、促消费"工作方案的通知
鄂政办发	鄂政办发〔2023〕1号	2023年1月10日	省人民政府办公厅关于做好中国（湖北）自由贸易试验区第七批改革试点经验复制推广工作的通知
鄂政函	鄂政函〔2023〕9号	2023年2月2日	省人民政府关于汉川港总体规划（2035年）的批复
鄂政函	鄂政函〔2023〕10号	2023年2月2日	省人民政府关于潜江港总体规划（2035年）的批复
鄂政办发	鄂政办发〔2023〕4号	2023年2月7日	省人民政府办公厅印发关于进一步加强科技激励若干措施的通知
鄂政办发	鄂政办发〔2023〕6号	2023年4月3日	省人民政府办公厅印发关于更好服务市场主体推动经济稳健发展接续政策的通知

类别	文号	发文日期	名　称
鄂政发	鄂政发〔2023〕8 号	2023 年 4 月 7 日	省人民政府印发关于进一步深化制造业重点产业链链长制实施方案的通知
鄂政办发	鄂政办发〔2023〕9 号	2023 年 4 月 7 日	省人民政府办公厅关于印发湖北省促进个体工商户发展若干措施的通知
鄂政办发	鄂政办发〔2023〕12 号	2023 年 4 月 23 日	省人民政府办公厅关于印发支持建筑业企业稳发展促转型若干措施的通知
鄂政办发	鄂政办发〔2023〕13 号	2023 年 4 月 27 日	省人民政府办公厅印发关于促进专精特新中小企业高质量发展若干措施的通知
鄂政办发	鄂政办发〔2023〕14 号	2023 年 5 月 5 日	省人民政府办公厅关于印发湖北省数字经济高质量发展若干政策措施的通知
鄂政办发	鄂政办发〔2023〕15 号	2023 年 5 月 17 日	省人民政府办公厅关于加快建设高质量人力资源市场体系的实施意见
鄂政办发	鄂政办发〔2023〕19 号	2023 年 6 月 10 日	省人民政府办公厅关于进一步加强高标准农田建设的实施意见
鄂政办发	鄂政办发〔2023〕20 号	2023 年 6 月 13 日	省人民政府办公厅印发关于进一步降低企业成本若干措施的通知
鄂政办发	鄂政办发〔2023〕21 号	2023 年 7 月 7 日	省人民政府办公厅关于印发促进外资扩增量稳存量提质量若干措施的通知
鄂政办发	鄂政办发〔2023〕22 号	2023 年 7 月 8 日	省人民政府办公厅印发关于优化调整稳就业政策惠企利民促发展若干措施的通知
鄂政办发	鄂政办发〔2023〕23 号	2023 年 7 月 10 日	省人民政府办公厅关于加快完善高校毕业生等青年就业创业工作体系的实施意见

类别	文号	发文日期	名　称
鄂政办函	鄂政办函〔2023〕17 号	2023 年 7 月 22 日	省人民政府办公厅关于印发《湖北省安全生产条例》贯彻实施工作方案的通知
鄂政办发	鄂政办发〔2023〕26 号	2023 年 7 月 31 日	省人民政府办公厅关于加快构建湖北省高质量充电基础设施体系的实施意见
鄂政办发	鄂政办发〔2023〕31 号	2023 年 8 月 27 日	省人民政府办公厅关于印发湖北省中医药振兴发展重大工程实施方案的通知
鄂政发	鄂政发〔2023〕12 号	2023 年 9 月 5 日	省人民政府关于印发加快"世界光谷"建设行动计划的通知
鄂政办发	鄂政办发〔2023〕36 号	2023 年 10 月 17 日	省人民政府办公厅关于印发湖北省化工产业转型升级实施方案（2023—2025 年)的通知
鄂政办发	鄂政办发〔2023〕37 号	2023 年 10 月 17 日	省人民政府办公厅关于印发湖北省冶金产业转型升级实施方案（2023—2025 年)的通知
鄂政办发	鄂政办发〔2023〕39 号	2023 年 10 月 27 日	省人民政府办公厅关于印发湖北省汽车产业转型发展实施方案（2023—2025 年)的通知
鄂政发	鄂政发〔2023〕15 号	2023 年 11 月 4 日	省人民政府关于深化用地审批权委托改革的通知
鄂政办发	鄂政办发〔2023〕40 号	2023 年 11 月 17 日	省人民政府办公厅关于印发湖北省赋予科研人员职务科技成果所有权或长期使用权试点实施方案的通知

类别	文号	发文日期	名 称
鄂政办发	鄂政办发〔2023〕41号	2023年11月26日	省人民政府办公厅印发关于进一步保障和改善民生若干措施的通知
鄂政办发	鄂政办发〔2023〕44号	2023年12月16日	省人民政府办公厅关于印发湖北省数字化赋能中小企业转型行动方案(2023—2025年)的通知
鄂政办发	鄂政办发〔2023〕46号	2023年12月16日	省人民政府办公厅关于进一步规范财政收支管理的通知

附录 2　2023 年度湖北省部分政策文件介绍

一、《关于更好服务市场主体推动经济稳健发展接续政策》

为深入贯彻落实习近平总书记关于经济工作的重要指示批示精神，全面贯彻落实党的二十大精神，按照中央经济工作会议和省委经济工作会议要求，坚持稳字当头、稳中求进，保持政策连续性精准性，以政策靠前发力稳预期、提信心、促发展，实现质的有效提升和量的合理增长，经省人民政府同意，2023 年 4 月 3 日，省人民政府办公厅以鄂政办发〔2023〕6 号文件正式印发《关于更好服务市场主体推动经济稳健发展接续政策》（以下简称〔2023〕6 号文件）。

〔2023〕6 号文件包括精准扩大有效投资、加快消费恢复提振、推动外贸扩容提质、加大援企稳岗力度、持续深化降本减负、强化要素功能保障六大方面，共 30 条。

精准扩大有效投资。我省将进一步发挥技术改造在稳增长、扩投资、促转型等方面的积极作用，聚焦五大突破性发展优势产业等重点领域产业项目，引导省内金融机构投放不低于 200 亿元的优惠利率专项贷款，力争撬动直接投资 1000 亿元以上。统筹省级财政资金，对 2023 年 3 月 1 日至 10 月 1 日新增重点领域技术改造贷款贴息 2.5 个百分点，期限两年，贴息后实际利率原则上不超过 2%。制定出台省政府投资引导基金管理办法，加强省与市县联动，联合打造总规模超过 2000 亿元的湖北省政府投资基金群。

加快消费恢复提振。统筹金融机构现有消费信贷产品，设立湖北消费贷 500 亿元，首期安排 300 亿元，鼓励省内居民汽车购置、住房装修、家电家具耐用品等线下信贷消费。对 2023 年 4 月 1 日至 12 月 31 日个人新增单笔消费贷达到 1 万元的，省级财政按照年化利率 1.5%、期限两年、最高累计 3000 元予以贴息。全省对个人消费者发放 3 亿元家电消费券，鼓励家电销售企业让利促销。

推动外贸扩容提质。2023 年省级设立 5000 万元"楚贸贷"资金，调动银行信贷投放积极性，加大对小微外贸企业的支持力度。推行出口退税"即出即退"。对全省重要供应链企业当年实际发生的押汇费用给予不超过 50%、最高 600 万元补贴。对经认定的国家级市场采购贸易试点项目，按当年实际运营成本给予不超过 50%、最高 600 万元补贴。

加大援企稳岗力度。对一季度末稳岗留工参加社会保险人数达到 2022 年末水平的企业，给予一次性稳岗留工补助。进一步发挥创业担保贷款政策效能，力争 2023 年全省新增贷款超过 400 亿元，年末全省贷款余额超过 600 亿元，带动新增就业 30 万人，财政贴息后贷款平均利率控制在 2.5% 以内。

持续深化降本减负。加快建设覆盖全省的中小微企业应急转贷纾困服务体系，发挥省级 5 亿元应急纾困基金牵引作用，引导市州配套安排，扩大政策覆盖面，力争全年发放应急转贷资金 400 亿元，企业日使用费率不超过市场过桥资金平均水平。鼓励高速公路经营企业试点在部分高速公路给予通行费 10%~30% 的优惠，实现省内相关物流企业车辆"减费降标"。

强化要素功能保障。2023 年全省普惠小微贷款新增 1500 亿元以上，制造业中长期贷款增速高于全省贷款平均水平。统筹安排不低于 100 亿元再贷款、再贴现专项额度，为金融机构的供应链融资业务提供资金支持。继续统筹资金 5 亿元，对新型农业经营主体的贷款按不高于年贴息率的 2% 给予贴息支持，力争撬动社会资本 400 亿元以上用于农业生产经营。继续统筹资金 5 亿元，对新型农业经营主体的贷款按不高于年贴息率的 2% 给予贴息支持，力争撬动社会资本 400 亿元以上用于农业生产经营。进一步加强农业关键核心技术攻关，省级财政安排资金 7000 万元，用于生物育种技术研发、核心种源选育和农机装备补短板。

二、《关于进一步深化制造业重点产业链链长制实施方案》

为持续巩固"51020"现代产业集群发展基础，有效提升产业链供应链韧性和安全水平，聚焦一批产业基础好、科研优势强、市场前景广的新兴特色产业链，建立健全产业链"链长+链主+链创"机制，奋力打造制造强国高地，2023 年 4 月 7 日，省人民政府以鄂政发〔2023〕8 号文件发布《关于进一步深化制造业重点产业链链长制实施方案》（以下简称〔2023〕8 号文件）。

〔2023〕8 号文件紧紧围绕实现"730 目标"和"三链"融合工作机制，实施"六大行动"，积极推动制造业实现质的有效提升和量的合理增长，力争到 2025 年实现"730 目标"，即全省制造业产值从 5.5 万亿元提升至 7 万亿元，制造业增加值占 GDP 比重稳定在 30% 左右，制造业在全省经济社会发展中的支撑地位进一步巩固，初步建成制造强国高地。

统筹考虑湖北产业发展基础和前景，厚植全省制造业优势，聚焦算力与大数据、人工智能、软件和信息服务、量子科技、现代纺织服装、节能环保、智能家电、新材料等 8 个新兴特色产业，强化系统观念、问题导向、分类施策，实施链长领导协调、链主导航引领、链创协同攻关的"链长+链主+链创"融合工作机制，推动链长制工作走深走实、提标提档，促进产业加快发展。

"链长"领导协调机制。扎实推进省领导包保服务产业制度，聚焦 8 个新兴特色产业，建立一个产业、一位省领导、一个牵头部门、一支专家团队、一个行动方案、一套支持政策、一个工作专班的"七个一"工作模式，协力推进产业链发展。"链主"导航引领机制。每条重点产业链筛选 2~5 家产业生态主导作用强的领航企业担任"链主"企业，由行业协会、产业联盟负责"链主"企业日常组织工作。"链创"协同攻关机制。以省内外重点实验室、产业创新联盟、高校院所、创新中心等研究机构为依托，分产业链组建专家委员会，负责"链创"团队的组织协调工作。

六大行动。实施协同创新行动，攻克一批"卡脖子"关键技术。实施集聚集约发展行动，打造一批新型工业化产业示范基地。实施市场主体培育行动，打造一批产业链龙头企业。实施补链强链行动，落地一批标志性重大项目。实施开放合作行动，打造一批高水平交流平台。实施产融合作行动，创新一批金融服务。

三、《关于印发湖北省促进个体工商户发展若干措施》

为深入贯彻党的二十大精神，全面落实《促进个体工商户发展条例》，促进全省个体工商户稳存量扩增量提质量，经省人民政府同意，2023 年 4 月 7 日，省人民政府办公厅以鄂政办发〔2023〕9 号文件正式印发《关于印发湖北省促进个体工商户发展若干措施》（以下简称〔2023〕9 号文件）。

〔2023〕9 号文件从降低生产经营成本、减轻税费负担、强化金融支持、支持创业创新发展、优化营商环境、优化专业服务供给 6 个方面，提出 35 条具体措施，为个体工商户打造全生命周期服务链条。

降低生产经营成本。进一步放宽个体工商户经营场所登记限制，探索利用创业孵化器、集群登记托管机构，为有创业意愿但暂时没有确定经营地址或处于筹备期的创业者，免费提供阶段性过渡地址办理登记注册。对暂时出现生产经营困难的个体工商户，经申请并承诺后，执行用水用电用气"欠费不停供"政策。

减轻税费负担。小规模纳税人发生增值税应税销售行为，合计月销售额未超过 10 万元，免征增值税。顶格实施"六税两费"减免，将个体工商户按照税额的 50%减征资源税、城市维护建设税、房产税、城镇土地使用税、印花税(不含证券交易印花税)、耕地占用税和教育费附加、地方教育附加。

支持创业创新发展。个体工商户转型为企业，原字号、专利、商标等可转移至"个转企"企业名下使用。对符合条件的"个转企"企业，落实职业培训补贴、一次性创业补贴等政策。由个体工商户直接转为"四上"企业的，鼓励有条件的地方在原首进规、首进限奖励基础上增加不低于 5 万元的奖励。"个转企"后符合小型微利企业条件的，企业年应纳税所得额减按 25%计入应纳税所得额，按 20%的税率计算缴纳企业所得税。

优化营商环境。推动"一业一证"改革行业范围扩大至 25 个以上，推行告知承诺制改革。扩大"免证明"应用领域，推动照后减证和简化审批。执行全国统一的设立、变更登记规范和审查标准，推进个体工商户全程电子化登记，探索"一键通"变更登记，实现证照变更联办。

四、《关于印发支持建筑业企业稳发展促转型若干措施》

为深入贯彻落实党的二十大精神和省第十二次党代会精神，充分发挥建筑业稳增长和保就业的重要作用，进一步支持建筑业企业转型升级和持续健康发展，经省政府同意，2023 年 4 月 23 日，省人民政府办公厅以鄂政办发〔2023〕12 号文件正式印发《关于印发支持建筑业企业稳发展促转型若干措施》(以下简称〔2023〕12 号文件)。

〔2023〕12 号文件从优化行政服务、培育市场主体、税收金融支持、降低企业成本、加快转型升级、坚持"走出去"发展等 6 个方面提出 16 条措施，出实招、出硬招，为企业松绑减负。

优化行政服务方面(第 1 条措施)。通过下放企业资质审查权限、支持跨专业承揽工程、推行行业之间互认等推动企业跨专业融合发展；开展建筑市场信用评价，强化守信激励机制；在房建市政工程领域全面推行招投标"评定分离"模式，对投资额大、工艺技术复杂的项目推行资格预审。

培育市场主体方面(第 2~4 条措施)。对于重点企业，建立"一企一议"的全方面差异化服务工作机制。对于民营企业，在各地年度建设项目计划中拿出一定数量的项目来支持民营企业与央企、国企组建联合体共同发展，对其产生的业绩作为联合体各方的有效业绩予以认定。对于中小企业，降低中小型国有投资项目的准入门槛，培育一批建筑业领域的专精特新"小巨人"企业。

税收金融支持方面(第 5、6 条措施)。落实好现有的各类税收抵扣减免和延期缴纳政策；鼓励银行业金融机构推行符合建筑业特点的"绿色贷""诚信贷""合同贷""纳税信用贷"等金融产品；为绿色建筑、超低能耗建筑、可再生能源应用建筑和装配式建筑等碳减排领域发放优惠利率贷款；对金融机构发放建筑业纯信用贷款的给予一定风险补偿；将中小型建筑业企业纳入政府应急纾困基金支持范围；支持优质建筑业企业发债融资。

降低企业成本方面(第 7~9 条措施)。全面推行保函(保险)替代现金缴纳保证金和减免农民工工资保证金缴存，提高国有投资工程的进度款支付比例，"一增一减"缓解企业资金占用；各级法院审慎冻结企业基本账户，严禁超标的冻结。明确主材价格波动风险应控制在±5%以内。推进施工过程结算、缩短回款周期，落实双向担保、增强回款保障，强化合同履约、拒绝霸王条款，切实遏制工程款拖欠的"老大难"问题。

加快转型升级方面(第 10~14 条措施)。创建绿色建筑集中示范区，对达到星级绿色建筑的项目给予政策支持和财政补助，对承接绿色建筑和装配式建筑的企业业绩予以放宽认定。建设智能建造基地，打造智能建造产业协作联盟，对申请研发生产用地的建筑业企业比照工业企业给予优惠政策；鼓励国有投资项目带头采用智能建造技术，全面推动构建"智慧工地"；对 A 级以上的装配式建筑房地产项目给予适当政策支持和财政补贴。推进 BIM（建筑信息模型）技术应用，开展新技术应用示范工程创建认定，将每年创建的省级优质工程（楚天杯）项目数量增加至 200 个。

坚持"走出去"发展方面（第 15、16 条措施）。在国内重点地区建立服务平台对接当地主管部门；在企业间建立合作平台，创办或承办宣传推介活动；加大境外补贴，对参与境外工程建设的建筑业企业给予财政奖补、税收抵扣、贷款贴息、保费减免等优惠政策；简化出境审批，为建筑业企业人员因公出境提供绿色通道服务。

五、《关于促进专精特新中小企业高质量发展若干措施》

为深入贯彻党的二十大精神和习近平总书记关于专精特新中小企业发展的重要指示精神，全面落实党中央、国务院关于推进中小企业专精特新发展的决策部署，引导中小企业走"专业化、精细化、特色化、新颖化"发展道路，助力制造业强链补链延链，加快补短板、锻长板，为我省建设全国构建新发展格局先行区提供有力支撑，经省人民政府同意，2023 年 4 月 27 日，省人民政府办公厅以鄂政办发〔2023〕13 号文件正式印发《关于促进专精特新中小企业高质量发展若干措施》（以下简称〔2023〕13 号文件）。

〔2023〕13 号文件包括建立梯度培育体系、支持提升创新能力、提升知识产权创造保护运用水平、加强质量品牌建设、促进融通发展、推动数字化转型、强化上市培育、加强人才支撑、加强财政金融支持、加强精准服务、加

强组织领导、强化宣传引导 12 个方面的内容。

建立梯度培育体系。建立创新型中小企业、专精特新中小企业、专精特新"小巨人"企业梯度培育体系，开展创新型中小企业评价，组织专精特新中小企业认定。支持提升创新能力。加强研发机构建设，支持有条件的专精特新中小企业建设企业技术中心、工程研究中心、科技研发中心，推动专精特新中小企业研发机构和创新团队全覆盖。提升知识产权创造保护运用水平。对符合条件的专精特新中小企业开通知识产权事务办理绿色通道，支持专利快速审查、快速确权。围绕区域重点产业领域开展专利导航。加强质量品牌建设。建立健全质量管理体系，开展质量标杆创建和对标提升行动，培训推广先进质量管理方法，持续推进"万千百"企业质量提升活动。强化上市培育。鼓励各地结合实际出台相关奖励和补贴优惠政策，积极推动武汉股权托管交易中心高标准建设"专精特新"专板，建立专精特新中小企业上市后备资源库。加强财政金融支持。充分利用现有政策资金，加大对专精特新中小企业的支持力度。加强精准服务。各县(市、区)为每家专精特新"小巨人"企业配备一名服务专员，一企一策，精准帮扶。

六、《湖北省数字经济高质量发展若干政策措施》

为深入学习贯彻党的二十大精神和习近平总书记关于数字经济发展的重要论述，落实省第十二次党代会关于打造全国数字经济发展高地的决策部署，加快推进全省数字经济高质量发展，经省人民政府同意，2023 年 5 月 5 日，省人民政府办公厅以鄂政办发〔2023〕14 号文件正式印发《湖北省数字经济高质量发展若干政策措施》(以下简称〔2023〕14 号文件)。

〔2023〕14 号文件从加快新型基础设施建设、大力提升数字经济核心产业能级、推进数字经济与实体经济深度融合、大力开展关键技术创新及应用、

营造良好发展环境 5 个方面提出 15 条措施。

加快新型基础设施建设。对电信服务企业新建 5G 宏基站超出上一年度总数的部分给予奖励，按每个 5G 宏基站 1 万元进行奖补。对相应的国家重大基础设施建设项目，采取"一事一议"的方式予以支持，每个项目一次性补助最高不超过 500 万元；对在北斗、量子网络、新型数据中心、人工智能计算中心、高性能计算等领域，新建且投入超过 2 亿元以上的创新基础设施，择优按资金投入一定比例给予建设和运营经费补贴，每个最高不超过 500 万元。对省内新建的工业互联网二级节点、区块链骨干节点，按资金投入 10% 给予一次性运营经费补贴，每个最高不超过 200 万元。

大力提升数字经济核心产业能级。对总部（含研发总部和区域总部）新落户我省的全国电子信息企业竞争力百强（中国电子信息行业联合会发布）、软件和信息技术服务竞争力百强（中国电子信息行业联合会发布）、中国互联网企业百强（中国互联网协会发布）榜单企业，且投资达到 5000 万元以上或网络零售首次达到 50 亿元以上的给予一次性奖补 500 万元；对首次进入上述榜单的省内企业，给予一次性奖补 500 万元。按统计数据对电子信息制造企业主营业务收入、软件企业软件业务收入首次突破 20 亿元、30 亿元的，分别给予 30 万元、50 万元的一次性奖励。

推进数字经济与实体经济深度融合。对省内企业新认定的国家级数字经济领域优秀产品、试点示范项目（含标杆、优秀案例、揭榜挂帅等），一次性奖励 50 万元，对获批的国家"数字领航"企业，再奖补 200 万元。对省内企业首次获评国家级"双跨"工业互联网平台的，每个一次性奖补 500 万元。对首次通过国家两化融合管理体系 3A 级认定的工业企业一次性补助 50 万元；支持企业开展数据管理成熟度模型（DCMM）贯标，对首次通过 DCMM 贯标 2 级以上的企业，分别给予最高不超过 50 万元的奖补。对新增省级 5G 全连接工厂每个一次性给予 30 万元奖补，省级"双跨"工业互联网平台每个一次性奖补

100万元。择优遴选总投资1000万元以上的新开工数字经济项目，按照项目软硬件投资额的8%给予支持，单个项目补助金额不超过500万元。每年遴选100个优秀应用场景进行宣传推广，并择优给予项目建设主体50万元的一次性奖补。鼓励各市(州)围绕数字经济、工业互联网、信息消费等建设展厅、体验中心等，按照项目建设实际投入的20%给予补贴，每个最高不超过200万元。

大力开展关键技术创新及应用。对省内注册经评定的首台(套)、首批次产品省内研制单位和示范应用单位，分别按照单价的15%给予省内研制单位和示范应用单位一次性奖补，双边奖补合计最高1000万元。对首版次软件按照研发成本的15%给予省内研制单位一次性奖补，按照单价的50%给予省内示范应用单位一次性奖补，双边奖补合计最高1000万元。鼓励银行业金融机构。加大对企业研制"三首"产品的信贷支持力度，加大政策性融资担保支持，引导融资租赁公司做好对"三首"产品推广应用的融资服务。对相关企业享受研发费用加计扣除超出上一年度的增量部分给予补助，单家企业补助额最高可达100万元；鼓励市县加大投入，地方财政科技投入增幅超出全省平均水平的，所在地企业可适当上浮奖励系数。对总部设在湖北并从事关键软件独立研发的企业，对年度研发投入超出1000万元的，超出部分按5%的比例给予一次性补贴，每家企业每年最高补贴500万元。

七、《关于进一步降低企业成本若干措施》

为认真贯彻落实党中央、国务院决策部署，进一步帮助广大企业降本增效，促进经济持续健康发展，经省人民政府同意，2023年6月13日，省人民政府办公厅以鄂政办发〔2023〕20号文件正式印发《关于进一步降低企业成本若干措施》(以下简称〔2023〕20号文件)。

〔2023〕20 号文件围绕降低税费、融资、物流、用能、用地、用人、市场开拓和制度性交易成本等 8 个方面，谋划推出了 33 条政策措施，涉及企业从开办、生产、经营、管理等全过程。其中，创新性政策措施 12 条，现有优化性政策措施 17 条，企业反映要求延续性政策 4 条。

突出政策的创新性。在降低融资成本方面，建立金融支持重点企业"白名单"，予以贷款展期、延期还本付息、增量贷款等支持。提出探索"亩均英雄贷"的金融服务模式。对国家级专精特新"小巨人"企业和省级专精特新中小企业，分别给予 1000 万元和 500 万元以内信用贷款。对全省"51020"现代产业集群项目，实际总投资 20 亿元以上的，各地可采取"一事一议"方式给予支持；在降低物流成本方面，对部分合法装载货运车辆、国家标准集装箱运输车辆，在基本优惠的基础上，再给予省内通行费优惠。针对重点企业开辟长江航运"绿色通航通道"，优先保障通航。强化电力保供，确保 2023 年 6—12月工商业平均到户电价比 1—5 月降低 0.03 元/千瓦时。完善电力市场交易价格机制，推进电力行业上下游协调联动发展。对新批准的生产建设项目水土保持补偿费按照现行收费标准的 70% 收取。

突出政策的精准性。进一步压缩出口退税的办理时间，实现 3 个工作日以内办结。进一步推动税费优惠直达快享，实现"政策找企业"和"送政策上门"；深化新增用地"标准地"出让，加强土地储备和零星零散土地整合整理前期开发工作，缩短拿地时间，节约拿地成本。鼓励企业盘活利用现有用地，通过扩大生产性用房、厂房加层、厂区改造、内部用地整理及地下空间利用等途径增加容积率的，不增收土地价款；支持人力资源服务机构做大做强，推动产教融合、校企合作，按规定给予"以训送工"补贴，支持企业开展"共享用工"。加大工业园区生活服务设施配套建设，鼓励产业园区和企业根据需求，建设宿舍型保障性租赁房；鼓励推广应用首台套产品，对经评定的"三首"产品省内研制和示范应用单位，省级给予奖励支持。鼓励省内企业组建联合体"抱团出海"，支持企业积极参与国际竞争，对企业参加境内外国家性展会给予展会费、特装布展费等补贴。

突出政策的延续性。对纳入省重点项目库的产业项目，符合条件的予以减免项目筹备期(含工程建设期)城镇土地使用税；推进全省线上"政采贷"全覆盖，省级财政按照金融机构 2023 年新发放"政采贷"额度 2‰给予奖励。为银企融资搭建对接"绿色通道"，减免银行账户服务等支付手续费；延续实施阶段性降低失业、工伤保险费率政策至 2024 年底。继续实施 100%暂退旅游服务质量保证金政策，补足保证金期限延至 2024 年底。

八、《促进外资扩增量稳存量提质量若干措施》

为深入贯彻党的二十大精神，认真落实省第十二次党代会部署，进一步促进外资扩增量、稳存量、提质量，更好地发挥利用外资在深度融入全球产业链供应链的重要作用，促进湖北建设全国构建新发展格局先行区，结合我省实际，经省人民政府同意，2023 年 7 月 7 日，省人民政府办公厅以鄂政办发〔2023〕21 号文件正式印发《促进外资扩增量稳存量提质量若干措施》(以下简称〔2023〕21 号文件)。

〔2023〕21 号文件明确，今后三年，我省将从"强化投资服务，扩大外商投资增量""优化营商环境，稳定外商投资存量""引导投资方向，提升外商投资质量"三大方面，提出 15 条具体措施，更好地发挥利用外资在深度融入全球产业链供应链的重要作用，促进湖北建设全国构建新发展格局先行区。

强化投资服务，扩大外商投资增量。落实最新版全国和自贸试验区外商投资准入负面清单，负面清单之外的外资项目，按照内外资一致原则管理。建设全省利用外资信息服务平台，对重点外资项目实施专班跟踪服务。开展合格境外有限合伙人(QFLP)试点。定期召开省长国际企业家咨询会议，举办光电子信息、新能源与智能网联汽车、高端装备、生命健康、航空物流、金融服务等重点产业链专场招商活动。

引导投资方向，提升外商投资质量。对新设外资总投资 1 亿美元(含)以上且首年实际使用外资 3000 万美元(含)以上的先进制造业项目，省级财政在政策有效期内每年最高按当年度实际使用外资额的 3% 给予奖补。对当年度实际使用外资 1 亿美元(含)以上的高技术服务业项目，省级财政在政策有效期内每年按当年度实际使用外资额的 1% 给予奖补。对当年度实际使用外资 1 亿美元(含)以上的其他服务业(房地产业除外)项目，省级财政在政策有效期内每年按当年度实际使用外资额的 7‰ 给予奖补。对经认定的跨国公司总部型项目，省级财政在原有政策的基础上，每年按当年度实际使用外资额的 3% 给予奖补。出台外资研发中心认定标准，做好外资研发中心采购进口设备免税资格年度评审工作，落实外资研发中心科技创新进口税收政策。

九、《关于优化调整稳就业政策惠企利民促发展若干措施》

为贯彻落实党中央、国务院关于稳就业决策部署，深入实施就业优先战略，多措并举稳定和扩大就业岗位，全力惠企利民促发展，根据《国务院办公厅关于优化调整稳就业政策措施全力促发展惠民生的通知》(国办发〔2023〕11号)精神，经省人民政府同意，结合湖北省实际，2023 年 7 月 8 日，省政府办公厅以鄂政办发〔2023〕22 号文件正式印发《关于优化调整稳就业政策惠企利民促发展若干措施》(以下简称〔2023〕22 号文件)。

〔2023〕22 号文件共 4 个部分 17 条，全力落实国家政策，优化我省实施措施。

激发企业活力，推动就业扩容提质。实施"以训送工"奖补政策，定点培训机构按规定程序为协议企业输送用工并达到稳定就业条件的，可按照不超过各地现行标准的 120% 发放培训补贴。对外省籍首次来鄂就业人员，签订 1 年以上劳动合同并按规定缴纳社会保险费的，可按 1000 元/人的标准给予一次性就业补助。

拓宽高校毕业生等青年就业创业渠道。对企业招用毕业年度或离校 2 年内未就业高校毕业生、登记失业的 16~24 岁青年，签订 1 年以上劳动合同并按规定缴纳社会保险费的，可发放 1000 元/人一次性吸纳就业补贴。对毕业年度或离校 2 年内未就业高校毕业生到中小微企业就业，签订 1 年以上劳动合同并按规定缴纳社会保险费的，再给予个人一次性就业补贴 1000 元。实施 2023 年就业见习岗位募集计划，重点募集科研类、技术类、管理类、社会服务类岗位，强化见习培训，提升见习质量，全省岗位募集数不少于 5 万个。实施"才聚荆楚·百县进百校"就业促进专项行动，每个县市区结对联系至少 1 所高校，在结对高校至少开展 1 场线下公共招聘活动。

强化帮扶，兜牢民生底线。对通过市场渠道难以实现就业的，合理统筹公益性岗位安置，确保零就业家庭至少一人就业。制定个性化援助方案，优先推荐低门槛、有保障的爱心岗位，提供"一对一"就业援助，对符合条件的困难毕业生发放一次性求职创业补贴。对企业吸纳登记失业半年以上人员就业、签订 1 年以上劳动合同并按规定缴纳社会保险费的，可给予 1000 元/人的一次性吸纳就业补贴。

十、《湖北省数字化赋能中小企业转型行动方案（2023—2025 年）》

贯彻落实党中央、国务院关于加快中小企业数字化发展的决策部署，以数字化转型赋能中小企业发展，提升中小企业应对困难挑战的能力，增强中小企业综合实力和核心竞争力，加快推进中小企业数字化转型，经省人民政府同意，结合湖北省实际，2023 年 12 月 16 日，省政府办公厅以鄂政办发〔2023〕44 号文件正式印发《湖北省数字化赋能中小企业转型行动方案（2023—2025 年）》（以下简称〔2023〕44 号文件）。

〔2023〕44 号文件要求到"十四五"末，遴选 100 个左右小型化、快速化、轻量化、精准化（以下简称"小快轻准"）的数字化系统解决方案和产品，提炼 100 个聚焦细分行业规范高效、方便复制推广的中小企业数字化转型应用场景，打造 100 家可复制易推广的数字化转型"小灯塔"企业、1000 家数字化工厂、1 万家应用企业、10 万家上云企业，推动中小企业生产方式、业务模式、组织结构加速变革。

〔2023〕44 号文件从激发中小企业数字化转型内生动力、优化中小企业数字化转型路径引导、强化中小企业数字化转型服务支撑、打造中小企业数字化转型良好生态 4 个方面提出 11 条重要任务。

激发中小企业数字化转型内生动力。持续开展"云行荆楚"暨数字经济宣传培训、工业互联网一体化进园区"百城千园行"等活动，将数字化转型相关内容纳入省中小企业领军人才培训、"楚天英才"创新性企业家培养的重要内容。大力推广《中小企业数字化转型指南》《中小企业数字化水平评测指标》，组织中小企业开展数字化水平线上测评。

优化中小企业数字化转型路径引导。省财政按照省级每个城市实施期 3000 万元补助标准统筹资金予以支持，到"十四五"末实现市（州）全覆盖。对开放各类资源、面向公众建立创新、创业、服务的应用场景，每年遴选 100 个优秀应用场景进行宣传推广，并择优给予项目建设主体 50 万元的一次性奖补。

强化中小企业数字化转型服务支撑。省内企业首次获评国家级、省级"双跨"工业互联网平台的，分别给予一次性奖补 500 万元、100 万元。每年省级遴选一批优质中小企业数字化转型公共服务平台（含数字化转型服务商、工业互联网平台）、典型产品和解决方案，汇集形成满足行业共性需求和中小企业个性化需求的数字化转型"资源池""工具箱"。遴选一批中小企业数字化转型优质服务商，纳入省中小企业公共服务严选服务机构，开展中小企业数字化转型服务。鼓励各地探索建设中小企业数字化转型公共服务平台，提升政策宣传、诊断评估、资源对接、人才培训、工程监理等公共服务能力。

打造中小企业数字化转型良好生态。省级每年遴选一批技术实力强，服务水平优的云资源云服务供应商，向中小企业发放 5000 万元上云服务券，引导中小企业"上云用数赋智"。深入实施"链长+链主+链创"工作机制，深入开展大中小企业"携手行动"。